Auf der Suche nach dem verlorenen Sinn

Antworten von Religion und Ideologien

Franz Merz

Imprimatur. Regensburgae, d. 1.10.1999.
Nr. Exp. 1/1936/99. Vicarius Generalis Dr. Gegenfurtner

Auf der Suche nach dem verlorenen Sinn
Antworten von Religion und Ideologien
Franz Merz
Aachen, MM Verlag, 1. Auflage November 1999

ISBN 3-928272-09-8

Umschlaggestaltung: mm agentur
Gesetzt aus der Times
Gesamtherstellung Clausen & Bosse, Leck
Printed in Germany

Inhalt

VORWORT

„Die Wahrheit wird euch frei machen“ (Joh 8,32)

Vor einigen Jahrzehnten noch begannen Religionsbücher mit der Frage: „Wozu sind wir auf Erden?“ Und die Antwort darauf lautete: „Wir sind auf Erden, um Gott zu erkennen, Ihm in Liebe und Treue zu dienen und so zum ewigen Leben zu gelangen.“

Solche einfachen, klaren und dogmatischen[1] Sätze stoßen heute bei nicht wenigen auf Widerspruch. Sie wollen keine verbindlichen Glaubenswahrheiten; sie zweifeln, ob es überhaupt eine für alle geltende Wahrheit gibt. Als Wahrheit gilt ihnen ihre individuelle Überzeugung, die bei verschiedenen Menschen durchaus verschieden, ja gegensätzlich sein kann. Also: „Meine Wahrheit“, „Deine Wahrheit“: für den Christen sei die Existenz Gottes Wahrheit, für den Atheisten das Gegenteil. Daher gäbe es nur subjektive Meinungen, jedoch keine objektiven Wahrheiten, die gelten, ob sie nun erkannt und anerkannt werden oder nicht. Demzufolge wird schon der Anspruch einer Kirche, die Wahrheit zu verkünden, für unberechtigt und intolerant gehalten.

Andere befinden sich gleichsam auf der Flucht vor der Wahrheit, weil ihre Lebensart der Wahrheit widerspricht. Sie sind „Menschen, die die Wahrheit durch Ungerechtigkeit niederhalten.“ (Röm 1,18)

Wieder andere täuschen sich und werden getäuscht. Das sind nicht nur solche, die sich in Sekten verirren, sondern auch jene, die sich von Weltanschauungsparolen – wie von der Idee eines „Tausendjährigen Reiches“ oder eines „Arbeiter- und Bauernparadieses“ – verführen ließen und lassen und schließlich enttäuscht erkennen müssen: „Es war nicht die Wahrheit.“

Es gab einen Menschen, durch den die göttliche Wahrheit in die Welt gekommen ist und der von sich sagte: „Ich bin der Weg und die

---

1 Dogma = Das Gegebene, eine Glaubenswahrheit, die von der Kirche in einem verbindlichen Lehrsatz dargeboten wird, z. B. die Sätze des Glaubensbekenntnisses

Wahrheit und das Leben“ (Joh 14,6). Und dieser Gott-Mensch lebt und wirkt durch seinen Geist weiter in einer Kirche, die der Apostel Paulus „die Säule und das Fundament der Wahrheit“ (1 Tim 3,14) nennt.

Wer die Wahrheit ehrlich sucht, dem will dieses Buch einen Weg dazu anbieten. Und wer „die Wahrheit tut, kommt zum Licht“ und erfährt wie der klassische Wahrheitssucher Augustinus: „Unruhig ist unser Herz, bis es ruhet in Gott.“

Die Kapitel dieses Buches sind entstanden aus vielen Diskussionen mit jungen Menschen in Schule und Jugendgruppen. Ich habe versucht, all die Fragen an die Kirche, die Jugendliche und junge Erwachsene bewegen, in ein System zu bringen und zu beantworten. Das Stichwortverzeichnis dazu soll rasche Orientierung ermöglichen.

Vieles in diesem Buch ist nicht nur zur Information, sondern auch zur Meditation geschrieben. Dazu sollen vor allem die angegebenen Stellen der hl. Schrift dienen. Erst durch die betende Öffnung des Geistes auf Gott hin kann die Saat des Wortes Wurzeln schlagen und Frucht bringen.

Franz Merz

A. GLAUBE UND VERNUNFT

I. Verengung des allumfassenden Wirklichkeitshorizontes

Die mittelalterliche Sicht des Universums umfaßte die gesamte Wirklichkeit von Gott und Welt in ihrer hierarchischen[1] Ordnung; sie stellte ihre vielfältigen Bezüge und Bindungen als große, vom Schöpfer getragene Harmonie dar. Vom Spätmittelalter an löste sich diese Weltanschauung allmählich auf. Je mehr die aufkommenden Naturwissenschaften die natürlichen Zusammenhänge der Dinge erhellten, um so mehr gingen die unsichtbaren, tieferen Zusammenhänge, die metaphysische[2] Wirklichkeit, verloren.

Vereinfachend und systematisierend läßt sich dieser Auflösungsprozeß des mittelalterlichen Weltbildes durch drei geschichtliche Ereignisse kennzeichnen:

- 1517 Reformation: Los von der Papstkirche!
- 1717 Gründung der Freimaurerei[3]: Los vom Gott-Menschen Jesus Christus!
- 1917 Bolschewistische Revolution: Los von Gott!

Diese Entwicklungen verliefen in einem zeitlichen Auf und Ab, teils nebeneinander, teils nacheinander, hier früher, dort später, bald heftig und offen, bald schleichend und verschleiert.

1. Entleerung des christlichen Kirchenbegriffs

Bis zum Hochmittelalter herrschte im Abendland eine einheitliche Auffassung von Glaube und Kirche. Die Kirche war eine alle

---

1 gr. „geheiligte Ordnung"

2 gr. meta = hinter- — physis = Natur; Metaphysik ist also die Lehre von der mit den Sinnen oder durch Experiment nicht wahrnehmbaren Wirklichkeit, von dem, „was die Welt im Innersten zusammenhält" (Goethe), — oder nach Aristoteles: Die Lehre vom „Seienden als solchem" und seinen ersten Gründen und Ursachen.

3 Eine aus den Bauhütten des Mittelalters entstandene und in London zur Organisation vereinigte Bewegung zur Veredelung der Menschen auf rein natürlicher Basis.

Christen untereinander und mit Gott verbindende Realität, der „Leib Christi“ (1 Kor 12,12ff), dessen Gnadenkraft vom Haupte ausgehend über die Hierarchie[1] bis in die einzelnen Glieder wirkt.

John Wiclif (1324 – 1384) prägte einen neuen Kirchenbegriff. Er bezeichnete die Kirche als unsichtbare Gemeinde der zur Seligkeit Bestimmten. An die Stelle der Hierarchie setzte er „poor priests“, er unterschied nicht mehr zwischen Klerikern[2] und Laien[3], und nannte schließlich den Papst „Antichrist“. Als Glaubensnorm[4] deklarierte Wiclif die individuelle Einsicht der Gläubigen in die Heilige Schrift („sola scriptura“) und leugnete den Dienst der Gnadenvermittlung des Weihepriestertums in den Sakramenten. Die Reformation setzte später diese Gedanken in die Tat um. Sie bedeuten die Entmachtung der kirchlichen Hierarchie und deren Abschaffung. Nach der Lehre der Reformatoren wirkt der Gottesgeist die Erhaltung der Wahrheit und die Mitteilung der Gnade nicht mehr durch ein kirchliches Amt vermittelt, sondern unmittelbar in jedem einzelnen Gläubigen.

Damit war aus der von Christus gestifteten und vom Geiste Gottes durchwirkten Kirche eine bloß menschliche Institution geworden. Auch viele Katholiken entfremden sich — von solchen Ideen befallen — der Kirche.

2. Leugnung des göttlichen Einflusses auf Weltenlauf und Menschheitsgeschichte

In der Übergangsperiode vom Mittelalter zur Neuzeit setzte eine Wiederentdeckung, eine „Wiedergeburt“ (Renaissance) antiker Kunst, aber auch antiker Geisteshaltung ein: Während den mittelalterlichen Menschen eine theozentrische[5] Grundeinstellung prägte,

1 hier: Leitung der Kirche durch die von Christus eingesetzten Bischöfe und den Papst
2 Klerus: jene, die „Anteil“ haben am Priesteramt Christi.
3 Laien: (gr. laós) das „Volk“ der Kirche, die Gläubigen
4 Glaubensnorm = maßgebende Richtschnur für den Glauben
5 Gott steht im Mittelpunkt des Denkens und Handelns

dachte und handelte der neuzeitliche Mensch anthropozentrisch[1]: das Menschliche und Diesseitige gewannen für ihn an Wertschätzung, während das Göttliche und Jenseitige in den Hintergrund traten. Aus dieser Einstellung heraus erwuchs im 17. Jahrhundert die Aufklärung, deren Vertreter die Fähigkeit der menschlichen Vernunft (lat. ratio) im *Rationalismus* überschätzten. René Descartes (1596 – 1650) war der Ansicht, daß das gesamte Sein rational erfaßbar sei, und die Wissenschaft in ihrem Fortschreiten alles durchleuchten würde. Für Descartes und die frühen Aufklärer stand jedoch die Metaphysik außer Frage. In dieser Epoche wollten sie Gott als „Weltenbaumeister" sogar „wissenschaftlich beweisen" (Gottesbeweise).

Gegen sie wandte sich Immanuel Kant (1724 – 1804). Für ihn besteht Wissenschaft nur so weit, als in „ihr Mathematik angetroffen wird". Mathematisch aber läßt sich Gott nicht „beweisen". Kant war jedoch nicht der „Zermalmer von Metaphysik und Gotteserkenntnis", als den ihn die Atheisten später bezeichneten. Sein Anliegen bestand im Gegenteil darin, einen unanfechtbaren Weg der Gotteserkenntnis zu erschließen: Die theoretische Vernunft (das schlußfolgernde Denken nach Art der Mathematik) kann weder beweisen noch widerlegen, daß Gott existiert. Gott ist ein „Postulat der praktischen Vernunft", d.h. eine Forderung des gesunden Menschenverstandes und unseres sittlichen Bewußtseins, das ohne Existenz eines gerechten Gottes seiner entscheidenden Begründung entbehrt.

Den christlichen Glauben, der ein Fortwirken Gottes durch die Erhaltung der Welt, durch die Erlösung im Gottmenschen Jesus Christus und durch den Hl. Geist in der Kirche und ihren Sakramenten lehrt, nennt man *Theismus* (gr. theos = Gott). Davon unterscheidet sich wesentlich der Glaube der Aufklärer, der *Deismus* (lat. deus = Gott). Aus der Meinung nämlich, die Vernunft könnte letztlich alles erkennen, folgerten die Rationalisten, daß nur das existiert, was der Vernunft einleuchtet. Sie ließen Religion nur in den Grenzen der Vernunft gelten. Solange sie in der frühen Aufklärung

1 auf den Menschen ausgerichtet

das Dasein Gottes für beweisbar hielten, glaubten sie an einen „Weltenbaumeister“, der sich aber nach der Erschaffung gleichsam zurückgezogen und den Weltenlauf der Naturgesetzlichkeit überlassen habe. Daher verneinten sie jeden „unbeweisbaren“ Einfluß Gottes auf das Geschick der Menschen. Das bedeutet die Leugnung von göttlicher Gnade und Vorsehung, die Ablehnung Christi als Gott-Mensch und Erlöser und die Verwerfung der Kirche als Vermittlerin des Heiles. Kant sagt: „Der Deist glaubt an einen Gott, der Theist aber an einen lebendigen Gott.“

Das Buch von Matthew Tindal (1653 – 1733) „Christianity as old as the Creation – or the gospel a republication of the religion of nature“ ist das Hauptwerk des Deismus, der nur eine „natürliche Religion“ bejaht, die in verschiedenen Abwandlungen und Neuauflagen existiere:

> „Grundgedanken: Alle Religionen sind mit Ausnahme des Christentums Entstellungen der Naturreligion; das ursprüngliche Christentum ist die natürliche, auf Moralität beruhende Religion; das durch die Kirchen entstellte Christentum ist zu dieser ursprünglichen Reinheit zurückzuführen.“[1]

Die Elemente einer solchen Religion sind für Voltaire (1694 – 1778) nur „allgemeine, aus der Vernunft ableitbare Moralgesetze“. Für Kant ist der freie Menschenwille alleiniger, selbständiger und selbstverantwortlicher Gesetzgeber des Lebens in allen sittlichen Fragen: der Mensch muß sich an das Gesetz im Gehorsam gegen den angeborenen „kategorischen Imperativ“[2] binden:

> „Die wahre alleinige Religion enthält nichts als Gesetze, d. i. solche praktischen Prinzipien, deren unbedingter Notwendigkeit wir uns bewußt werden können, die wir also, als durch reine Vernunft offenbart, anerkennen ... Alles, was außer dem guten Lebenswandel der Mensch noch tun zu können vermeint, um Gott wohlgefällig zu werden, ist bloßer Religionswahn und Afterdienst Gottes.“[3]

Wenn der weltferne Gott keinen Einfluß mehr auf die Schöpfung nimmt, wenn das All nur Naturgesetzen unterliegt und der Mensch bestenfalls nach selbsterkannten oder selbstaufgestellten Sittennor-

1 Buchberger, Erzbischof Michael: Lexikon für Theologie und Kirche

2 unbedingt geltendes Sittengesetz, das in der menschlichen Natur verankert ist

3 Nach H. Rösseler: Christlicher Glaube

men reagiert, gibt es keine übernatürliche Offenbarung, ist Christus nicht Gottes Sohn und die Kirche überflüssig, ja eine Anmaßung.

Die Freimaurerei, die bald internationale Verbreitung fand und in vielen Ländern großen politischen Einfluß gewann, verbreitete das Gedankengut der Aufklärung. Die im Deismus begründete Ablehnung von Kirche und Papsttum steigerte sich besonders in romanischen Ländern zum Kirchenhaß. „Ecrasez l'infâme!"[1] schrieb Voltaire.

3. Die Leugnung Gottes überhaupt

Während der Deismus noch einen personalen Gott als Weltschöpfer anerkennt, löst der *Pantheismus* die Persönlichkeit Gottes auf und setzt Gott mit der Welt gleich: das All ist Gott. Seine Hauptvertreter sehen „Gott" wie Spinoza (1632 – 1677) entweder als unveränderliche Weltsubstanz, die sich in ihren veränderlichen Erscheinungsformen Denken und Ausdehnung (Geist und Materie) zeigt, oder er erscheint ihnen als Ideal, das erst durch Menschen verwirklicht wird. Hegel (1770-1831) und Fichte (1762-1814) sagen: Das Ich ist die Keimzelle Gottes, je mehr die Menschen das Ideal verwirklichen, um so mehr wächst Gott (Entwicklungspantheismus).

In dieser Weltauffassung gibt es keinen Unterschied zwischen Ewigem und Zeitlichem, keine Freiheit und keinen Unterschied zwischen Gut und Böse: Alles ist eins (*Monismus*), alles ist notwendige „göttliche" Entfaltung. — Wenn aber alles unterschiedslos göttlich ist, dann bleibt von Gott nur der Name. Daher nennt Arthur Schopenhauer (1788-1860) folgerichtig den Pantheismus einen „höflichen Atheismus".

Der *methodische Atheismus* klammert zunächst den göttlichen Bereich in der Forschung aus. Die Naturwissenschaftler der aufkommenden Neuzeit – Kopernikus, Galilei, Kepler, Newton u.a. – waren jedoch gläubige Menschen. Der methodische Atheismus entwickelte

1 „Zermalmt die Niederträchtige!"

sich aber von einer naturwissenschaftlichen Methode zur ausschlaggebenden Methode der Wirklichkeitserfassung überhaupt, so daß schließlich nur mehr als wirklich galt, was man empirisch (durch Sinneserfahrung und Experiment) feststellen – also gleichsam vor sich hinstellen (lat. ponere) – konnte. Diese „Philosophie des *Positivismus*" verneint alles Geistige und Göttliche, weil dies nicht empirisch feststellbar ist. Sie führt ebenso wie Deismus und Pantheismus folgerichtig zum *Atheismus*.

Den *christlichen Theismus* kennzeichnet die Überzeugung von der Wesenstranszendenz und der aktiven Immanenz Gottes, d.h., daß Gott wesentlich von der Welt verschieden ist und in der Welt wirkt. Übersteigert man die Transzendenz Gottes so weit, daß er überhaupt nicht mehr auf die Welt einwirkt, so ergibt sich der Deismus; übersteigert man andererseits die Immanenz Gottes so sehr, daß Gott und Welt nicht mehr verschiedenen Wesens sind, so gelangt man zum Pantheismus. Von beiden ist es nur ein kleiner Schritt zum *Atheismus*, d.h. zur Leugnung Gottes überhaupt. Als *Materialismus*, der den Geist leugnet, verwirft er Metaphysik als Hirngespinst und unternimmt sogar der Versuch, „wissenschaftlich" zu beweisen, daß Gott nicht existiert; so haben beispielsweise die russischen Kosmonauten „Gott im Weltall nicht gesehen".

Der Atheismus ist keine Wissenschaft, sondern – wie die Überzeugung vom Dasein Gottes – ein Glaube, dem allerdings eine Begründung, wie sie der Gottesglaube aufweisen kann, fehlt. Daher ist nicht nur der Glaube, sondern auch der Unglaube stets angefochten:

> „Es lügen jene, die da sagen, daß sie nicht an Gott glauben; denn wenn sie es dir auch bei Tag versichern, – in der Nacht, und wenn sie allein sind, zweifeln sie" (Seneca, † 65).

Weiterhin ist bemerkenswert, daß der Atheismus als Weltanschauung größerer Menschengruppen erst in der Neuzeit auftritt und auf christlichem Boden entsteht.[1] Dies erweckt den Eindruck, der Atheismus lebe davon, daß das Christentum nicht gelebt wird. Er

---

1 Der Buddhismus ist kein Atheismus im Sinn unserer Darstellung. Er ist eine Praxis der Selbsterlösung, in der Gott nicht in Erscheinung tritt. Dieser von vielen Buddhisten empfundene Mangel führte vielfach dazu, daß Buddha selbst vergöttlicht wird.

bekämpft dieses nämlich, indem er christliche Wertvorstellungen, die von Christen zu wenig praktiziert werden, gegen das Christentum ausspielt. Das macht ihn glaubwürdig und steigert seine Attraktivität.

> „So können an dieser Entstehung des Atheismus die Gläubigen einen erheblichen Anteil haben, insofern man sagen muß, daß sie durch Vernachlässigung der Glaubenserziehung, durch mißverständliche Darstellung der Lehre oder auch durch die Mängel ihres religiösen, sittlichen und gesellschaftlichen Lebens, das wahre Antlitz Gottes und der Religion eher verhüllen als offenbaren."[1]

4. *Atheistische Theorien*

Zu allen Zeiten gab und gibt es Menschen, die gänzlich im Irdischen aufgehen und sich praktisch um Gott nicht kümmern. Es gibt aber auch Menschen, die sich über die letzten Sinnzusammenhänge des Daseins Rechenschaft geben und trotzdem zum Atheismus gelangen.

Viele von ihnen bezeichnen ihre Weltanschauung auch als „Humanismus", weil sie als Folge der Leugnung Gottes den Menschen in den Mittelpunkt ihrer Überlegungen stellen.

Neben dem schon erwähnten Positivismus und Materialismus finden sich weitere Richtungen des Atheismus:

Der *utilitaristische*[2] *Atheismus* erhebt den Erwerb und Genuß irdischer Güter zum höchsten Ziel. An Stelle von Gott, Tugend und Ewigkeit treten Geld, Erfolg und langes Leben.

Der *rationalistische Atheismus* bekämpft den Gottesglauben im Namen des wissenschaftlichen Fortschritts; für ihn ist Religion Finsternis und Wissenschaft Licht.

Der *humanistische Atheismus* verneint den Gottesglauben im Namen der Menschenwürde: Religion erwuchs aus Selbstentfremdung des Menschen: Der Mensch, der sich seiner Unzulänglichkeit bewußt ist, wagt es nicht, sich seiner eigenen Größe zu bemächtigen. Darum projiziert er seine edelsten Eigenschaften in einen eingebildeten Gott,

---

1 Vaticanum II: Kirche und Welt, 19.

2 Utililtät = Nützlichkeit

von dem er durch Gnade oder im Himmel das erwartet, was er sich selber auf Erden schaffen sollte. Der Himmel sei für jene erfunden, denen die Erde nichts bietet (Heinrich Heine, 1797-1856). Darum könne der Mensch seine wahre Größe erst dann verwirklichen, wenn alle Götter entthront sind.

Der *marxistische Atheismus* wird vom Vaticanum II folgendermaßen gekennzeichnet:

> „Unter den Formen des heutigen Atheismus darf jene nicht übergangen werden, die die Befreiung des Menschen vor allem von seiner wirtschaftlichen und gesellschaftlichen Befreiung erwartet. Er behauptet, daß dieser Befreiung die Religion ihrer Natur nach im Wege stehe, insofern sie die Hoffnung des Menschen auf ein künftiges und trügerisches Leben richte und ihn dadurch vom Aufbau der irdischen Gesellschaft abschrecke.“[1]

Der *vitalistische Atheismus* eines Friedrich Nietzsche (1844-1900) bekämpft den Gottesglauben, weil dieser den Aufstieg zum Übermenschen verhindert: „Der feige Teufel, der gern Hände falten und Hände in den Schoß legen und es bequem haben möchte, dieser feige Teufel redet dir zu: 'Es gibt einen Gott.'“ Nietzsche will den welt- und lebensbejahenden Übermenschen, der sich als ein Stück „Wille zur Macht“ erkennt, Gott tötet und selbst Werte setzt: „Tot sind alle Götter. – Nun wollen wir, daß der Übermensch lebe. – Dies sei am großen Mittag unser letzter Wille! – Also sprach Zarathustra.“[2]

Der *existentialistische Atheismus* nach Jean-Paul Sartre (1905-1980) leugnet Gott, den Schutzherrn der bestehenden Wert- und Vernunftordnung, im Namen der Freiheit. Diese Freiheit besagt aber nicht Erkenntnis und Verwirklichung von Werten, sondern:

> „Frei von allen Knechtschaften, frei von allem Glauben, ohne Religion, ohne Beruf, frei für alle Bindungen und doch wissend, daß man sich niemals binden muß.“[3]

Der Mensch ist eine zur Freiheit verurteilte Existenz, die sich durch einen immer neuen Seinsentwurf selbst aus dem Nichts heraus und gegen die ständige Drohung des Nichts verwirklichen muß. Zwar betont Sartre die Verflechtung des einzelnen mit allen anderen, aber

1 Vaticanum II: Kirche und Welt, 20.

2 Friedrich Nietzsche: „Also sprach Zarathustra“.

3 Jean-Paul Sartre: Die Fliegen.

Werte haben keine Existenz in sich. Sie werden willkürlich durch den Menschen gesetzt. Damit ist alles, was der Mensch tut, gleich gut oder schlecht: es kommt „aufs gleiche hinaus, sich einsam zu berauschen oder Völker zu führen."

Jedenfalls ist alles sinnlos und überflüssig, weil der Mensch im Tode wieder spurlos verschwindet. So ist die Freiheit für den Menschen kein Geschenk: er ist dazu verdammt. Weil aber alles sinnlos ist, verursacht alles Überdruß und Ekel: „Mein Tod selbst wäre überflüssig gewesen."

Der verzweifelte Atheismus von Albert Camus (1913-1960):

> „Die Welt ist ohne jedes Ziel, sie untersteht weder einem Gesetz noch einer Ordnung. Man wird geboren, man ißt und arbeitet, man wächst, man mordet oder stirbt, ohne daß es eine wahrhaft befriedigende Erklärung für all dieses Tun gibt. Es gibt nur 'ein ernst zu nehmendes philosophisches Problem: den Selbstmord.'"[1]

Damit will Camus sagen, daß es zu erklären gilt, warum all die Menschen, die die Absurdität der Welt erkannt haben, trotzdem weiterleben, statt Selbstmord zu verüben. Er findet keine andere Antwort als die Verpflichtung, sich gegen die sinnlose Existenz aufzulehnen.

All diese atheistischen Theorien samt den Übergangsformen deistischer Gottesferne und selbstherrlicher Festlegung der Sittengesetze, pantheistischer Auflösung des personalen Gottesbegriffs und pseudoreligiöser Vergöttlichung des Sozialen sind nicht nur Geschichte, sondern Gegenwart und finden sich in unserer Gesellschaft in verschiedensten Variationen und Verquickungen.

5. *Folgen eines verkürzten Wirklichkeitshorizontes*

Dem Atheismus fehlt jene Macht, die allein dem Menschen Lebenssinn, Lebensrichtung und Lebenskraft verleihen kann. Der Mensch wird zu Gott gemacht und versagt als solcher. Am eindrucksvollsten schildern den Atheismus jene, die ihn als Atheisten erlebt haben:

1 Ignac Lepp: Psychoanalyse des modernen Atheismus.

Jean-Paul Sartre: „Seit etwa zehn Jahren bin ich ein Mensch, der von einem langen, bittersüßen Wahn geheilt ist, und der, wie aus den Wolken gefallen, nur noch lachen kann, wenn er sich seiner alten Irrungen erinnert: Ein Mensch, der nicht mehr weiß, was er mit seinem Leben anfangen soll."[1]

Friedrich Nietzsche: „Du wirst niemals mehr beten, niemals mehr anbeten, niemals mehr im endlosen Vertrauen ausruhen – du versagst es dir, vor einer letzten Weisheit, letzten Güte, letzten Macht stehen zu bleiben und deine Gedanken abzuschirren – du hast keinen fortwährenden Wächter und Freund für deine sieben Einsamkeiten – du lebst ohne den Ausblick auf ein Gebirge, das Schnee auf dem Haupte und Gluten in seinem Herzen trägt, – es gibt für dich keinen Vergelter, keinen Verbesserer letzter Hand mehr – es gibt keine Vernunft in dem mehr, was geschieht, keine Liebe in dem, was geschehen wird, deinem Herzen steht keine Ruhestatt mehr offen, wo es nur zu finden und nicht mehr zu suchen hat, du wehrst dich gegen irgendeinen letzten Frieden: – Mensch der Entsagung, in alledem willst du entsagen? Wer wird dir die Kraft dazu geben! Noch hatte niemand diese Kraft."

„Habt ihr nicht von jenem tollen Menschen gehört, der am hellen Vormittage eine Laterne anzündete, auf den Markt lief und unaufhörlich schrie: 'Ich suche Gott! Ich suche Gott!' – Da dort gerade viele von denen zusammenstanden, welche nicht an Gott glaubten, so erregte er ein großes Gelächter … Der tolle Mensch sprang mitten unter sie und durchbohrte sie mit seinen Blicken. 'Wohin ist Gott?' rief er, 'Ich will es euch sagen! Wir haben ihn getötet – ihr und ich! Wir alle sind seine Mörder! Aber wie haben wir das gemacht? Wie vermochten wir das Meer auszutrinken? Wer gab uns den Schwamm, um den ganzen Horizont wegzuwischen? Was taten wir, als wir diese Erde von ihrer Sonne losketteten? Wohin bewegt sie sich nun? Wohin bewegen wir uns? Fort von allen Sonnen? Stürzen wir nicht fortwährend? Und rückwärts, seitwärts, vorwärts, nach allen Seiten? Gibt es noch ein Oben und ein Unten? Irren wir nicht wie durch ein unendliches Nichts? Haucht uns nicht der leere Raum an? Ist es nicht kälter geworden? Kommt nicht immerfort die Nacht und mehr Nacht?'"[2]

So kann, was mit undifferenzierter Kritik an der Kirche beginnt, im Nihilismus enden: keine absolute Wahrheit, keine allgemein geltenden Werte, kein letzter Lebenssinn, kein Gott.

An fast jeden Menschen tritt im Laufe seines Lebens – besonders in der Zeit der geistigen Reife – die Versuchung heran, sein Leben nach eigenem Geschmack und aus eigener Kraft zu meistern. Das ist die Urversuchung, welche die gesamte Menschheitsgeschichte durchzieht. Davon spricht schon das erste Buch der Bibel (Gen 3, 1-4). Die verbotene Frucht vom „Baum der Erkenntnis von Gut und Böse" ist der „Wille zur Macht": Sich von niemandem Vorschriften machen lassen, selbst bestimmen – „wie Gott" – was gut und böse ist und kei-

1 Jean-Paul Sartre: Die Wörter.

2 Friedrich Nietzsche: Die fröhliche Wissenschaft.

ner Gnade bedürfen. Und die Folge ist immer die gleiche – letztlich Enttäuschung und Elend. Viele Atheisten haben diese Lebenserfahrung gemacht. So mancher hat den Weg aus der nihilistischen Sackgasse zurückgefunden, wie beispielsweise

> *Heinrich Heine*: „Ich habe mit dem Schöpfer Frieden gemacht ... Der gesamte hohe Klerus des Atheismus hat sein Anathema über mich gesprochen ... Ich bin zurückgekehrt wie ein verlorener Sohn, nachdem ich lange Zeit bei den Hegelianern die Schweine gehütet.“[1]

Andere empfinden ihren Irrweg als einen „bittersüßen Wahn“ oder trauern um ein verlorenes Glück:

> „Nein! Komm zurück,
> Mit allen deinen Martern!
> Zum Letzten aller Einsamen
> O komm zurück!
> All meine Tränenbäche laufen
> Zu dir den Lauf!
> Und meine letzte Herzensflamme –
> Dir glüht sie auf!
> O komm zurück,
> Mein unbekannter Gott!
> Mein Schmerz! Mein letztes – Glück!“[2]

Die bisher dargelegten Folgen eines verkürzten Wirklichkeitshorizontes betreffen den einzelnen Menschen, seinen Lebenssinn und sein Lebensgeschick. Der Atheismus hat aber auch eine Breiten- und eine Langzeitwirkung.

Nietzsche war beeinflußt von der *Entwicklungstheorie Darwins*. Sie lieferte ihm die Grundlage seiner Idee vom Übermenschen: Der Mensch unserer Generation ist eigentlich nur ein Übergangsglied der Evolution; er soll sich nicht nur fortpflanzen, sondern „hinaufpflanzen“ zu einer höheren Menschengattung. An die Stelle der natürlichen Auslese durch den „Kampf ums Dasein“ tritt jene durch den „Willen zur Macht“, d.h. durch ein rücksichtsloses Durchsetzungsvermögen. „Der Gottesglaube tötet den Willen zur Macht“. Er „hat nur Kränkliches und Mittelmäßiges gezüchtet, den heutigen Europäer“. Darum „muß Gott getötet werden, daß der Übermensch lebe“.

---

1 Heinrich Heine: Romanzero. Nachwort.

2 Friedrich Nietzsche: Also sprach Zarathustra.

Mit der Lehre „von der Gleichheit der Menschen vor Gott“ und der Nächstenliebe verhindert das Christentum „den Untergang der Mißratenen“. Mit seiner Lehre von der Sünde und mit seinen passiven Tugenden „Demut, Keuschheit,. Armut, Heiligkeit hat es unsäglich mehr Schaden getan als irgendwelche Furchtbarkeiten und Laster“, weil es damit die „großen Leidenschaften, die den Übermenschen machen“, bekämpft. Deshalb muß der kommende Mensch „jenseits von Gut und Bös“ stehen. Die Übermenschen stellen sich außerhalb der Moral, verzeihen sich jedes Verbrechen, nur keine Schwächen (Herrenmoral). Die Herden- und Massenmenschen müssen als Sklaven dienen. Sie sind die Feinde des Übermenschen. Aus Neid und Ressentiment gegen ihn haben Judentum und Christentum die „Sklavenmoral der Kranken und Schwachen“ mit ihren „passiven Tugenden“ erfunden.

Solche Gedanken beeinflußten auch Hitler. Nach dessen Rassentheorie sollte der „nordische Mensch“ gezüchtet werden, der sich über eine jüdisch-christliche Moral hinwegsetzt, die Zuchtwahl mit Gewalt vollzieht und „den Untergang der Mißratenen“ in den Gaskammern der Konzentrationslager besorgt.

Ausgehend vom marxistischen Atheismus ließe sich eine ähnliche Überlegung hinsichtlich des Kommunismus anstellen.

6. Zufall als Ersatzgott der Atheisten

Im Bereich des vom Menschen Bewirkten unterscheiden wir sehr wohl zwischen zufällig und beabsichtigt. Kein Mensch, der eine fremde Insel betritt und auf eine primitive Blockhütte stößt, würde sie als Zufallsprodukt bezeichnen. Und wenn ein Archäologe den Torso einer Statue ausgräbt, wird er immer auf einen Bildhauer schließen, auch wenn von diesem sonst nichts mehr erfahrbar ist. Die Zerstörung mag das Werk irgendeines Zufalls sein, niemals aber die Entstehung der Statue.

Wie ist es dann möglich, daß denkende Menschen, auch gebildete und gelehrte, bei einer solchen Fülle von Ordnungen, Zweckmäßigkeiten und Zielstrebigkeiten in der Welt davon sprechen können, daß alles aus sich selbst und zufällig entstanden sein sollte? Gleichen sie nicht einem Baron Münchhausen, der sich an seinen eigenen Haaren aus dem Sumpf gezogen haben will? Und übrigens: Was der Zufall aufbaut, das zerstört er auch wieder zufällig. Es mag ja sein, daß ein „unsterbliches" Kind, das Jahrmillionen wahllos auf einer Schreibmaschine tippt, einmal einen vernünftigen Satz schreibt, der folgende wäre aber wieder Unsinn. Selbst wenn manche Ordnungen in unserer Welt zufällig entstanden wären, wären sie genauso zufällig wieder verschwunden. Sie sind aber nicht nur entstanden – sie wurden durchgehalten und zweckmäßig und zielstrebig weiterentwickelt.

Geradezu grotesk erscheinen die Bemühungen, mit denen sogar namhafte Wissenschaftler die Erschaffung der Welt durch Zufall begründen oder gar „beweisen" wollen:

Der Nobelpreisträger Jacques Monod läßt in seinem Bestseller „Zufall und Notwendigkeit" in einer Fiktion beliebige unsterbliche Leute mit beliebigen Instrumenten Jahrmillionen musizieren und glaubt, daß dann per Zufall auch einmal Beethovens Neunte Symphonie zu hören wäre.

Oder so lehrt uns der namhafte englische Biologe J. Huxley, daß unsterbliche Affen, die mit Buchstaben werfen, irgendwann einmal nach Jahrmillionen die englische Literatur produzieren würden.

Wer auch nur Grundkenntnisse der Wahrscheinlichkeitsrechnung besitzt, der weiß, daß solche Spekulationen Unsinn sind.

In „Knaurs Buch der modernen Biologie" beschreibt H. J. Bogen eine Waage, durch welche in Kästchen vorgeordnete Kugeln „zufällig" in ein System gebracht werden und bemerkt anscheinend nicht, daß er gerade das Gegenteil von dem, was er beweisen will, beweist.

Der Nobelpreisträger M. Eigen schreibt ein Buch mit dem Titel „Das Spiel – Naturgesetze steuern den Zufall" und übersieht offenbar, daß ein gesteuerter Zufall kein Zufall ist.

Die Frage bleibt: Warum bemühen sich selbst renommierte Leute um solch unsinnige „Beweise" und warum werden solche Bücher Bestseller?

7. *Ideologien als Verabsolutierungen des Relativen*

Obwohl Ideologie streng genommen ein Atheismus ist, wird sie gesondert aufgeführt, weil sie gleichsam mit dem Gottesglauben koexistiert, d.h. weil die eine oder andere ihrer Spielarten in den Köpfen von Leuten spukt, die trotz ihrer ideologischen Verblendung mehr oder minder praktizierende Christen sind.

a) Begriff und Erscheinungsformen

Die Eigenschaft des Menschen, an etwas zu glauben, scheint ein Naturgesetz zu sein. Glaubt er nicht an Gott – den Absoluten, d.h. Unabhängigen, aus sich selbst Existierenden – so tritt an dessen Stelle ein Abgott: eine Person, ein politisches System, menschliche Fähigkeiten oder Wünsche, also etwas Relatives – von einem anderen Abhängiges und Begrenztes.- Im Dritten Reich war es der *Führerkult*: „Für mich ist Hitler Christus", sagte ein Arbeitsdienstführer und eine Lehrerin ließ die Kinder zum Führer beten: „... der uns gibt das täglich Brot und uns hilft in aller Not." „Führer befiehl! – Wir folgen", grölten die Massen seiner Zuhörer und bekundeten so ihren bedingungslosen Gehorsam. Die offizielle Moskauer Regierungszeitung hieß „Wahrheit" und die bolschewistische Jugend sang: „*Die Partei*, die Partei hat immer recht." Die Gläubigen solcher Ideologien verlassen den Boden der Wirklichkeit und verschließen sich gegen jegliche Einwände.

Die Ideologie des *Rationalismus*, von dessen Grundideen bereits die Rede war, spukt auch heute noch in den Köpfen vieler Zeitgenossen. R. Affemann schreibt darüber:

> „... Die Vernunft wird mit göttlichen Attributen versehen ... Im Prinzip ist die Ratio allwissend (weil ihrem Erkennen prinzipiell alles offen steht). Die Vernunft ist allmächtig. Wenn man das Richtige weiß, so kann man es auch tun ... Ein Mensch mit richtigem Bewußtsein wird sich auch im moralischen Sinn richtig verhalten. Falsches, unethisches Verhalten erscheint als Mangel an Information. In dieser Betrachtungsweise ist kein Platz vorhanden für Böses an sich ... Der Rationalismus glaubt, daß die Welt, wenn man die in ihr enthaltenen Mittel richtig einsetzt, in ein Paradies verwandelbar sei."[1]

---

1 R. Affemann: „Krank an der Gesellschaft".

Eine Spielart des Rationalismus ist die Ideologie des *Liberalismus*, für den die Freiheit des Einzelnen höchstes Gut ist. Daher lehnt er göttliche und kirchliche Gebote, welche angeblich diese Freiheit einengen, ab und fordert eine totale Trennung von Staat und Kirche. Insbesondere soll der Religionsunterricht an staatlichen Schulen abgeschafft werden.

Im Gegensatz zu diesen rationalistischen Ideologien, welche Vernunft und individuelle Freiheit überbewerten, gründet *New Age* im Mystischen und Irrationalen:

Die Erkenntnis, daß wir mit all unserer Wissenschaft und Technik in eine Sackgasse geraten, und die nicht unberechtigte Angst, einer Vernichtung von Natur und Menschheit ausgeliefert zu sein, riefen die Forderung nach einer geistigen Wende hervor; einer Wende von der durch Fortschritts-, Machbarkeits- und Wohlstandsdenken ausgelösten Ausbeutung der Natur zur Harmonie mit ihr; einer Wende von der Überbetonung des Rationalen durch Überorganisation und Technisierung zu ganzheitlichem Denken, das auch und gerade das geheimnisvoll Unerforschbare im Kosmos und das Heilige umfaßt; einer Wende vom Kulturpessimismus zum Optimismus. Gedanken Teilhards de Chardin einer Entwicklung von Mensch, Umwelt und Kosmos zu einer letzten Einheit werden aufgegriffen und geschichtliche Gestalten wie Franz von Assisi werden wieder modern. Christliche Gedanken und Attribute sind bei dieser Bewegung zwar erkennbar, doch zumeist gerät sie darüber hinaus in ein gefährliches Neuheidentum:

Nach astrologischen Erkenntnissen durchwandert die Sonne alle 2100 Jahre den Bereich eines Tierkreiszeichens und gelangt in den eines anderen. Das geschah angeblich im Jahr 1962, als die Sonne den Sektor der Fische verließ und in den des Wassermanns eintrat. Da der Fisch das Geheimzeichen der Urchristen war[1], wird das Zeitalter der Fische mit der Ära des Christentums gleichgesetzt und für passé erklärt. Darüber hinaus wird jede organisierte Religion wegen ihrer

---

1 Die Buchstaben des griechischen Wortes für „Fisch" ergeben die Titel Jesu: Jesus Christus, Sohn Gottes, Retter

Struktur, ihren Glaubenssätzen und Geboten als rationalistisch abgelehnt. Es gibt nicht Gott, sondern nur „das Göttliche" – und das ist ein geheimnisumwittertes Strömen von Energie und Bewußtsein, in das der Mensch eintaucht, das ihn durchdringt und trägt, in dem das Göttliche, die Welt und der Mensch eins sind.

Die „Wende" erwartet man durch verborgene kosmische Kräfte, die durch geheimnisumwitterte, okkulte, magische Riten und Praktiken des Ostens und des germanischen Heidentums aktiviert werden sollen. So findet man denn in New Age alle Formen des Aberglaubens von Astrologie, Geisterbeschwörung, Wahrsagerei bis hin zum Satanskult.

New Age verheißt außerordentliche Erfahrungen. Man erwartet – Gnostikern[1] des christlichen Altertums vergleichbar – höhere Erkenntnis des Göttlichen (Theosophie[2]) und des Menschlichen (Anthroposophie), eine esoterische[3] Bewußtseinserweiterung, eine Aktivierung von Energien eines unbestimmt Göttlichen, das den Kosmos wie den Menschen durchwaltet, einen neuen Menschen, der über seine naturgegebenen Grenzen hinauswächst. Marilyn Ferguson benennt Merkmale solch erweiterter Bewußtheit: „Verlust der Grenzen des Ichs", „Identifikation mit allem Leben", „Verschmelzen mit dem Universum", „Vermischung der Sinne", „Zeit und Raum überschreitendes, ozeanisches Gefühl"[4].

Der Atomphysiker Fritjof Capra (geb. 1939) glaubt, seit dem 20. Jahrhundert entwickle sich auch die Naturwissenschaft auf dieses „neue, mystische Bewußtsein" hin. Sein mystisches Urerlebnis, das er im Alter von dreißig Jahren hatte, beschreibt er folgendermaßen:

> „Ich ‚sah' förmlich, wie sich aus dem Weltall Kaskaden von Energie ergossen, in denen in einem rhythmischen Impuls Teilchen erzeugt und zerstört wurden. Ich ‚sah', wie sich die Atome der Elemente und jene meines Körpers an diesem kosmischen Tanz der Energien beteiligten; ich fühlte dessen Rhythmus und ich ‚hörte' dessen Klang und in diesem Augenblick wußte ich, daß dies der Tanz Shivas war."

---

1 Gnosis (gr. Erkenntnis) versprach den durch geheim gehaltene Riten Eingeweihten Erlösung durch höhere Erkenntnis

2 gr.: sophia = Weisheit

3 gr.: esoterisch = nach innen gewandt

4 nach: Marilyn Ferguson: Die sanfte Verschwörung.

Und der bekannte"Wassermann-Song" aus dem Musical „Hair" lautet:

„Harmonie und Recht und Klarheit!
Sympathie und Licht und Wahrheit!
Niemand wird die Freiheit knebeln,
niemand mehr den Geist umnebeln.
Mystik wird uns Einsicht schenken,
und der Mensch lernt wieder denken,
dank dem Wassermann, dem Wassermann."

Förderer dieses „neuen Bewußtseins" sind sogenannte „Meister", „erleuchtete" Menschen wie Buddha oder Christus, die in einem Zusammenhang der Wiedergeburt gesehen werden: noch heute sollen die Wiedergeburten solcher „Meister" vom Himalaja aus wirken. Auch von dem „Inneren Meister", der im Menschen selbst wirkt, ist zuweilen die Rede.

Nach Ferguson sollen alle Bemühungen und Erfahrungen einzelner Individuen und Gruppen in einer „Vernetzung" zusammenwachsen und in einer „sanften Verschwörung" die „persönliche und gesellschaftliche Transformation im Zeitalter des Wassermanns" herbeiführen.

Im Grunde ist New Age somit nichts anderes als eine Mischung von Gnosis und Entwicklungspantheismus.

Trotz wesentlicher Unterschiede stimmen Rationalismus und New Age in ihrem Gegensatz zum Christentum überein. Beide übersehen die Realität des Bösen, das immer wieder alle vernünftigen und guten Ansätze zum Scheitern bringt. Beide lehnen eine Erlösung durch Christus ab und erstreben menschliche Vollendung aus eigener Kraft: entweder durch Intelligenz oder durch Magie, mit der man sich das „Göttliche" dienstbar machen will.

b) Ideologie und Religion

Werden religiöse Wahrheiten nicht mehr im Gesamtkontext, sondern isoliert und überspitzt gesehen, kommt es zu Ideologien. Die Fanatiker des Islam, die *Islamisten*, glauben die Allherrschaft Allahs durch Zwangsbekehrungen oder Vernichtung der „Ungläubigen" im

„Heiligen Krieg“ herbeiführen zu müssen. Der *Hexenwahn* war ein Wiederaufleben eines germanischen Aberglaubens gepaart mit übersteigerten Vorstellungen von der Macht Satans.

Aber auch in unserer Zeit gibt es von Ideologen bewirkte Irrungen und Wirrungen. So will „Publik-Forum“, eine Zeitschrift, die angeblich eine Erneuerung der Kirche anstrebt, ganz im Sinn von New Age eine harmonisch-geschwisterliche allbeseligende Kirche ohne belastende Dogmen, ohne sogenannte „Drohbotschaften“, ohne Hierarchie und besonders ohne Jurisdiktionsprimat des Papstes; denn die Kirche sei „ein Fluß, der sich sein Bett selbst sucht.“[1]

Das gleiche Ziel verfolgt auch das sogenannte KirchenVolksBegehren in Österreich und Deutschland:

> „Nicht ein künftig „besserer“ Papst kann unsere Hoffnung sein … die Zeiten der Fixierung auf die kirchlichen Autoritäten sind vorbei. Entfällt diese Fixierung, endet der Herrschaftsanspruch über die Gewissen, fällt die kirchliche Autoritätspyramide wie ein Kartenhaus in sich zusammen...Das Autoritätsregime steht im Widerspruch zum Evangelium.“[2]

Eine andere materialistische, in unserer Wohlstandsgesellschaft weit verbreitete Ideologie ist die Vergötzung der Lebensqualität – natürlich im Sinn von Haben und Genießen –, welche zum höchsten Lebenszweck hochgejubelt wird. Der hl. Paulus kennzeichnet die von ihr Besessenen treffend: „Ihr Gott ist der Bauch, ihr Ende Verderben“ (Phil 3,19).

Trotz der Anfälligkeit vieler Taufscheinchristen für Ideologien, ist der christliche Gottesglaube der beste Schutz vor Ideologisierungen, weil er die geschaffenen Dinge in die rechte Rangordnung rückt und gültige Maßstäbe setzt. Wer nur Gott als absolut anerkennt, der wird alle geschaffenen Dinge in ihrer Relativität, ihrer Unvollkommenheit, Zeitbedingtheit und Wandelbarkeit sehen. Der Glaube an den einen Gott schließt alle „fremden Götter“ aus.

Tatsächlich weckte der Gottesglaube zu allen Zeiten jene Kräfte, welche einer Ideologisierung entgegenwirken. So bekämpfte z. B. die

---

1 Publik-Forum 2/96

2 Harald Pawloski in: „KirchenVolksZeitung“ 3/97

Schrift „Cautio criminalis" (1631) des Jesuiten Friedrich Spee den Hexenwahn, die deutschen Bischöfe wandten sich gegen den Rassenwahn im Dritten Reich und katholische Arbeiter Leisten Widerstand gegen die Ideologie des Kommunismus in Polen.

II. Die Wiederentdeckung der allumfassenden Wirklichkeit

Wissenschaft und Technik brachten nicht uneingeschränkt höhere Lebensqualität, im 20. Jahrhundert lehrten sie die Welt auch das Fürchten. Die enthusiastische Wissenschaftsgläubigkeit geriet bei ernsthaft Denkenden ins Wanken. Namhafte Naturwissenschaftler erkannten die Gefahr des im Machbarkeitswahn befangenen Menschen. So mußte Robert Oppenheimer (1904-1967), der wissenschaftliche Leiter des amerikanischen Atombombenprogramms, nach Hiroshima und Nagasaki gestehen: „Wir haben die Arbeit des Teufels getan."

Dem wissenschaftsgläubigen und auf seine Selbstverwirklichung sowie vordergründige Steigerung seiner Lebensqualität bedachten Menschen stellt sich daher gezwungenermaßen die Frage: Was haben wir bei all unserem Fortschritt eigentlich übersehen?

1. Erschließung von Erkenntniswegen zu den tieferen Schichten des Seins

Durch Beschränkung der Erkenntnismethoden auf Sinneserfahrung und Experiment verbauten sich die Positivisten den Zugang zu all jenen Bereichen, welche gerade für den Sinn des Lebens und das Lebensglück von entscheidender Bedeutung sind. Daher mußten die Erkenntniswege zum geistigen und zum metaphysischen Bereich neu gefunden oder wiederentdeckt werden:

Hans Driesch (1867-1941) gelangte durch seine Versuche mit Seeigeleiern zur Erkenntnis der Ganzheit und Finalität (Zielstrebigkeit) bei Lebewesen. Zerteilt man ein Seeigelei im ersten Stadium des Furchungsprozesses der Furchung gemäß, entstehen aus den Teilen zwar kleinere, aber komplette Seeigel. Also muß hier eine Kraft wirksam sein, die den Wachstumsprozeß von Anfang an zum Ganzen hin steuert. Diese nannte Driesch *Entelechie*[1]. Durch diese zielgerichtete Kraft ist der gesamte Werdeprozeß gleichsam vorausschauend auf das Ende ausgerichtet.

1 Entelechie = in sich das Ziel haben.

Nach Henri Bergson (1859 – 1941) läßt sich das Wesen einer freien Person nicht durch schlußfolgerndes Denken, sondern nur durch einfühlende Gesamtschau, durch *Intuition* erfassen.

Blaise Pascal (1623 – 1663) spricht von einer *Logik des Herzens*: „Le coeur a des raisons, que la raison ne connaît pas.“[1]

Bei der Erkenntnis einer Person besteht eine viel stärkere Wechselwirkung zwischen Erkennendem und Erkanntem als bei der Erfassung einer Sache. Zur Intuition kommt hier noch Vertrauen hinzu: Die Liebe eines Menschen kann man mit der bloßen Vernunft gar nicht erkennen, geschweige denn beweisen. Wer Liebe und Freundschaft erfahren will, muß auf den anderen vertrauen. In diesem Vertrauen muß er den anderen wagen dadurch, daß er sich ihm öffnet und zur personalen Hingabe bereit ist. Gerade *vertrauendes Wagen* macht personale Beziehung so wertvoll.

Von den genannten Denkansätzen her stoßen eine Reihe von Naturwissenschaftlern und Naturphilosophen zu einer letzten Einheit und einem tieferen Lebensgrund vor:[2]

Erich Becher (1882-1929) weist auf „das Seelische als führenden Faktor in der Lebenseinheit“ hin: Wie könnte sonst ein Wahrnehmungsreiz durch den nervösen Apparat von Milliarden von Zellen und Leitungsbahnen seinen Weg finden und umgekehrt der Willensakt die richtige körperliche Ausführung. Die fremddienliche Zweckmäßigkeit, z.B. bei Pflanzengallen, und gleiche Bau- und Funktionspläne einander sehr fernstehender Lebewesen weisen auf ein überindividuell Seelisches hin. Auch die Instinkte der Fürsorge, insbesondere aber Pflichtgefühl und Gewissen als fremddienliche Zweckmäßigkeiten beim Menschen, erwecken den Eindruck, daß ein *höheres, überindividuelles geistiges Wesen* in uns wirkt. Am stärksten wird dieser Eindruck im religiösen Bewußtsein und im mystischen Erlebnis des Einssein der Seele mit dem überindividuellen Lebensquell.

Schließlich spricht Becher von einem *„überindividuell Seelischen“, das alles Sein steuert*:

1 „Das Herz hat Gründe, die der Verstand nicht kennt.“

2 Die folgenden Zitate sind entnommen aus: Hirschberger: „Geschichte der Philosophie II“.

„... es ist das unvermeidliche Schicksal der empirisch[1]-induktiven[2] Metaphysik, ... auf die weit über unsere Erfahrung hinausgreifenden Weltanschauungsfragen nur mit Hypothesen antworten zu können ... Aber glücklich darf sich der Metaphysiker schätzen, wenn er, indem er nur dem Leitstern der Wahrheit folgt und nie vom mühsamen Pfad unbestechlicher wissenschaftlicher Forschung abbiegt, zum Wegbahner der religiösen Überzeugung wird, daß über den irrenden und hadernden Individuen ein überindividuelles Geistwesen führend und verbindend waltet, welches zu uns spricht in der Stimme des Gewissens und in unser Herz den Keim selbstloser Liebe legt."

Aloys Wenzel (1887-1967) kommt über die Betrachtung der Entelechien zur Annahme, daß diese „*Untersubjekte*" seien, „*die teilnehmen am Willen eines umfassenden Subjektes*". Er läßt der empirischen Welt ein

„ „urbildhaftes, ganzheitlich-entelechiales Sein" vorgelagert sein ..., das „vor" der empirischen Zeit war. Seine Ganzheit zerfiel, als das erste bewußt verantwortliche Wesen sich von dem Ziel, auf das es hingeordnet war, von Gott, trennte und dadurch seine Unordnung nun Quelle weiterer Unordnung wurde. Obwohl nun in der Welt eine Spaltung eingetreten war, ragt das urbildliche Sein doch noch in die Zeitlichkeit herein und kann als solches erkannt und erstrebt werden. Damit wird verständlich, daß es Gutes und Böses in der Welt gibt und einen Urgrund vor und über der Welt.

Das Urbild des Seins ist Gott, und es ist der Schöpfergott des christlichen Theismus ... wir selbst und die Wesen der Welt sind nicht aus uns. Der Zusammenhang, der trotz allen Auseinanders in der Welt auch unverkennbar ist ... erfordert ein Absolutum. Ein Wille durchwaltet die Vielheit beschränkter Willensträger, ein Vernunftprinzip äußert sich in der Ordnung und Sinnhaftigkeit, die es in der Welt gibt, ein Wertprinzip in der Verwirklichung von Werten und der Sehnsucht nach ihnen."

2. *Das Weltbild des kritischen Realismus*

Aus den vorangehenden Überlegungen ergibt sich ein Aufbau des Seins (der Wirklichkeit) in Schichten oder Stufen, so daß die jeweils niedrigere Stufe bereits auf die höhere angelegt ist und die jeweils höhere Schicht die niedrigere überformt und durchformt. Die unter-

1 erfahrungsgemäß; aus der Erfahrung, Beobachtung erwachsen

2 gemäß der wissenschaftlichen Methode vom besonderen Einzelfall auf das Allgemeine, Gesetzmäßige zu schließen

ste Schicht ist die Materie. Die Materie wird vom Vitalen[1] in Dienst genommen, wobei sie ihre physikalisch-chemischen Eigenschaften behält, jedoch von der Entelechie des Lebewesens auf ein bestimmtes Ziel hin gestaltet wird. Ebenso durchformt und überformt der Geist des Menschen die materiellen und vitalen Schichten. Er ist Träger der sittlichen Freiheit, d. h. der Fähigkeit, Werte zu erkennen und – auch gegen Neigung und vordergründigen Vorteil – zu verwirklichen. Die letzte, alles durchdringende und umfassende Schicht ist das Göttliche: Der Mensch begegnet ihm in seiner Umwelt wie in seinen eigenen Tiefen.

So gibt es zwar verschiedene Stufen der Natur und man kann die jeweils höhere Stufe gegenüber einer niedrigeren „übernatürlich“ nennen. Doch bildet das All ein Ganzes, dessen tragende Mitte und bergende Peripherie Gott ist. So gesehen gehört auch Gott zur Natur als ihr Schöpfer, ihre Basis und ihr Ziel. Dies stellt nicht die Wesenstranszendenz Gottes in Abrede, d.h. die völlige Andersartigkeit des Schöpfers gegenüber seinem Geschöpf, des Absoluten gegenüber dem Kontingenten (= Abhängigen).

Entgegen der materialistischen Auffassung nimmt die Wirklichkeit in den höheren Schichten an Seinsmächtigkeit und damit auch an Bedeutung für den Menschen zu:

> „Es ist falsch, die höhere Schicht gegenüber der niederen als ohnmächtig zu erklären; zwar ist für das empirische Menschsein die je niedere die conditio sine qua non[2] der höheren; aber in jedem Heben des Armes erfahre ich die Macht meiner Vitalität über die Gravitation, in jedem Herzklopfen aus Angst oder Freude die Macht der Seele über die Funktionen des Leibes, in jeder Anstrengung, Beherrschung, in jeder nicht sinnlich-, triebhaft- oder umweltbedingten Leistung die Macht des Geistes.“ (A. Wenzl)[3]

Naturgemäß *nimmt die Evidenz*, die Überschaubarkeit und Durchschaubarkeit der Wirklichkeit *in* dem Maße ab, in dem man zu höheren Seinsschichten vordringt, je wirklicher die Wirklichkeit wird:

---

1 d.h. vom Lebendigen

2 Notwendige Voraussetzung

3 Johannes Hirschberger: Geschichte der Philosophie. Während wir bisher von „Wirklichkeitstiefe“ gesprochen haben – wegen der Verborgenheit dieser Schichten –, nennen Wenzl und Staudinger diese Wirklichkeitsbereiche „höher“ wegen ihrer Bedeutung.

„Betrachtet man die gesamte unserer wissenschaftlichen Forschung zugängliche Welt, so zeigt sich, daß die niedrigeren Wirklichkeitsbereiche von der Sicht des Menschen her durch große Gesetzmäßigkeit ausgezeichnet sind. Dagegen findet sich bei höheren Wirklichkeitsbereichen auch Unberechenbarkeit, ja schließlich Freiheit vor. Dadurch werden unsere auf den Nachweis von Gesetzmäßigkeiten ausgehenden Forschungen erschwert. Das heißt konkret: Die sogenannten klassischen Naturgesetze gelten praktisch uneingeschränkt. Sie ermöglichen es, das Verhalten der unbelebten Materie – sofern man den Bereich der Mikrophysik einmal außer Betracht läßt -... zu berechnen ...

Bei der beobachtenden Verhaltensforschung macht sich in spürbarer Weise bereits die spontane Aktivität, fast könnte man sagen, die Eigenwilligkeit der jeweiligen Forschungsobjekte bemerkbar. Dadurch wird die Forschung erheblich erschwert. Im Gegensatz zur toten Materie verhalten sich z. B. viele Tiere anders, wenn sie in Gefangenschaft sind, oder wenn sie sich auch nur beobachtet fühlen.

Noch schwieriger wird es bei der Erforschung des Menschen. Die moderne Medizin weiß, daß sogar der Erfolg solcher Medikamente, die mehr oder weniger chemisch wirken, auch von der geistigen Einstellung, ja von der 'Eigenwilligkeit' des Patienten abhängt. Die experimentelle Psychologie stößt dadurch auf eine unüberschreitbare Grenze ihrer Möglichkeiten, da sich der Mensch in der realen Situation oft anders verhält als beim Experiment. Vor allem aber gilt: Man kann Menschen offensichtlich nur beschränkt und unzulänglich kennenlernen und erforschen, wenn sie selbst sich nicht öffnen oder sich gar konsequent zu verschließen suchen.

Angesichts solcher Erfahrungen ... muß vermutet werden, daß eine Wirklichkeit höherer Art als der Mensch überhaupt nicht mehr mit den sonst üblichen Methoden erforscht werden kann, daß Gott vielmehr nur dann und insoweit erkannt werden kann, wie er sich selbst aus seiner weit überlegenen und spontanen Aktivität erschließt. Das heißt: die eigene Aktivität des Menschen kann bis zu einer begründeten Frage nach Gott führen. Die Antwort muß jedoch vage und unsicher bleiben, wenn Gott sich nicht seinerseits erschließt oder ... wenn es keine Offenbarung gibt.“ (Prof. Dr. H. Staudinger in einem Zeitungsartikel)

3. Evidenz der Gotteserkenntnis

Nach unseren bisherigen Überlegungen kann also der Mensch bereits mit seinen natürlichen Fähigkeiten zu einer – wenn auch unvollkommenen – Gotteserkenntnis gelangen. Der Schüler – von seiner mathematischen Ausbildung beeinflußt – fragt nun unwillkürlich: „Kann man Gott beweisen?“

Im Grunde handelt es sich hier um die Frage nach der Einsehbarkeit der menschlichen Gotteserkenntnis. Weil Kant eine Disziplin nur soweit als Wissenschaft gelten läßt, als „in ihr Mathematik angetroffen wird“, gilt für ihn nur das mathematisch Evidente als Beweis. Dann freilich kann man Gott nicht „beweisen“.

Die *mathematische Evidenz*[1] kommt aber nur dadurch zustande, daß man von der konkreten (dinglichen) Wirklichkeit abstrahiert: man hebt gleichsam von einer Tischplatte die vier Kanten ab, denkt sich diese exakt gerade und rechtwinklig zueinander und erhält so das mathematische Rechteck. In der Mathematik sind also Zahlen, Punkt, Gerade, Kreis etc. nur gedachte Größen, die es in der konkreten Wirklichkeit nicht gibt. Daher die zwingende Evidenz der mathematischen Beweise.

Aber in der konkreten Wirklichkeit kann man mit mathematischer Evidenz nichts „beweisen". Jeder Techniker, der die Statik einer Brükke berechnet, multipliziert die benötigte Tragfähigkeit mit einem Sicherheitsfaktor. Im praktischen Leben müssen wir uns mit einer *moralischen Sicherheit* begnügen, welche Risiken nicht unbedingt ausschließt. Jedoch: Wer wird schon nichts essen, weil man nicht „beweisen" kann, daß die Speisen nicht vergiftet sind und wer wird schon nicht heiraten, weil man Liebe und Treue nicht „beweisen" kann?

Die lebensnotwendigen Wirklichkeiten erkennen wir mit einem umfassenden Blick durch eine Vielzahl von Gegebenheiten und Gründen, die sich dem mathematischen Denken entziehen; diesen Durchblick nennen wir *Intuition.* Auf diese Weise schätzt der Bergsteiger jeden Griff ab, erkennt der Arzt eine Krankheit oder erkennt man den Charakter eines Menschen. Auch Gott als höchste Wirklichkeit erkennen wir intuitiv.

Kann man also „Gott beweisen"? — Nein, denkt man an eine Schlußfolgerung mit mathematischer Evidenz. Ja, läßt man die intuitive Logik als beweiskräftig gelten. Thomas von Aquin nennt übrigens die Gedankengänge, die zur Erkenntnis Gottes führen, nicht „Beweise", sondern „viae", also „Wege" zu Gott.

Die Existenz Gottes als der höchsten Wirklichkeit läßt sich also nicht mathematisch beweisen, wohl aber einleuchtend begründen. Für den Menschen bleibt dann immer noch ein gewisser Freiraum der Entscheidung, ob er die Partnerschaft mit Gott wagen oder ablehnen will.

---

1 Durchschaubarkeit

Und noch etwas ist zu bedenken: Wir erkennen Gott nur vergleichsweise, d.h. *analog*. Er ist für uns eine unsere Anschauungs- und Vorstellungswelt übersteigende, transzendente Wirklichkeit, die wir mit unseren menschlichen Begriffen und unserer menschlichen Sprache nicht gleichsinnig, sondern nur auf dem Wege des Vergleiches erfassen können. Solche analoge Erkenntnisse kennen wir auch aus anderen Bereichen, z.B. sprechen wir in der Elektrizitätslehre von „Strom". Das Bild ist vom Wasser genommen und gilt für die Elektrizität nur vergleichsweise; das Wort Strom gibt uns gleichsam die Richtung an, in der wir uns diesen elektromagnetischen Vorgang denken müssen. So sagt Thomas von Aquin über die menschliche Gotteserkenntnis: „Was du begreifst, ist nicht Gott", oder Anselm von Canterbury: „Gott ist immer größer."

Können wir also nun Gott erkennen? — Nein und ja: Das tiefste Wesen Gottes bleibt uns verborgen, aber wir erkennen von Gott so viel, daß diese Erkenntnis für die rechte Gestaltung unseres Lebens und damit für den Sinn unseres Lebens ausreicht.

4. Vernunfterkenntnis und Offenbarung

Die Naturwissenschaft als solche beschäftigt sich nicht mit der Gottesfrage, weil ihr Arbeitsgebiet auf einer anderen Ebene liegt und ihre Methode das Göttliche nicht erfaßt. Naturwissenschaft kann immer nur das „Wie" ihrer Forschungsobjekte erfassen; z.B. wie die Welt entstanden ist. Sie kann aber keine Aussagen über das „Warum" machen: Ist die Welt durch Gott oder durch Zufall entstanden? – Darin besteht der gedankliche Kurzschluß vieler, weil sie meinen, mit der Erkenntnis, wie Welt und Mensch entstanden seien, wäre alles erklärt und sei ein Schöpfer überflüssig geworden. Kann man erklären, wie eine Uhr entsteht, so heißt das noch lange nicht, daß es keines Uhrmachers bedarf.

Der Naturwissenschaftler ist aber nicht auf sein Spezialgebiet beschränkt, sondern befaßt sich als Mensch auch mit den großen Menschheitsfragen, dem „Woher", „Wohin", „Wozu" unserer Existenz. Seine Forschungsergebnisse können demnach – wie wir gesehen haben – sehr wohl zu einer gewissen Gotteserkenntnis führen. Namhafte Forscher legen dafür ein eindrucksvolles Zeugnis ab:[1]

Claude Hathaway, der „Vater des Elektronengehirns“:

„Die Welt, die uns umgibt, ist eine gewaltige Ansammlung von zweckbestimmten oder geordneten, voneinander unabhängigen, aber in Wechselbeziehung stehenden Gegebenheiten … Zweckbestimmung und Ordnung können nur zwei Ursachen haben: Zufall oder Absicht. Je komplizierter die Ordnung, desto unwahrscheinlicher ist es, daß sie durch Zufall entstand. Die moderne Physik lehrt mich aber, daß die Natur außerstande ist, sich selbst zu ‚ordnen‘ … Das Universum stellt eine ungeheure ‚Masse‘ von Ordnung dar. Deshalb ist eine große ‚erste Ursache‘ erforderlich, die nicht dem zweiten Gesetz der Energieumwandlung unterworfen, die also übernatürlich ist.“

Dr. Barnard, der die erste Herztransplantation durchgeführt hat:

„In seiner Lebensgeschichte berichtet Dr. Barnard von einem Erlebnis als junger Medizinstudent: Damals sezierte er gerade den Kopf einer Leiche, als der Anatomieprofessor hinzutrat. Er wies mit einer Pinzette auf eine Stelle zwischen Ohr und Unterkiefer und erklärte: ‚Das ist die Ohrspeicheldrüse. Wunderbar angelegt, nicht wahr?‘ Dr. Barnard erinnert sich: ‚Ich konnte nur zustimmen. Zugleich fragte ich mich, wie man den ungeheuer komplizierten und unendlich schönen Aufbau des menschlichen Körpers betrachten konnte, ohne an die Macht des Schöpfers zu glauben.‘“

Wernher von Braun:

„Der unendliche Sternenhimmel, der die Raumfahrer im Weltall umgibt, wird ihnen eine Mahnung sein, daß es eine Kraft gibt, die größer ist als der Antriebsschub ihrer Raketen. Und sie werden erfahren, daß es einen Weltgeist gibt, der mächtiger ist als der kalte Verstand ihrer elektronischen Rechenmaschinen. Und sie werden spüren, daß es eine überwirkliche Macht gibt, die größer ist als die der eigenen Nation.“

„Ich kann mir ein Weltbild ohne Gottesbegriff nicht vorstellen; Gott ist Schöpfer und oberster Herr seiner Schöpfung zugleich. Alles, was wir in der Weltraumforschung machen, ist im Grund genommen nichts anderes, als ihm seine Gesetze abzuhorchen. In treuer Befolgung dieser Gesetze fahren wir zum Mond.“

Albert Einstein (1879-1955):

„Das Wissen darum, daß das Unerforschliche wirklich existiert und daß es sich als höchste Wahrheit und strahlende Schönheit offenbart, von denen wir nur eine dumpfe Ahnung haben können – dieses Wissen und diese Ahnung sind der Kern aller wahren Religiosität. – Die gefühlsmäßige Überzeugung von der Existenz einer höheren Denkkraft, die sich im unerforschlichen Raum manifestiert, bildet den Kern meiner Gottesvorstellung.“[2]

Gott ist also nicht so verborgen, daß der Mensch ihn nicht erkennen könnte. Eine gewisse Gotteserkenntnis ist bereits mit den natür-

---

1 Nach dem Buch „The Evidence of God in an Expanding Universe“, in dem 40 amerikanische Naturwissenschaftler Beiträge zu diesem Thema bringen.

2 Zeitungsartikel „Die Wissenschaft entdeckt den Schöpfer“

lichen Kräften der Vernunft möglich, wenn der Mensch forschend und schlußfolgernd die Spuren Gottes in der Schöpfung verfolgt. Wir nennen diese Erkenntnismöglichkeit *natürliche Offenbarung*. Darüber hinaus gibt es aber noch eine Selbsterschließung Gottes durch menschliche Übermittler, denen eine besondere Offenheit auf Gott hin eigen ist. Sie sind „Boten" Gottes, wie z.B. Abraham, Moses, die Propheten. Während aber bei der natürlichen Gotteserkenntnis die Initiative vom Menschen auszugehen scheint, liegt die entscheidende Aktivität bei der *übernatürlichen Offenbarung auf* Seiten Gottes: der Mensch wird von Gott ergriffen, er wird zum Empfänger und Künder einer göttlichen Botschaft, die weit über das hinausgeht, was der Mensch mit seiner Vernunft von Gott erkennen kann. Über diese zweifache Ordnung der religiösen Erkenntnis sagt das I. Vatikanische Konzil (1869/70):

„Stets hat die katholische Kirche einstimmig festgehalten, und stets hält sie fest, es gebe eine zweifache Erkenntnisordnung, verschieden nicht nur in der Erkenntnisfähigkeit, sondern auch in ihrem Gegenstand. Verschieden in der Fähigkeit; weil wir in der einen Ordnung mit der natürlichen Vernunft, in der anderen mit göttlichem Glauben erkennen; verschieden im Gegenstand, weil uns außer dem, was die natürliche Vernunft erfassen kann, in Gott verborgene Geheimnisse zu glauben vorgelegt werden, die nie in den Bereich unseres Erkennens kämen, wenn sie uns nicht von Gott geoffenbart wären."

Bezüglich des Verhältnisses von Vernunft und Offenbarung lehrt die Kirche weiterhin: Vernunft und Glaube können sich nicht widersprechen.

„Wenn auch der Glaube über der Vernunft steht, so kann es doch zwischen Glaube und Vernunft nie einen wirklichen Widerspruch geben, weil derselbe Gott, der die Geheimnisse offenbart und den Glauben eingibt, der Menschenseele auch das Licht der Vernunft gegeben hat. Gott kann aber sich selbst nicht verleugnen, und die Wahrheit kann der Wahrheit nicht widersprechen. Der bloße Schein eines solchen Widerspruchs stammt meist daher, daß die Glaubenswahrheiten nicht im Sinne der Kirche aufgefaßt oder dargelegt wurden oder daß Tagesmeinungen als Sätze der Vernunft ausgegeben werden. „Jede Behauptung, die der Wahrheit des erleuchteten Glaubens widerspricht, erklären wir für falsch." (5. Laterankonzil 1512-1517)

„In seinem Buch: „Der Teil und das Ganze" berichtet Werner Heisenberg (1901 – 1976) über eine Diskussion am Rande einer Konferenz in Brüssel, bei der es um das Verhältnis von Naturwissenschaft und Religion ging. Heisenberg wurde gefragt, warum Albert Einstein „soviel über den lieben Gott spricht" und warum … Max Planck die Ansicht vertrete, daß es keinen Widerspruch zwischen Naturwissenschaft und Religion gebe. Heisenberg antwortete: „Die Naturwissenschaft handelt von der objektiven materiellen Welt. Sie stellt uns vor die Aufgabe, richtige Aussagen über diese Wirklichkeit zu machen … Die Religion aber handelt von der Welt der Werte. Hier wird von dem gesprochen, was sein soll, was wir tun sollen …“ Einen Konflikt zwischen beiden Bereichen gebe es nur dann, wenn man die Bilder und Gleichnisse der Religion als naturwissenschaftliche Behauptungen interpretiere. Zu bezweifeln sei, ob menschliche Gemeinschaften auf die Dauer mit einer scharfen Spaltung zwischen Wissen und Glauben leben könnten… „So leicht läßt sich die Religion nicht abtun“ … Er habe beim Thema Religion das Gefühl, „daß der Rationalismus hier nicht ausreichen kann.“

In diesem Zusammenhang erscheint eine Bemerkung über die Begriffe *Weltbild* und Weltanschauung angebracht. Das Weltbild besteht aus unseren Erkenntnissen und Anschauungen über die Beschaffenheit der Welt. Es wird mit dem Fortschreiten der Naturwissenschaften immer weiter fortentwickelt und korrigiert. Demzufolge spricht man von einem geozentrischen, einem heliozentrischen Weltbild oder dem Weltbild des Atomzeitalters.

Weltanschauung ist Gegenstand der Philosophie und Theologie, welche letzte Zusammenhänge, Ursachen und Ziele, den Sinn von Welt und menschlicher Existenz zu ergründen suchen. Positivismus und Theismus sind beispielsweise Weltanschauungen.

Eine Änderung des Weltbildes braucht keineswegs eine Änderung der Weltanschauung nach sich ziehen. Schon Galilei wies darauf hin, daß die Bibel keine naturwissenschaftlichen Lehren aussprechen will und daß daher seine Theorie den Glauben nicht berühre; seine Richter konnten jedoch diesen Gedankenschritt noch nicht vollziehen. — Wie man eine Gedankenfolge von einer Sprache in eine andere übersetzen kann, so kann man auch eine Weltanschauung in ein anderes Weltbild mit hinübernehmen: Ob Gott die einzelnen Lebewesen unmittelbar oder durch allmähliche Evolution erschuf, ändert an der Weltanschauung des Theismus nichts.

Natürlich hat es im Laufe der Zeit immer wieder Widersprüche zwischen Naturwissenschaft und Offenbarungsglauben gegeben. Doch stellte sich in der Regel später heraus, daß entweder die „wissenschaftliche“ Theorie falsch war oder die Sorge kirchlicher Stellen unbegründet.

Vernunfterkenntnis und Offenbarung ergänzen sich gegenseitig. Dazu sagt das Vaticanum I:

„Glaube und Vernunft widersprechen sich also nie, vielmehr helfen sie sich gegenseitig. Denn die richtig gebrauchte Vernunft beweist die Grundlagen des Glaubens und bildet, vom Glauben erleuchtet, die Wissenschaft von den göttlichen Dingen aus, während der Glaube die Vernunft vom Irrtum befreit, sie vor ihm schützt und ihr vielfache Erkenntnis mitteilt."

In der Tat hat die Wissenschaft viel zum besseren Verständnis der Bibel beigetragen, genauso bezieht das kirchliche Lehramt immer wieder Stellung zu pseudowissenschaftlichen Lehren oder Ideologien. So hat die Kirche, gestützt auf die göttliche Offenbarung, bereits zu Beginn des Nationalsozialismus den Rassenwahn verurteilt, wie vorher schon den gottlosen Bolschewismus. Auch in unseren Tagen wendet sie sich gegen den schrankenlosen Liberalismus und weist im Gegensatz zum Kapitalismus auf die soziale Verantwortung des Eigentums hin.

5. Glaube als menschliche Antwort auf die Offenbarung Gottes

In unserem Sprachgebrauch wird das Wort „glauben" mehrdeutig benutzt. „Glauben heißt nichts wissen": – dieser Slogan soll jedweden Glauben als Unwissenheit disqualifizieren. Tatsächlich gebrauchen wir das Wort „glauben" auch in der Bedeutung von meinen und vermuten (lat. putare), also als Ausdruck einer inneren Unsicherheit. Im religiösen Bereich hingegen drückt das Wort „glauben" eine Überzeugung aus, eine innere Hingabe, welche die lateinische Sprache mit dem Wort „credere" bezeichnet, d.h. cor dare, das Herz zum Pfand geben.

„Glaube aber ist: Feststehen in dem, was man erhofft, Überzeugtsein von Dingen, die man nicht sieht." (Hebr 11,1)

Heute ist der Gegensatz von Wissenschaft und Glaube weithin überwunden. Die Wissenschaft spricht nicht mehr gegen den Glauben, aber sie führt auch nicht unbedingt zum Glauben. Denn der Glaube erfordert mehr als Wissen, auch wenn Wissen eine seiner Grundlagen ist: Überzeugung setzt nämlich eine Begründung voraus, ein blindes Glauben ohne Vernunftbegründung wäre gegen die menschliche Natur. Wir müssen uns also mit einer sogenannten „moralischen Gewißheit" begnügen, d.h. mit einer Begründung, die nicht mathematisch zwingend ist und dem Menschen einen Entscheidungsspielraum läßt. Aber das ist ja nicht nur bei der Gotteserkenntnis, sondern auch bei allen Erkenntnissen, die für den Menschen von existentieller Bedeutung sind, der Fall.

Der *Umfang der Erkenntnis, welche der Glaube voraussetzt,* kann nach Alter und Fassungskraft, Bildungsgrad und Kulturkreis recht unterschiedlich sein. Nach der Bibel genügt die Erkenntnis Gottes und seiner endgültigen Gerechtigkeit:

> „Wer zu Gott kommen will, muß glauben, daß er ist und daß er denen, die ihn suchen, ihren Lohn geben wird.“ (Hebr 11,6)

Hier ist nicht die Rede davon, wie und wie weit Gott erkannt wird. Religiöser Glaube ist nicht nur im Christentum vorhanden, sondern weltweit. Selbstverständlich ist eine fundierte Erkenntnis, besonders wenn sie nicht nur auf rein menschlichen Einsichten beruht, sondern durch die göttliche Offenbarung ergänzt wird, eine bessere Ausgangsposition. Ebenso sollte bei jedem Menschen die Erkenntnisgrundlage des Glaubens seinem sonstigen Bildungsstand entsprechen, damit es nicht zu einer unüberbrückbaren Kluft zwischen Glauben und Wissen kommt.

Die *Wege zum Glauben* sind sehr verschieden. Das Kind glaubt aufgrund des Beispiels seiner Eltern. Der Heranwachsende muß sich seine ihm entsprechende Glaubensbegründung selbst erringen. Zu den bereits erwähnten natürlichen Erkenntnismöglichkeiten treten Gründe aus der übernatürlichen Offenbarung: den einen fasziniert die Persönlichkeit Jesu, einen anderen die Trefflichkeit und Kraft seiner Lehre oder die Kontinuität, mit der sich die göttliche Offenbarung über Abraham, Moses und die Propheten durch fast zwei Jahrtausende bis hin zu Christus verfolgen läßt. Die Reihe der Begründungen ließe sich bis in ganz persönliche Überlegungen und Erlebnisse hinein beliebig fortsetzen.

Auf jeden Fall aber muß der Mensch dahin kommen, daß sein Glaube eine *vernünftige Entscheidung* darstellt, d.h. er muß zur Einsicht gelangen, daß Christus nicht nur ein hervorragender Mensch war, sondern daß er von Gott kommt. Dann kann er auch die für den Verstand unbegreiflichen Geheimnisse des Glaubens auf die Autorität

Christi hin bejahen. Weil aber ein Rest von Unsicherheit bleibt, ist der Glaube auch ein *Wagnis*. Es ist wie bei der endgültigen Entscheidung für einen Menschen, mit dem man nach vernünftiger Überlegung den Schritt in die Ehe wagt.

Wegen dieses Restes an Unsicherheit bleibt der Glaube das ganze Leben hindurch angefochten und muß auch in den Zeiten der Enttäuschung, der inneren Leere und Trostlosigkeit willentlich durchgehalten werden.

Glaube ist ferner eine *existentielle Entscheidung*: Hier geht es um Sein oder Nichtsein, letzten Sinn oder letzte Sinnlosigkeit der menschlichen Existenz. Eine Existenzfrage aber wird nicht nur rational erfaßt, sondern mit allen Kräften:

> „Bevor der Mensch noch nach Gott fragt, hat er ihn bereits in seinem Blut, in seinem existentiellen Gespür für das Heilige und Göttliche, in seinem aus tiefsten Tiefen seiner Existenz aufsteigenden Bedürfnis nach einem letztgültigen, unbedingten, in sich selbst ruhenden Sein, das unser grenzenlos bedingtes, fragmentarisches, unzulängliches Sein trägt und erhält. Gott ist ihm ein Grunderlebnis seiner eigenen Existenz, eine Grundtatsache seines eigenen Selbstbewußtseins.
>
> Ich glaube an Gott, ... weil ich davon durchdrungen bin, daß mein Eigenwert nur bestehen kann, wenn und weil er in einem unvergänglichen, unendlichen Ursein und Urwert gründet. ... Noch immer und überall ist der Nihilismus die letzte Folgerung des Atheismus gewesen. Ich fliehe vor dem Nichts und seinem Wahnsinn, und darum glaube ich an Gott."[1]

Solch eine existentielle Entscheidung bewirkt, daß die Glaubensüberzeugung wesentlich tiefer sitzt als jede noch so evidente Erkenntnis eines mathematischen Satzes. Diese existentielle Bedeutung des Glaubens ist auch der tiefste Grund des Kampfes gegen Gott und des Kirchenhasses: viele fühlen sich in ihrer Erdensicherheit durch den Anspruch des Absoluten bedroht, denn „wer an seinem Leben hängt, verliert es" (Joh 12,25).

Glaube ist außerdem *personale Entscheidung* für ein „Du". Sobald man – wie auch immer – auf Gott gestoßen ist, muß zur Erkenntnis und zum existentiellen Bedürfnis noch das Vertrauen kommen, in dem man die Liebe zu Gott wagt. Liebe bedeutet Hingabe, Erfüllung des göttlichen Willens (vgl. Joh 14,21). Dieses Eingehen auf den

---

1 Karl Adam: Warum ich an Christus glaube.

Willen Gottes in jeder Lebenssituation ist das entscheidende Kennzeichen des Glaubens (vgl. Mt 7,21-23), der Felsengrund der Glaubensüberzeugung (vgl. Mt 7,24-27), die ausschlaggebende Werbung für das Reich Gottes (vgl. Mt 5,13-16) und das Kriterium für die „Gesegneten" beim Weltgericht (vgl. Mt 25,14-46).

Weil die personale Hingabe der Kern des Glaubens ist, sind Weg und Preis des Glaubens für alle Menschen gleich: der Einsatz des eigenen Lebens. Das gilt für Reiche und Arme, Gebildete und Ungebildete. Irdischer Reichtum und Bildung sind an sich weder ein Hindernis noch ein Vorteil für die Glaubenshingabe; beide werden dagegen zum Hemmnis, verbindet sich mit ihnen Geiz oder Eitelkeit (vgl. Lk 12,15-21; Mt 19,24; Lk 10,21).

Letztlich ist der Glaube *Gnade*, eine Gabe Gottes, die er jedoch keinem verweigert, der sich ehrlich darum müht. Nicht nur der Mensch muß versuchen, mit allen seinen Kräften Gott zu erfassen, er wird auch in seiner Gesamtpersönlichkeit von Gott ergriffen:

> „Weil dieser Glaube an Christus ein von Gottes Gnade ausgelöstes und getragenes Werterlebnis ist, ist er seiner inneren Struktur nach etwas ... Überbegriffliches, ein Geheimnis. Darum kann ich, wenn man mich fragt, warum ich an Christus glaube, so wenig eine klare, erschöpfende Antwort darauf geben, wie es der Liebende kann, wenn ich ihn frage, warum er liebt. Wie sich dieser wohl auf eine Reihe von Vorzügen berufen wird, die uns seine Liebe zur geliebten Person verständlich machen, wie er aber selber in seinem Tiefsten und Letzten nicht durch diese einsichtig gemachten Vorzüge, sondern durch den personalen Wert gebunden wird, der von der Gesamterscheinung der geliebten Person ausstrahlt und den er in den unsichtbaren Strömen der Sympathie auffängt, so sind es auch in meinem Glauben an Christus nicht die im Leben des Herrn aufleuchtenden, rational aufzeigbaren Glaubensgründe an sich, die mich Christus gefangen geben, sondern es ist ein unendlich personaler Wert, den mich die Gnade Gottes aufgrund der tausend Eindrücke, die von seiner geschichtlichen Gestalt ausgehen, erleben läßt, und der meinen Willen endgültig zum Gehorsam des Glaubens bestimmt.
>
> Wenn man mich fragt, warum ich an Christus glaube, so kann ich darum nur auf jenes Wort verweisen, mit dem der Herr selbst den Christusglauben des Petrus kennzeichnete: „Nicht Fleisch und Blut hat dir das geoffenbart, sondern mein Vater, der im Himmel ist" (Mt 16,17)"[1].

So erscheint die menschliche Gotteserkenntnis als eine Brücke zum jenseitigen, transzendenten Ufer. Dieses ist zwar in Nebel gehüllt, aber der diesseitige Brückenpfeiler und die Bögen, die sich in

1 Karl Adam: Warum ich an Christus glaube.

der Transzendenz verlieren, sind deutlich erkennbar. Seine Existenznot drängt den Menschen, die Brücke zu beschreiten, möchte er nicht in der Sinnlosigkeit geistig ersticken. Im Vertrauen auf das jenseitige „DU“, welches allein seiner Sehnsucht Erfüllung geben kann, und getragen von der Gnade wagt der Glaubende den Überschritt in eine Lebenshaltung der Gottverbundenheit.

III. Die relativen Medien des Absoluten

Die leib-seelische Natur des Menschen bringt es mit sich, daß wir das Geistige nur über materielle Medien zum Ausdruck bringen können. Auch das Vollkommene, Ewige, Unwandelbare, Göttliche – das Absolute – kann vom Menschen nur unvollkommen, zeitlich, wandelbar, menschlich – relativ – dargestellt werden. Das Göttliche ist uns nur in menschlicher „Verpackung" zugänglich, so sagt der Apostel Paulus: „Diesen Schatz tragen wir in zerbrechlichen Gefäßen" (2 Kor 4,7).

Nicht das Göttliche an sich, sondern die menschliche Komponente der Religion gibt Anlaß zu Mißverständnis und Anstoß.

Das gilt
- für das Wort Gottes: Gottes Offenbarung in menschlicher Verkündigung
- für den Kult: Gottes Gnade in irdischen Zeichen
- für die Kirche: Gottes Autorität in menschlicher Institution.

1. Gottes Offenbarung in menschlicher Verkündigung

a) Das kirchliche Lehramt

Nach Martin Luther ist die Hl. Schrift letzte Glaubensnorm des Christen: in ihr spreche der Hl. Geist; daher habe jeder, der sie mit aufrichtiger Absicht liest, die Wahrheit. – Dieser Irrtum ist die Ursache einer heillosen Zersplitterung im protestantischen Lager.

Die menschliche Sprache ist eben nicht in der Lage, eine Sache so wiederzugeben, daß ein Irrtum des Lesers ausgeschlossen ist. Spätestens bei seiner Auseinandersetzung mit den „Schwarm- und Rottengeistern" sowie mit Huldreich Zwingli bei den Marburger Gesprächen (1529) hätte Luther dies erkennen müssen. Um nämlich der Reformation eine stärkere Stoßkraft gegen die katholische Kirche zu geben, wollte sich Luther mit Zwingli über die Abendmahlslehre einigen. Sie diskutierten über die Worte „Das ist mein Leib" (Mt 26,26) und schrieben das griechische Wort εστιν auf den Tisch. Während Luther die Ansicht vertrat, Christus sei im Brot leibhaft gegenwärtig – „Der Text ist zu gewaltig“ – faßte Zwingli das Wörtlein „ist“ dagegen symbolisch auf: Das bedeutet meinen Leib. Und bald gab es Dutzende von Deutungen des unscheinbaren und anscheinend so klaren Wörtleins „ist“.

In dieser Unvollkommenheit der menschlichen Sprache und der Vielfalt menschlicher Deutungen kann man den Grund sehen, warum *Christus* seine Lehre nicht niedergeschrieben hat. Er gab auch keinen diesbezüglichen Auftrag, sondern *gründete den Fortbestand seiner Wahrheit auf das Absolute, den Geist*, den er seiner Kirche verhieß:

> „Der Beistand aber, der Heilige Geist, den der Vater in meinem Namen senden wird, der wird euch alles lehren und euch an alles erinnern, was ich euch gesagt habe.“ (Joh 14,26).

> „Geht zu allen Völkern und macht alle Menschen zu meinen Jüngern; ... Ich bin bei euch alle Tage bis zum Ende der Welt.“ (Mt 28,19f).

Die Apostel haben daher die Frohe Botschaft zunächst nur mündlich verkündet. Erst mit dem Einsatz von Katecheten und Predigern, die Christus nicht persönlich erlebten, wurden schriftliche Aufzeichnungen nötig.

Die Evangelien entstanden an verschiedenen Orten und zu verschiedenen Zeiten – neben einer großen Zahl legendärer, teils häretischer[1] Schriften. Das kirchliche Lehramt vollzog eine klare Scheidung zwischen den rechtgläubigen und den sogenannten apokryphen[2] Schriften, weil man – wie ein frühchristlicher Schriftsteller sagt – „nicht Honig mit Galle“ mischen dürfe.

Die Auswahl der Schriften, welche im Gottesdienst verlesen werden durften, nahm der einzelne Bischof nach der Lehrtradition der Kirche vor. Es dauerte Jahrhunderte, bis in der ganzen Kirche Einverständnis über die als rechtgläubig anerkannten Schriften herrschte und der Kanon – das Verzeichnis – der neutestamentlichen Schriften endgültig feststand.

1 Häresie = Irrglaube

2 apokryph: geheim, unecht

Die Schriften des Neuen Testamentes sind somit aus der lebendigen Tradition der Kirche entstanden. Sie wurden gesammelt und von den häretischen Schriften abgegrenzt durch das kirchliche Lehramt. Dieses hat auch die Aufgabe, die Schrift zu erklären und – weil in ihr nicht das gesamte Glaubensgut enthalten ist – zu ergänzen. Deshalb sind die Bischöfe verpflichtet, über die Reinerhaltung des Glaubens zu wachen und notfalls gegen häretische Lehren vorzugehen.

Aus dem bisher Gesagten ergibt sich die Folgerung, daß *für den Katholiken* nicht die aus der Bibel gewonnene persönliche Meinung, sondern die *Lehre der Kirche maßgebende Glaubensnorm* ist. Weil Christus wollte, daß seine Wahrheit „bis an das Ende der Welt" in seiner Kirche erhalten bleibt, hat er sie nicht menschlicher Unzuverlässigkeit überlassen, sondern ihr durch das Wirken des Heiligen Geistes Dauer verliehen:

> „Wer euch hört, der hört mich und wer euch ablehnt, der lehnt mich ab; wer aber mich ablehnt, der lehnt den ab, der mich gesandt hat." (Lk 10,16)

Sprechen wir von einer *unfehlbaren Kirche*, so meinen wir nicht, die maßgebenden Lehrer der Kirche seien frei von Irrtum oder Sünde, sondern daß die von Christus bezeugte Wahrheit durch den göttlichen Beistand irrtumslos weitergegeben wird. Das bedeutet, daß – selbstverständlich nur auf dem Gebiet der Glaubens- und Sittenlehre – weder die Gesamtkirche in einen Irrtum geraten kann, noch das Konzil oder der Papst, wenn sie eine Lehre für die Gesamtkirche als verbindlich erklären – wenn der Papst „ex cathedra"[1] spricht. – Natürlich ist die Lehre von der Unfehlbarkeit der Kirche nur jenem verständlich, der an einen persönlichen, auch in unserer Zeit wirkenden Gott glaubt.

Seit ihrem Bestehen hat die Kirche die göttliche Wahrheit gelehrt, erklärt und gegen Irrtümer verteidigt. So definiert z.B. das Konzil von Trient (1545-63) das *Dogma* von der eucharistischen Gegenwart Christi gegen die Lehren der Reformatoren: Christus ist „vere, realiter et substantialiter"[2] im Sakrament des Altares gegenwärtig. Solche

1 „vom Lehrstuhl aus"

2 „Wahrhaft, wirklich und wesentlich"

Dogmen sind keine neuen Glaubenslehren, sondern präzisierter Inhalt der mit Christus zum Abschluß gekommenen allgemeinen göttlichen Offenbarung: meist Entgegnungen des kirchlichen Lehramtes auf Irrungen der betreffenden Zeit.

Luther hat schmerzlich erfahren, wie die Abschaffung einer verbindlichen Lehrautorität zu einem Sammelsurium oft absurdester Meinungen führte. Daher sprach er schließlich die der Kirche abgesprochene Unfehlbarkeit sich selber zu und bezeichnete jeden, der seine Lehre nicht annahm, als verdammt: „Wer anders lehrt, denn ich gelehrt habe oder mich verdammt, der verdammt Gott und muß ein Kind der Höllen bleiben".[1]

b) Die Heilige Schrift

aa) Glaubwürdigkeit der Evangelien

Nicht selten wird – vor allem von Heranwachsenden – die Ansicht geäußert, die Evangelien seien fromme Legenden, um nicht zu sagen Märchen. Erst Jahrzehnte nach den Ereignissen aufgeschrieben, habe Zeit genug bestanden, um Erscheinung und Wort des historischen Jesus zu verfälschen. Und weil die ältesten uns erhaltenen Handschriften der Bibel erst aus dem 4. Jahrhundert stammen, könne in drei Jahrhunderten vieles geändert worden sein.- Solche Einwände fordern dazu heraus, Entstehung und Überlieferung der Evangelien zu überdenken.

Der Textbefund

Die Urschriften der Evangelien waren auf Papyrus geschrieben und sind samt den frühen Abschriften zugrunde gegangen. Erst mit der Erfindung des Pergaments gab es ein dauerhaftes Schreibmaterial.

1 „Dr. Martin Luthers Werke", Weimar.

Daher stammen die ältesten erhaltenen Abschriften der Evangelien – Codex Vaticanus und Sinaiticus – aus dem 4. Jahrhundert. Im konservierenden Sand Ägyptens haben sich jedoch Papyrusfragmente, auch von den Evangelien, aus früherer Zeit erhalten: neben anderen ein Fragment des Johannesevangeliums, das kurz nach dessen Abfassung (um 100) datiert wird, und der Jesus-Papyrus, ein Fragment des Matthäusevangeliums, das sogar noch vor dem Jahr 70, also kurz nach Abfassung dieses Evangeliums, entstanden sein soll.[1]

Zudem erzählt Lukas selbst in einem Vorwort die Entstehung seines Evangeliums:

> „Schon viele haben es unternommen, einen Bericht über all das abzufassen, was sich unter uns ereignet und erfüllt hat. Dabei hielten sie sich an die Überlieferung derer, die von Anfang an Augenzeugen und Diener des Wortes waren. Nun habe auch ich mich entschlossen, allem von Grund auf sorgfältig nachzugehen, um es für dich, hochverehrter Theophilus, der Reihe nach aufzuschreiben. So kannst du dich von der Zuverlässigkeit der Lehre überzeugen, in der du unterwiesen wurdest." (Lk 1,1-4)

Dazu eine einfache Überlegung:

Es gab also schon vor Abfassung unserer Evangelien „viele Berichte" über das Jesusereignis, die entweder von Augenzeugen oder von solchen verfaßt waren, die in enger Verbindung mit diesen standen. So wurde Markus, der Begleiter des Petrus, von der römischen Christengemeinde aufgefordert, dessen Verkündigung niederzuschreiben. Lukas war langjähriger Vertrauter und Begleiter des Apostels Paulus und hatte Gelegenheit vor Ort „allem von Grund auf sorgfältig nachzugehen".

Daß die Verfasser der Evangelien *die Wahrheit schreiben wollten*, geht aus ihren Schriften selbst hervor. Sie berichten auch die Fehler und Schwächen der Apostel: wie sie untereinander stritten (Mk 9,33ff), wie Christus Petrus einen Satan nennt (Mk 8,33) und ihre Flucht am Ölberg (Mk 14,50). Sogar von Christus schreiben sie: „Da ergriff ihn Furcht und Angst" (Mk 33) und berichten auch seinen für uns unfaßbaren Schrei der Gottverlassenheit (Mk 15,34).

---

1 Thiede / d'Acona: Der Jesus-Papyrus. Die Entdeckung einer Evangelien-Handschrift aus der Zeit der Augenzeugen.

Außerdem *mußten die Evangelisten die Wahrheit schreiben*, weil die Predigt der Frohbotschaft schon mit dem Pfingstereignis vor Augenzeugen des Geschehens erfolgte und Taten und Worte Christi seinen ersten Anhängern so bekannt waren, daß jede Änderung sofort aufgedeckt und berichtigt worden wäre.

Auch eine spätere Fälschung ist ausgeschlossen. Weil man die Lesungen aus der Hl. Schrift zur Gestaltung des Gottesdienstes benötigte, waren die ältesten Evangelienschriften noch zu Lebzeiten von Aposteln über den ganzen damaligen Erdkreis verbreitet. Heute noch existieren Tausende von Evangelienhandschriften in verschiedenen Sprachen, die inhaltlich übereinstimmen.

Die Evangelien sind im Hinblick auf die enorme Zahl und das Alter der Abschriften, die Zuverlässigkeit der Überlieferung und die Glaubwürdigkeit der Verfasser die bestbezeugte Nachricht über eine Persönlichkeit des Altertums.

bb) Stilformen der Bibel

Nach der Lehre der Kirche wurde die Heilige Schrift unter dem Einfluß des Heiligens Geistes, d.h. seiner Inspiration, verfaßt. Dieser Einfluß, den man zeitweise als Diktat mißverstand, erstreckt sich nicht auf die Darstellung, sondern nur auf den *religiösen* Inhalt.

Hand in Hand mit der Horizontverengung der Wirklichkeitserkenntnis ging eine Verkürzung des Sprachverständnisses: die Sprache wurde zum Darstellungsmittel des Greifbaren und Beweisbaren, des tatsächlich Geschehenen. Damit entfiel das Verständnis für alles Sprechen von den metaphysischen Hintergründen des Weltgeschehens samt den dafür geeigneten Ausdrucksmitteln. Im positivistischen Denken war kein Raum mehr für Bilder, Symbole und Mythen. Wo sie in der Verkündigung der Offenbarung auftraten, wurden sie entweder naiv naturalistisch bzw. historisch verstanden oder als unwirkliche Hirngespinste abgetan. Daher erscheint auch eine Besinnung auf die Darstellungsmittel des Metaphysischen geboten.

Bereits in der Sprache der Naturwissenschaft läßt sich nicht alles gleichsinnig wiedergeben, weil es für gewisse Größen und Vorgänge keine angemessenen Worte gibt. Die Physik verwendet daher Bilder aus dem sinnlich wahrnehmbaren Bereich und anschauliche Modelle wie z.B. Strom, Welle, Korpuskel usw. Auch sonst gebrauchen wir in der Regel *vergleichende Bilder*, um das darzustellen, was wir mit den Sinnen nicht wahrnehmen können. Wenn wir also sagen: „Mir geht ein Licht auf", „ich begreife", so gilt das nur vergleichsweise, *analog*. Trotzdem wissen wir aber, was gemeint ist.

Weil nun Gott Geist ist und die Religion sich mit dem Überirdischen befaßt, gilt dementsprechend all unser Reden vom Metaphysischen analog. Wir erfassen Gott nicht, wie er ist, sondern nur gleichnishaft. Trotzdem genügt diese Kenntnis vollauf für eine christliche Lebensgestaltung.

Wie schwer es ist, ein Gotteserlebnis in irdische Worte, Bilder und Begriffe zu fassen, ahnen wir, wenn wir nur einige Worte aus dem „Memorial" des Mathematikers Blaise Pascal (1654) lesen:

> „Feuer! – „Der Gott Abrahams, Isaaks und Jakobs, nicht der Philosophen und Weisen. Gewißheit, Gewißheit! – Gefühl. Freude. Friede. Der Gott Jesu Christi ... Vergessenheit der Welt und alles außer Gott ... Freude, Freude, Freude. Tränen der Freude."

Dies erinnert unwillkürlich an den Ursprung unserer Religion, als Gott zu Abraham „sprach" oder an das Gotteserlebnis des Moses am brennenden Dornbusch, des Saulus vor Damaskus. Diese Erlebnisse erhalten ihre Bestätigung nicht so sehr durch die menschlich unzulängliche Schilderung, als vielmehr durch ihre durchschlagende und andauernde Wirkung: Abraham wechselt seine Religion und zieht auf Gottes Geheiß in eine unbestimmte Zukunft; Moses geht gegen seinen Willen nach Ägypten und bewirkt das menschlich aussichtslose Werk der Befreiung; Saulus bekehrt sich vom Christenverfolger zum Apostel. Dasselbe gilt auch für die Jünger Jesu, deren Glaube durch das Erlebnis der Auferstehung trotz Enttäuschung, Verfolgung und Martyrium unerschütterlich blieb bis in den Tod.

Die Bibel berichtet im *geozentrischen Weltbild* der vorwissenschaftlichen Zeit. Die Meinung, auch naturkundliche Aussagen der Schrift seien geoffenbarte Wahrheit, dramatisierte den Fall Galilei. Doch zeigt die Nebeneinanderstellung einer zweifachen Überlieferung des Schöpfungsberichts, daß die Bibel an der Mitteilung naturkundlicher Fakten gar nicht interessiert ist. Der erste Schöpfungsbericht (Gen 1,1-2,4a) beginnt mit dem Wasserchaos und schildert die Erschaffung des Menschen als krönenden Abschluß des Sechstagewerkes. Der zweite Bericht (Gen 2,4b – 2,24) geht von der Wüste aus und erzählt zunächst die Erschaffung des Mannes, dann der Pflanzen und Tiere. Der gemeinsame Gedanke beider Erzählungen ist rein religiös: nicht Erde, Gestirne oder Menschen sind Götter; nur einer ist Gott, der alles erschaffen hat. Der Mensch. ist Krönung der Schöpfung. Er soll die Erde beherrschen und sich Gott unterwerfen.

Es ist also zwischen Offenbarungsgehalt, zeitbedingtem Weltbild und Art der Darstellung des Verkünders zu unterscheiden. Am Offenbarungsgehalt hat der Wandel des Weltbildes nichts geändert.

Auch das positivistische *Geschichtsverständnis* unterscheidet sich vom Geschichtsverständnis der Bibel. Dem Verkünder der Bibel kommt es nicht in erster Linie auf einen streng historischen Bericht an: Er schreibt Heilsgeschichte. Das religiöse Moment wird dargestellt, oft ausgeschmückt und interpretiert, wie z. B. der Beistand Jahwes am Schilfmeer. Das Buch Exodus berichtet: „ … und der Herr trieb die ganze Nacht das Meer durch einen starken Ostwind fort." In Liedern und Nacherzählungen wurde das Ereignis legendär ausgeschmückt: „ … während rechts und links von ihnen das Wasser wie eine Mauer stand" (Ex 14,29ff). Diese Darstellung fügten die Endredaktoren ein. – Gerade durch solche Übersteigerungen sind Texte von außerordentlicher Aussagekraft entstanden, nicht Photographien, sondern Gemälden vergleichbar, welche mehr besagen als eine bloße Dokumentation, nämlich, daß die Ereignisse nicht zufällige Naturerscheinungen waren, sondern in ihrer Häufung und Wirkung Gottes Werk.

Weiterhin muß man bedenken, daß in der Bibel alle damals gebräuchlichen *literarischen Gattungen* verwendet werden. Historische Berichte wie die Königsbücher oder die Leidensgeschichte erzählen Geschehnisse, die naturgemäß auf ihren metaphysischen Hintergrund hin gedeutet werden. Der Sage (z.B. die Erzählung des Auszugs aus Ägypten) liegen auch geschichtliche Ereignisse zugrunde; jedoch überwiegt die Interpretation auf das Wirken Gottes hin. Novellen haben zumeist einen historischen Kern (z.B. die Schriften Ruth, Tobias, Jonas). Das gilt auch für Wundergeschichten und das Heldenepos (vgl. die Samsongeschichten). Mythen, Legenden und Gleichnisse (Allegorien) sind nicht historisch zu verstehen, sondern vermitteln eine religiöse Wahrheit. Man muß also unterscheiden zwischen Aussageabsicht und bildhafter Einkleidung. Aber gerade die bildhafte Darstellung bringt eine Wahrheit umfassender zum Ausdruck und vermittelt ein tieferes Verständnis als nur rational-trockene Wiedergabe. Aufschlußreich hierfür ist eine zweifache Überlieferung der Geistsendung:

> „... hauchte er sie an und sprach zu ihnen: „Empfanget den Heiligen Geist ..." (Joh 20,22)

> „ ... Da kam plötzlich vom Himmel her ein Brausen, wie wenn ein heftiger Sturm daherfährt ... und es erschienen ihnen Zungen wie von Feuer ... Alle wurden vom Heiligen Geist erfüllt und begannen in fremden Sprachen zu reden, wie der Geist ihnen eingab." (Apg 2,2ff)

Zu nennen sind ferner Volksweisheit (z. B. Buch der Sprichwörter) und Lieder (z.B. Psalmen).

In seiner Enzyklika „Divino afflante spiritu" vom 30.9.1943 bezeichnet Pius XII. es als besondere Aufgabe der Exegeten[1], die Eigenart der biblischen Schriftsteller und die literarischen Gattungen besonders in historischen Darstellungen zu klären:

> „Diese Bemühungen soll man nicht nur mit Billigkeit und Gerechtigkeit, sondern auch mit Liebe beurteilen. Dieser Pflicht mögen alle anderen Söhne der Kirche eingedenk sein und sich von jenem wenig klugen Eifer fernhalten, der da meint, alles, was neu ist, schon deshalb, weil es neu ist, bekämpfen oder verdächtigen zu müssen."

Aus all diesen Überlegungen erhellt, daß man der Hl. Schrift nicht gerecht wird, wenn man sich um naturwissenschaftliche oder historische Einzelheiten biblischer Berichte streitet. Die Bibel ist eben kein Naturkundebuch oder Geschichtswerk im positivistischen Sinn: sie ist Heilsgeschichte und die Grenzen zwischen Historischem und Interpretativem sind fließend und nicht bis ins kleinste abzustecken. Das lag auch nicht in der Absicht der Verfasser: sie wollten den Bund mit Gott möglichst eindringlich darstellen.

---

1 Exegese: Auslegung der Hl. Schrift

Die Aussageabsicht ist also das Wesentliche. Naturkundliche und historische Einzelheiten muß man daher gegebenenfalls im Halbdunkel des Geheimnisses belassen. Das gilt gleichermaßen für Konservative, die ganz genau wissen wollen, daß es so ist, wie für Progressive, die ganz genau wissen wollen, daß es nicht so sein kann. Wer das Geheimnis rationalistisch zerpflückt, der zerstört. Würde dies beachtet, dann erübrigten sich viele Kontroversen über einzelne Bibelstellen – z.B. Jungfrauengeburt, Engelserscheinungen, Teufelsaustreibungen.

Werner Heisenberg schreibt über die Sprache der Bibel und jene der Naturwissenschaft:

> „Schon früher habe ich zu formulieren versucht, daß es sich bei den Bildern und Gleichnissen der Religion um eine Art Sprache handelt, die eine Verständigung ermöglicht über den hinter den Erscheinungen spürbaren Zusammenhang der Welt, ohne den wir keine Ethik und keine Wertskala gewinnen könnten … Diese Sprache ist der Sprache der Dichtung näher verwandt als jener der auf Präzision ausgerichteten Naturwissenschaft. Daher bedeuten die Wörter beider Sprachen oft etwas Verschiedenes. Der Himmel, von dem in der Bibel die Rede ist, hat wenig zu tun mit jenem Himmel, in den wir Flugzeuge oder Raketen aufsteigen lassen. Im astronomischen Universum ist die Erde nur ein winziges Staubkörnchen in einem der unzähligen Milchstraßensysteme, für uns aber ist sie die Mitte der Welt – sie ist wirklich die Mitte der Welt".[1]

2. *Gottes Gnade in irdischen Zeichen – Das Priesteramt der Kirche*

Einprägsamer und wirkungsvoller als durch Worte wird das Absolute in Zeichen und Symbolen vermittelt. Christus selbst nimmt die gebräuchlichsten Lebenselemente als sichtbare Gefäße seiner gnadenhaften Gegenwart: Wasser, Brot und Wein; Öl verwendet die Kirche als Symbol von Würde und Kraft, Handauflegung bei Übertragung von Fähigkeiten und Vollmachten. Aus den Sakramenten (heilige Geheimnisse), vor allem der Eucharistie, gestaltet sie unter Einbeziehung menschlicher Gebete, Gebräuche und Riten ihre Liturgie[2].

1 Werner Heisenberg: Schritt über Grenzen, Gesammelte Reden und Aufsätze. München 1973 S. 348 f.

2 Liturgie = Gottesdienst des Volkes

Das Spenden der Sakramente hat Christus den Aposteln übertragen, indem er ihnen dazu Auftrag und Vollmacht gab. Paulus erwähnt das mit den Worten: „Als Diener Christi soll man uns betrachten und als Verwalter von Geheimnissen Gottes.“ (1Kor 4,1) Im einzelnen werden in der Schrift erwähnt: der Auftrag zur Spendung der Taufe (Mt 28,19), die Vollmacht zur Spendung des Bußsakramentes (Joh 20,23), der Eucharistie (Lk 22,29), der Firmung (Apg 8,14ff), der Priesterweihe (Apg 14,23; 1 Tim 4,14, 5,23) und der Krankensalbung (Jak 5,14f). Vom Sakrament der Ehe, welches sich die Gatten gegenseitig spenden, spricht Paulus im Brief an die Epheser (5,32).

Christus läßt keinen Zweifel über die Notwendigkeit der sakramentalen Gemeinschaft mit ihm:

> „Wenn jemand nicht aus Wasser und Geist geboren wird, kann er nicht in das Reich Gottes kommen.“ (Joh 3,5)

> „Amen, amen, das sage ich euch: Wenn ihr das Fleisch des Menschensohnes nicht eßt und sein Blut nicht trinkt, habt ihr das Leben nicht in euch ...“ (Joh 6,53ff)

3. *Gottes Autorität in menschlicher Institution – Das Hirtenamt der Kirche*

a) Entstehung der Kirche

Christus war kein utopischer Schwärmer, der wähnte, eine Religion könnte ohne Organisation über Jahrhunderte hin bestehen. Deshalb gründete er die Institution Kirche. Deren Grundstruktur ist bereits im Neuen Testament dargelegt: Jesus sammelt Jünger um sich und erwählt aus diesen zwölf, die er Apostel[1] nennt (Lk 6,13). Diesen gibt er bestimmte Aufträge und Vollmachten.

Neben Lehr- und Priesteramt bekommen die Apostel auch den Auftrag, die Gläubigen zu leiten: „Lehret sie alles befolgen, was ich euch geboten habe“ (Mt 28,20). Dieser Führungsauftrag bedeutet

1 Sendboten

eine Autorität, welche von der göttlichen Autorität getragen wird: „Alles, was ihr auf Erden binden werdet, wird auch im Himmel gebunden sein, und alles, was ihr auf Erden lösen werdet, wird auch im Himmel gelöst sein“ (Mt 18,18). Auch Paulus betont diese Einheit von kirchlicher und göttlicher Autorität: „Wir sind Gesandte an Christi Statt und Gott ist es, der durch uns mahnt“ (2 Kor 5,20).

An die Spitze der Führungshierarchie beruft Christus Petrus: „Weide meine Lämmer, weide meine Schafe!“ (Joh 21,15ff) Er soll das Felsenfundament der Kirche sein, das allen Anfeindungen der Unterwelt standhält, der Hausvater und oberste Gesetzgeber im Namen Gottes:

> „Du bist Petrus und auf diesen Felsen werde ich meine Kirche bauen und die Mächte der Unterwelt werden sie nicht überwältigen. Ich werde dir die Schlüssel des Himmelreiches geben; was du auf Erden binden wirst, das wird auch im Himmel gebunden sein, und was du auf Erden lösen wirst, das wird auch im Himmel gelöst sein.“ (Mt 16,18f)

Trotz seiner menschlichen Schwäche soll es Petrus sein, der in den Anstürmen satanischer Mächte den Glauben bewahrt und seine bischöflichen Brüder stärkt:

> „Simon, Simon, der Satan hat verlangt, daß er euch wie Weizen sieben darf. Ich aber habe für dich gebetet, daß dein Glaube nicht erlischt. Und wenn du dich wieder bekehrt hast, dann stärke deine Brüder“ (Lk 22,31f)

Tatsächlich übte Petrus in der Urkirche das Oberhirtenamt aus und wurde in dieser Stellung von den übrigen Aposteln anerkannt: die vier Apostellisten des Neuen Testamentes nennen ihn als erste: „An erster Stelle Simon, genannt Petrus“ (Mt 10,2f); er regt die Wahl des Apostels Matthias an (Apg 1,15ff), ist Wortführer der Zwölf sowohl vor dem Volk (Apg 2,14) als auch vor dem Hohen Rat (Apg 4,8); er vollzieht durch die Taufe des Hauptmanns Kornelius den bedeutsamen Überschritt der Urgemeinde in die Heidenwelt (Apg 10); er spricht das entscheidende Wort beim Apostelkonzil (Apg 15,7ff). Der Apostel Paulus beginnt seine Missionsreisen erst, nachdem er sich mit Petrus in Verbindung gesetzt hat (Gal 1,18).

b) *Fortdauer der Kirche als Institution*

Mit den genannten Vollmachten und Ämtern verlieh Christus Petrus und den Aposteln keine persönlichen Charismen[1], sondern grundlegende Elemente der Kirche, welche ebenso wie der Geist Christi bis zur Wiederkunft des Herrn in ihr fortdauern und fortwirken sollten.

Das Neue Testament berichtet demzufolge von der Weitergabe kirchlicher Ämter und Vollmachten durch Handauflegung (Apg 14,23). Durch die Priester- und Bischofsweihe wird Auftrag und Amtsgewalt der Apostel in ununterbrochener Sukzession[2] bis heute weitergegeben. Da Petrus in Rom gewirkt hat und dort gekreuzigt wurde, ist sein Nachfolger der jeweilige Bischof von Rom. Von Anfang an wurde der Primat des römischen Bischofs nicht nur als Ehrenvorrang aufgefaßt, sondern als Jurisdiktionsprimat[3], den die anderen christlichen Gemeinden anerkannten. Bereits Ende des ersten Jahrhunderts greift Bischof Clemens von Rom durch einen Brief in die religiösen Wirren der Gemeinde von Korinth ein. Um die Wende des 1. Jahrhunderts schreibt Ignatius von Antiochien in seiner Anrede an die römische Kirche: „... welche den Vorrang in der Stadt Rom hat ... vorgesetzt ist dem Liebesbund (d.h. der Kirche)“. Im 2. Jahrhundert beschreibt Irenäus von Lyon (ca. 130 – 200 n. Chr.) die Sukzession der römischen Bischöfe und bemerkt:

> „Mit dieser Kirche nämlich muß wegen ihres machtvolleren Vorrangs jede Kirche übereinstimmen, d.h. die Gläubigen von allerwärts; denn in ihr ist immer die apostolische Tradition bewahrt worden.“[4]

Nach einer vom Papst entschiedenen Streitfrage schreibt Augustinus: “Roma locuta – causa finita“.[5]

Luther machte schließlich die bittere Erfahrung, daß eine Kirche ohne organisatorische Strukturen ins Chaos abgleitet. Daher stimmte er einer Kirchenvisitation zu und übergab den Fürsten das Regiment

1 Gnadengaben

2 Rechtsnachfolge

3 Oberste Vollmacht der Gesetzgebung

4 Haer 3.3.2 ff.

5 Rom hat gesprochen – der Streitfall ist erledigt.

ihrer Landeskirche. Diese nahmen das Amt der „Notbischöfe“ – wohl nicht zuletzt im Hinblick auf die Kirchengüter – bereitwillig an. Von nun an wurde die lutherische Kirche von den Juristen in den Kanzleien der Landesherren regiert; die Reformation Luthers wurde zu einer „Fürstenreformation“, auf die ihr Urheber kaum mehr Einfluß nehmen konnte. So äußerte er sich denn in einem Tischgespräch 1544 resigniert:

> „Wir Theologen haben keine ärgeren Feinde als die Juristen ... Darum verdammen wir alle Juristen, auch die frommen; denn sie wissen nicht, was Kirche ist.“[1]

c) *Die Kirche als Corpus Christi mysticum*

Das Wesen der Kirche erklärt das Johannesevangelium mit dem Gleichnis vom Weinstock. Christus sagt:

> „Ich bin der Weinstock, ihr seid die Reben. Wer in mir bleibt und in wem ich bleibe, der bringt reiche Frucht; denn getrennt von mir könnt ihr nichts vollbringen. Wer nicht in mir bleibt, wird wie die Rebe weggeworfen, und er verdorrt. Man sammelt die Reben, wirft sie ins Feuer, und sie verbrennen.“ (Joh 15,5-6)

Saulus erfährt bei seiner Bekehrung, was Kirche ist:

> „Unterwegs aber, als er sich bereits Damaskus näherte, geschah es, daß ihn plötzlich ein Licht vom Himmel umstrahlte. Er stürzte zu Boden und hörte, wie eine Stimme zu ihm sagte: Saul, Saul, warum verfolgst du mich? Er antwortete: Wer bist du, Herr? Dieser sagte: Ich bin Jesus, den du verfolgst.“ (Apg 9,3-5)

Diese Erkenntnis veranlaßt Paulus zur Schilderung der Kirche als einem geheimnisvollen Organismus, in dem Christus und die Christen eine lebendige Einheit bilden: Christus ist das Haupt, die Getauften sind die Glieder, der Geist Gottes durchformt den Leib:

> „Denn wie der Leib eine Einheit ist, doch viele Glieder hat, alle Glieder des Leibes aber, obgleich es viele sind, einen einzigen Leib bilden: so ist es auch mit Christus. Durch den einen Geist wurden wir in der Taufe alle in einen einzigen Leib aufgenommen, Juden und Griechen, Sklaven und Freie; und alle wurden wir mit dem einen Geist getränkt.“ (1 Kor 12,12-13)

So wichtig Lehre, Sakramente und Institution der Kirche auch sind, sie sind doch gleichsam nur die Schale, die Außenseite. Ihrem Wesen nach ist Kirche *der durch seinen Geist in den Getauften fort-*

---

1 Tischreden 5, 5663.

lebende und fortwirkende Christus. Durch den Geist Christi ist die Kirche in ihrer Verkündigung unfehlbar; durch den Geist erhalten die sakramentalen Zeichen ihre Gnadenwirkung; durch den Geist besitzt die Kirche göttliche Autorität.

Der Geist Gottes wirkt auch in dem einzelnen Menschen das Kindschaftsverhältnis zu Gott und verleiht Gottes Gnadenkraft. Daher gibt es für den durch das göttliche Leben oder die heiligmachende Gnade mit Christus Verbundenen keine letzte Einsamkeit:

> „Denn ich bin gewiß: Weder Tod noch Leben, weder Engel noch Mächte, weder Gegenwärtiges noch Zukünftiges, weder Gewalten der Höhe oder Tiefe noch irgendeine andere Kreatur können uns scheiden von der Liebe Gottes, die in Christus Jesus ist, unserem Herrn." (Röm 8,38-39)

Demnach gibt es – vom Wesen der Kirche her gesehen – keinen „Kirchenaustritt", sondern nur den Abfall vom Glauben, weil ein Glied aus dem Organismus nicht „austreten" kann, ohne das „Leben" zu verlieren.

d) Göttliches und Menschliches in der Kirche

Um der Kirche gerecht zu werden, ist es notwendig, sie sowohl nach ihrer göttlichen Herkunft und Wirkkraft als auch in ihrer menschlichen Erscheinung zu würdigen. In ihrer relativen Schicht ist auch sie *in die Menschheitsgeschichte* mit all ihren Höhen und Tiefen *verwoben*:

Vieles in ihrer Entwicklung ist aus den *Zeitverhältnissen* zu erklären. Einige Beispiele: So entwickelte sich aus der Situation der Völkerwanderung heraus das Papsttum zur Schutzmacht Roms. Der Kirchenstaat sollte unter mittelalterlichen Verhältnissen eine bestmögliche Unabhängigkeit des Papsttums garantieren. Die Hausmachtpolitik der deutschen Fürsten veranlaßte Otto den Großen (936-973), Bischöfe als Reichsfürsten einzusetzen; die verheerenden Folgen der Laieninvestitur[1] drängten die Reformpäpste zum Investiturstreit (1073-1122).

1 Laieninvestitur: Einsetzung kirchlicher Amtspersonen durch Laien (Gutsherren, Fürsten, Kaiser).

Nicht zu unterschätzen ist der *Einfluß des Zeitgeistes*: Wen wundert es dann, daß die Germanen im Heliand[1] einen Herzog sahen und aus gewohnter Heerbanntreue ihren Fürsten in die neue Religion folgten? Ebenso ist es verständlich, daß Humanismus und die Lebensauffassung der Renaissance auch in den Residenzen der Bischöfe und Päpste Einzug hielten.

Von großer Bedeutung ist ferner der *Wissensstand einer Epoche*. Aus ihrem Welt- und Bibelverständnis heraus verurteilten Galileis Richter den Verkünder eines Weltbildes, das nach ihrer Auffassung der göttlichen Offenbarung widersprach.

Wie zu jeder Zeit waren auch die Menschen früherer Jahrhunderte in *Zeitirrungen* befangen. Es waren Irrungen, wenn Kaiser und Inquisitoren[2] die Einheit und Reinheit des Glaubens durch Ketzerprozesse und Religionskriege wahren wollten. Ebenso war der Hexenwahn ein Zeitphänomen, das sowohl im katholischen als auch im reformatorischen Lager für uns heute unfaßbare Auswirkungen erfuhr. Dabei sollten wir die furchtbaren Entwicklungen und Wahnideen unserer Zeit nicht vergessen: den Rassenwahn im Dritten Reich mit seinen Konzentrationslagern und Gaskammern, den Konsumwahn unserer Tage, das schreckliche Mißverhältnis von Millionen Verhungernden auf der einen und Millionen im Luxus Lebenden auf der anderen Seite, die Abermillionen häufig aus Genußsucht und Verantwortungslosigkeit gemordeten Ungeborenen und eine aus Habgier ausgebeuteten und zugrunde gehenden Umwelt. Treffend hat ein Bundestagsabgeordneter formuliert: „Wir verfressen die Zukunft unserer Kinder." Kommende Generationen werden auch diesen Wahn beklagen und verurteilen.

Der *eigentliche Skandal in der Kirche aber sind die Sünden ihrer Glieder*, welche die Sache Christi unglaubwürdig machen. Es ist na-

---

1 Heliand = Heiland.

2 Inquisition: Untersuchung der Rechtgläubigkeit verdächtiger Personen.

türlich ein Leichtes, angefangen von der Verleugnung des Petrus und dem Verrat des Judas durch zwanzig Jahrhunderte Kirchengeschichte Sünden von Christen, auch Bischöfen und Päpsten, aufzuzählen. Verwunderlich ist nur, daß wir uns darüber wundern. Wer die menschliche Komponente der Kirche ernst nimmt, wird das selbstverständlich finden. Die Berufung in ein kirchliches Amt hebt nicht die Freiheit auf und beseitigt auch keine menschlichen Schwächen. Vielleicht hat Christus bedacht, daß nur eine menschliche Kirche den Menschen nahe kommen kann. In allem vollkommene „Supermenschen“ würden die anderen mehr entmutigen und abstoßen als anziehen.

Natürlich muß jeder Mensch begangene Sünden und gegebenes Ärgernis vor Gott verantworten. Aber *das Wirken Gottes auch durch einen unvollkommenen Priester bleibt voll erhalten*: Seine Verkündigung gilt und verpflichtet, auch wenn er sich selber nicht daran hält; die Vermittlung der Gnade in den Sakramenten erfolgt, auch wenn der Spender unwürdig ist: „Gott schreibt auch auf krummen Zeilen gerade“ (Paul Claudel).

Als Verkünderin des Absoluten wird die Kirche zum *Gewissen der Welt*: sie konfrontiert den einzelnen mit Christus vor allem in der Eucharistiefeier und im Bußsakrament und stellt die Gesellschaft vor die Entscheidung zwischen Gut und Böse. Wenn viele dieser Entscheidung ausweichen, ist das nicht Schuld der Kirche.

Deshalb ist das Böse nirgendwo so sichtbar wie in der Kirche. Es ist allerdings ein Kurzschluß, die Kirche mit den Sünden ihrer Glieder zu identifizieren. Die Kirche ist der geheimnisvolle Leib Christi. Darum ist sie heilig, auch wenn ihre Glieder sündig sind. Es gibt keine „Sünden der Kirche“, sondern nur Sünden der Christen:

> „Viele werden an jenem Tag zu mir sagen: Herr, Herr, sind wir nicht in deinem Namen als Propheten aufgetreten, und haben … viele Wunder vollbracht? Dann werde ich ihnen antworten: Ich kenne euch nicht. Weg von mir, ihr Übertreter des Gesetzes!“ (Mt 7,22-23)

Diese Betrachtungsweise der Kirche als Einheit von Absolutem und Relativem klärt auch häufig falsch verstandene Begriffe:

Alleinseligmachende Kirche. Wenn Gott nur einer ist und durch Christus alle Menschen erlöst sind, dann gibt es nur eine Möglichkeit der „Beseligung“, nämlich in Christus als Glied seines geheimnisvollen Leibes, der Kirche. Gliedschaft bedeutet hier Lebensverbindung mit dem Absoluten in der Kindschaft Gottes. Dies setzt ein Zweifaches voraus: Erlösung durch Christus und Entscheidung für Christus. Im allgemeinsten Sinn ist diese Entscheidung eine Entscheidung zum Guten, wie es das Gewissen des einzelnen erkennt. Zur Gnadengemeinschaft der Kirche gehören demnach alle, die nach bestem Wissen und Gewissen leben. Das Adjektiv „alleinseligmachend" schließt somit ehrlich denkende und konsequent lebende Andersgläubige nicht aus, sondern ein.

Selbstverständlich bedeutet Leben nach bestem Wissen und Gewissen auch Entscheidung für die jeweils erkannte Wahrheit. Wer demnach die Kirche als die Fortführung des Erlösungswerkes Christi erkennt, ist verpflichtet, sich für sie auch im Bekenntnis zu entscheiden – anderenfalls würde er ja gegen sein Gewissen handeln. – Eine entsprechende Gewissensverpflichtung haben Eltern bei der Entscheidung über die Religionszugehörigkeit ihrer Kinder.

Die *Forderung nach Demokratisierung der Kirche.* Engagiertes Eintreten des Kirchenvolkes für die Kirche, intensiverer Gedankenaustausch zwischen den Hirten und den Gemeinden, Gestaltung der Welt im Geiste des Evangeliums durch die Laien gemäß ihrem Auftrag – bedeutete dies „Demokratisierung", wäre es nur zu begrüßen.

Aber die Vertreter der Demokratisierungsbestrebungen in der Kirche haben etwas ganz anderes im Sinn. Sie kämpfen gegen eine sogenannte „Kirche von oben" und wollen eine „Kirche von unten" nach dem demokratischen Grundprinzip „Alle Gewalt geht vom Volk aus". Unter der so harmlos und sozial klingenden Parole einer „geschwisterlichen Kirche" erstreben sie nicht nur einen anderen Führungsstil der Kirche, sondern eine andere Kirche mit einer „synodalen und 'christenrechtlich' orientierten Grundstruktur".[1] Papst, Bischöfe und Priester sollen zu bloßen Ausführungsorganen von Synodalbeschlüssen „umfunktioniert" werden. Auf jeden Fall wollen sie

1 Publik-Forum 2/96

den Jurisdiktionsprimat des Papstes abschaffen, am liebsten das Papsttum überhaupt.

> In der sogenannten Aktionszeitung des KirchenVolksBegehrens wird Annegret Laakmann (Initiative Kirche von unten) zitiert. Sie bezweifelt, „ob Hierarchie gottgewollt" sei und fragt: ‚Kann es nicht in ferner (oder naher?) Zukunft eine geschwisterliche Kirche geben, ohne Päpstin oder Papst an der Spitze?"

Die Verantwortlichen des KirchenVolksBegehrens schreiben in ihrer Zeitung „Halbzeit" (vom 20.10.1995) unter der Frage:

> „Was kommt nach dem Begehren?": „Notwendig sind grundlegende Reformen, die letztlich Grundzüge einer Reformation haben werden, ... einer neuen Reformation ... Der Wandel der katholischen Kirche von einer autoritär geführten, zentralistischen Klerus-Kirche zu einer synodalen-demokratischen Kirchenverfassung ist längst überfällig ... in den ... Kirchen der Reformation ist die Reformation versandet..."[1]

Solche Ideen sind nicht neu. Sie sind bereits in der evangelischen Kirche verwirklicht und zeigen dort ihre Wirkung. Und auch in der katholischen Kirche werden diese Bestrebungen nur neu aufgewärmt. So hat es tatsächlich schon einmal die Wahl des römischen Bischofs durch Klerus und Volk der Stadt in der Frühzeit der Kirche gegeben. Im 10. Jahrhundert war aber der Einfluß der Adelsgeschlechter so groß, daß diese ihre Günstlinge auf den päpstlichen Thron bringen konnten. Wegen der Schandtaten dieser Päpste nennt man das 10. Jahrhundert „saeculum obscurum"[2]. Heute wäre bei einer Bischofswahl durch das Volk oder auch nur durch das Domkapitel nicht mehr der Einfluß der Adelsgeschlechter, wohl aber jener der „Medienmacher" zu befürchten, die das Volk manipulieren und die Wähler unter Druck setzen können. Durch Demokratisierung hätten wir wieder Zustände wie im „saeculum obscurum".

Unsere Kirche ist eine „Kirche von oben", d.h. sie geht hinsichtlich der göttlichen Offenbarung und der Bestimmung ihrer Grundstrukturen auf Christus zurück. Über diese göttlichen Elemente und Wahrheiten aber können nicht irgendwelche völlig unterschiedliche Synoden auf der ganzen Welt einfach per Tagesordnung verfügen. Schon im letzten Jahrhundert schrieb der lutherische Theologe A.F.C. Vilmar:

---

1 Deutsche Tagespost vom 02.12.1995

2 „Dunkles Jahrhundert"

> „Der totale Fall des Papsttums, wäre derselbe möglich, … würde die Auflösung sämtlicher Sonderkirchen in kleine und immer kleinere Gruppen, die Atomisierung der Kirche und die Herrschaft des rohen Unglaubens brutalster Willkür, die absolute Anarchie und schließlich den totalen Untergang des Christentums nach sich ziehen."[1]

Gerade wir Deutschen haben allen Grund, den Päpsten zu danken. Im Dritten Reich war der Papst die Stütze der deutschen Katholiken und nach 1945 war es wieder ein Papst, der gegen eine weltweite Pauschalverurteilung der Deutschen gesprochen hat. Auch die deutsche Wiedervereinigung haben wir nicht zuletzt dem Einfluß und Wirken Papst Johannes Paul II. zu verdanken. Darüber sagt der damalige russische Präsident Gorbatschow:

> „Ich kann vereinfacht sagen, daß ich durch meinen Kontakt mit ihm sah und begriff, welche Rolle er bei der Entwicklung eines ‚neuen politischen Denkens' spielt. Heute kann man sagen, daß all das, was in den letzten Jahren in Osteuropa geschah, nicht möglich gewesen wäre ohne diesen Papst, ohne die wichtige Rolle – die politische Rolle – die er auf dem internationalen Parkett spielen konnte."[2]

---

1 Deutsche Tagespost vom 23. 11. 1995

2 Aus dem Interview der Zeitung „La stampa" mit Michail Gorbatschow 1992.

B. DIE FRAGE NACH GOTT

I. Religion – ein Menschheitsphänomen

„Du kannst Städte finden ohne Mauern, ohne Schriftkenntnis, ohne Herrscher, ohne Paläste ... aber eine Stadt ohne Göttertempel, ohne Gebet, hat noch kein Sterblicher gesehen und wird sie niemals sehen.“[1] So beschreibt ein Weltreisender des Altertums die Tatsache, daß es kein religionsloses Volk gibt. Max Scheler (1874-1928) nennt das Religiöse „eine wesensnotwendige Mitgift der geistigen menschlichen Seele“ und David Livingstone (1813-1873) sagt von den Afrikanern: „Von der Existenz eines Gottes oder vom zukünftigen Leben zu sprechen, ist unnötig. Beide Wahrheiten sind bei ihnen allgemein angenommen.“[2]

Angesichts solcher Tatsachen sind die Leugner des Absoluten gezwungen, das allgemein menschliche Phänomen Religion zu erklären.

1. Atheistische Erklärungsversuche für den Gottesglauben

Ludwig Feuerbach (1804-1872) bezeichnet Religion als gegenstandsloses Hirngespinst. Wie im Alkoholrausch Gegenstände doppelt gesehen werden, so führe die „trunkene Spekulation“ zur Verdopplung des eigenen Wesens. Der Mensch projiziere seine Eigenschaften und Wunschvorstellungen ins Unendliche: „Der Mensch erschuf Gott nach seinem Bild und Gleichnis.“ Dadurch werde der Mensch an seiner Selbstentfaltung gehindert.

1 Plutarch (46-120 n. Chr.).

2 Heinrich Rösseler: Christlicher Glaube I.

Karl Marx (1818-1883):

„Der Mensch macht die Religion, die Religion macht nicht den Menschen ... Die Religion ist der Seufzer der bedrängten Kreatur, das Gemüt einer herzlosen Welt ... Sie ist das Opium des Volkes."[1]

Lenin (1870 – 1924) in „Sozialismus und Religion":

„Die Religion ist eine Art geistigen Drucks, der überall und allenthalben auf den Massen lastet, die durch ewige Arbeit für andere, durch Not und Vereinsamung niedergedrückt werden. Die Ohnmacht der ausgebeuteten Klassen im Kampf gegen die Ausbeuter erzeugt ebenso den Glauben an ein besseres Leben im Jenseits, wie die Ohnmacht des Wilden in seinem Kampf mit der Natur den Glauben an Götter, Teufel, Wunder und dergleichen hervorruft. Denjenigen, der sein Leben lang arbeitet und Not leidet, lehrt die Religion Demut und Geduld hienieden und vertröstet ihn mit der Hoffnung auf himmlischen Lohn. Diejenigen aber, die von fremder Arbeit leben, lehrt die Religion Wohltätigkeit hienieden, womit sie ihnen eine recht billige Rechtfertigung ihres Ausbeuterdaseins anbietet und zu annehmbaren Preisen Eintrittskarten für die himmlische Seligkeit verkauft ... Die Religion ist eine Art geistiger Fusel, in dem die Sklaven des Kapitals ihr Menschenantlitz und ihre Ansprüche auf ein halbwegs menschenwürdiges Leben ersäufen!"

Sigmund Freud (1856-1939) greift den Gedankengang Feuerbachs auf und bezeichnet religiöse Vorstellungen als Flucht in infantile Wünsche, die begründet sind in den „nie ganz überwundenen Konflikten der Kindheit aus dem Vaterkomplex" – also Flucht in eine illusionäre Geborgenheit. Trotz des Fortschritts der Naturwissenschaften bleibt die „Hilflosigkeit der Menschen und damit ihre Vatersehnsucht und die Götter".

Solche Argumente scheinen auf den ersten Blick schlüssig und werden tatsächlich auch heute noch von vielen angenommen. Bei kritischer Betrachtung stellt sich jedoch heraus, daß es sich um eine Verwechslung von Ursache und Wirkung handelt. Die Hinwendung des Menschen in seiner Hilflosigkeit an Götter ist nicht Ursache der Religion, sondern Folge eines bereits vorhandenen Gottesbezuges.

Feuerbachs Theorie setzt voraus, es gäbe keinen Gott und daher auch keinerlei Anhaltspunkte für seine Existenz. Die Phantasie benötigt jedoch zur Erzeugung eines Glaubens einen Ansatz in der menschlichen Erfahrung. In Lebensgefahr geratene Astronauten wür-

1 Alfred Läpple / Fritz Bauer: Christus – Die Wahrheit.

den dann auch zu illusionären Marsbewohnern beten. Zwar ergreift ein Ertrinkender selbst einen Strohhalm, aber keinen eingebildeten.

Ansatzpunkt der Religion kann daher nicht eine grundlos projizierende Phantasie sein, sondern nur eine tatsächliche Gotteserfahrung.

2. *Entstehung der Naturreligionen*

Obwohl jede Erkenntnis eine Wechselbeziehung zwischen Erkennendem und Erkanntem darstellt, steht bei den Naturreligionen die menschliche Komponente, nämlich Erkenntnis und Erlebnis, im Vordergrund, während die Offenbarungsreligionen sich auf eine Selbsterschließung Gottes berufen.

a) Menschliche Gotteserfahrung

„Gott aller Dinge Grund und Ziel, kann im natürlichen Licht der menschlichen Vernunft aus den geschaffenen Dingen mit Sicherheit erkannt werden: Denn sein unsichtbares Wesen läßt sich seit Erschaffung der Welt durch das, was gemacht ist, deutlich erkennen." (Vaticanum I)

Die Möglichkeiten, von Gott oder Gott selbst zu erfahren, sind so zahlreich und vielschichtig wie die Menschen. Alles, was dem Menschen in seiner Umwelt und in seinem Geiste begegnet, kann eine Botschaft Gottes sein.

Aristoteles (384 – 322):

> „Es muß ein Urprinzip geben von der Art, daß „wirklich tätig zu sein" sein eigentliches Wesen ausmacht. Wesenheiten solcher Art müssen überdies unstofflich sein, weil sie, wenn irgend etwas sonst, ewig sind, und mithin müssen sie reine Wirklichkeit sein schlechthin."

Marcus Tullius Cicero (106 – 43) folgert aus der allgemeinen Verbreitung des Götterglaubens, daß dieser eine Naturanlage sei, der die Existenz von Göttern entspreche.

Thomas von Aquin (1225-1274):

> „Der fünfte Weg geht aus von der Weltordnung. Wir stellen fest, daß unter den Dingen manche, die keine Erkenntnis haben, wie z.B. die Naturkörper, dennoch auf ein festes Ziel

hin tätig sind ... Die vernunftlosen Wesen sind aber nur insofern auf ein Ziel hin tätig, als sie von einem erkennenden geistigen Wesen auf ein Ziel hingeordnet sind, wie der Pfeil vom Schützen."

John Henry Newman (1801-1890):

„Wie wir unsere erste Kenntnis der äußeren Welt durch die Sinne haben, so beginnt unser Lernen von Gott, dem Herrn, durch das Gewissen. ... Hier sind es die sich immer wiederholenden Erfahrungen des Gewissens, die uns ganz unaufdringlich den Willen eines Überlegenen nahebringen und uns zur immer deutlicheren Überzeugung von dem Dasein eines höchsten Gesetzgebers führen, ... Das Gewissen ruht nicht auf sich selbst, sondern greift nach etwas jenseits seiner selbst und erkennt dunkel für seine Entscheidungen die Bindung einer höheren Gewalt – wie es sich in dem scharfen Gefühl der Verpflichtung und Verantwortung erweist, das jene durchtränkt. Daher rührt es auch, daß wir vom Gewissen als einer „Stimme" sprechen, oder besser: dem Echo einer Stimme, gebietend und bindend wie sonst kein Befehl im Gesamtbereich unserer Erfahrung.

... Diese Erfahrungen sind derartig, daß sie als Ursache ein geistiges Wesen verlangen: wir fühlen uns nicht zu einem Stein hingezogen; wir empfinden nicht Beschämung vor einem Pferd oder Hund ... Das Diktat des Gewissens prägt unserem Geist das Bild eines höchsten Herrn und Richters, eines heiligen, gerechten, mächtigen, allwissenden Vergelters ein und ist so Zeugungsgrund religiösen Lebens."

Aurelius Augustinus (354-430) geht von der Sehnsucht des Menschen nach Glück aus: „Du hast uns für dich erschaffen und unruhig ist unser Herz, bis es ruht in dir."[1]

Immanuel Kant (1724-1804) nennt Gott ein „Postulat der praktischen Vernunft", weil ohne Gott und Jenseits die Sittlichkeit ohne Fundament, d.h. ohne gerechten Ausgleich irdischer Ungerechtigkeit bliebe.

Vom Vorstoß vieler Wissenschaftler in die letzte Wirklichkeit war bereits die Rede. Bleibt noch zu erwähnen das unmittelbare, persönliche Gotteserlebnis, wie es André Frossard (*1915) in seinem Buch „Gott existiert – ich bin ihm begegnet" vierunddreißig Jahre nach seiner Bekehrung beschreibt:

„Es ist 17 Uhr 10 Minuten. In zwei Minuten werde ich Christ sein. Gelassener Atheist, der ich bin, ahne ich wahrhaftig nichts davon, als ich des Wartens müde, kopfschüttelnd über die nicht endenwollenden, unverständlichen Andachtsübungen meines Kameraden, nun meinerseits die kleine Eisentüre aufstoße, um als Neugieriger oder als Zeichner das Gebäude näher in Augenschein zu nehmen ... Mein Blick wandert vom Dunkel zum Licht, kehrt zu den anwesenden Menschen zurück, ohne irgendeinen Gedanken mitzubringen ...

---

1 Augustinus, Confessiones I,1.

In diesem Augenblick bricht jäh eine Welle von Wundern los, deren unerbittliche Gewalt in einem Nu von dem absurden Wesen, das ich bin, die Hülle reißen und das Kind, das ich nie gewesen bin, geblendet von dem Glanz ans Tageslicht bringen wird ...

Ich sage nicht: der Himmel öffnet sich; er öffnet sich nicht, er stürzt auf mich zu, schießt plötzlich wie ein stummes Wetterleuchten aus der Kapelle empor, wo er – wie hätte ich es ahnen können? – auf geheimnisvolle Weise eingeschlossen war. Wie soll ich's schildern, mit diesen abgedankten Worten, die mir den Dienst versagen und mir die Gedanken abzuschneiden drohen ... Es ist die Wirklichkeit, es ist die Wahrheit, ich sehe sie vom dunklen Strand aus, wo ich noch festgehalten bin. ... Es ist die Evidenz Gottes, die Evidenz, die Gegenwart ist, die Evidenz, die Person ist, die Person dessen, den ich vor einer Sekunde noch geleugnet habe, den die Christen „unseren Vater" nennen ...

Ihr überwältigender Einbruch ist begleitet von einer Freude, die nichts anderes ist als der Jubel des vom Tod Erretteten ... Zugleich ist mir eine neue Familie geschenkt worden: die Kirche."

b) *Von der Gotteserfahrung zur Religion*

Praktisch überall kann der Mensch auf Spuren Gottes stoßen oder sogar Gott erleben. Daraus vermag er schlußfolgernd die Existenz eines höchsten Wesens und auch dessen wesentliche Eigenschaften zu erkennen: Weisheit, Macht, Gerechtigkeit, Güte usw. Solche Erkenntnisse sind Gemeingut nahezu aller Religionen. Jedoch sind diese Erkenntnisse rein übersinnlich. Daher versucht der Mensch, sich eine Vorstellung, ein Bild von Gott zu machen. Diese Gottesvorstellungen und religiösen Symbole entstehen aber nun tatsächlich durch Projektion der menschlichen Phantasie und sind abhängig von Eigenart und Lebensraum der betreffenden Kultgemeinschaft. Sie sind die relative, menschliche Komponente der Religionen. Nicht Gott also, sondern die Gottesbilder und Symbole entstehen durch Projektion der Phantasie: Wenn der Mensch nach einem Wesen Ausschau hält, das übermächtig, gütig und allgegenwärtig ist, kann er darauf schließen, daß beispielsweise die Sonne göttlich sein müsse. Die übrigen erkannten göttlichen Eigenschaften projiziert er dann in dieses Gestirn hinein. Es wurden und werden Götter auch als übermächtige Menschen dargestellt, ja Herrscher und politische Systeme mit religiösem Kult umgeben. Denken wir an die Pseudoreligion des Führerkultes im Dritten Reich, an den Kult der Partei im Kommunismus oder an den Kult des Fortschritts und des Konsums.

So gibt es also nicht viele Götter, sondern nur einen Gott, dem im Grunde jede menschliche Vorstellung und Sehnsucht nach Geborgenheit gilt. Es gibt aber viele Gottesvorstellungen von unterschiedlichem Aussagegehalt – auch innerhalb des Christentums.

Nun kann jeder Mensch nur nach seinen Möglichkeiten Gott suchen und dienen. Daher muß man auch jede ehrliche religiöse Überzeugung achten. Nach der recht verstandenen Lehre von der alleinseligmachenden Kirche genügt das ehrliche Streben des Menschen in Verbindung mit der Erlösung durch Christus zur Erlangung des ewigen Lebens:

„Dann sagte er: „Jesus, denk an mich, wenn du in dein Reich kommst." Jesus antwortete ihm: „Heute noch wirst du bei mir im Paradies sein." (Lk 23,42f)

> „Wer das Evangelium Christi und seine Kirche ohne Schuld nicht kennt, Gott aber aus ehrlichem Herzen sucht, seinen im Anruf des Gewissens erkannten Willen unter dem Einfluß der Gnade in der Tat zu erfüllen trachtet, kann das ewige Heil erlangen."[1]

c) *Die Frage nach der wahren Religion*[2]

Der Schluß des letzten Kapitels könnte zu einem vorschnellen Urteil führen: Wenn ein Mensch nach seiner Ehrlichkeit beurteilt wird – auch von Gott – dann sollte man doch jeden „nach seiner Façon selig werden" lassen. Dann ist es letztlich gleich, welche Religion einer hat, wenn er sie nur ehrlich lebt.

Der Rationalismus alter und neuer Prägung stellt daher die Frage nach der wahren Religion als unwesentlich, ja als unlösbar hin. Gotthold Ephraim Lessing (1729-1781) vertritt diese Ansicht in der Ringparabel:

Im Besitz einer Familie befindet sich – von den Ahnen ererbt – ein Wunderring. Dieser besitzt, wenn er gläubig getragen wird, die

---

1 Vaticanum II: Lumen gentium 16.

2 Wenn wir von der „wahren Religion" sprechen, so ist damit nicht gemeint, daß in den anderen Religionen alles falsch ist. Schon mit seiner Vernunft kann der Mensch viele Wahrheiten erkennen, die in verschiedenen Religionen unterschiedlich aufscheinen.

„geheime Kraft, vor Gott und Menschen angenehm zu machen". Um keinen seiner drei Söhne zu benachteiligen, läßt der Vater weitere zwei Ringe anfertigen, die dem Wunderring völlig gleichen und gibt vor seinem Tod jedem der Söhne einen dieser Ringe. Nach dem Tod des Vaters streiten die Söhne darüber, wer den echten Wunderring besitzt. Ein Richter entscheidet folgendermaßen: Jeder soll seinen Ring für echt halten und durch selbstlose Liebe dem Ring Wunderkraft verleihen: „Es strebe jeder von euch um die Wette, die Kraft des Steins in seinem Ring an den Tag zu legen."[1]

Wichtig sei demnach nur, daß ein Mensch von der Wahrheit seines Glaubens überzeugt ist und diesem durch sein Leben Kraft verleiht; dann sei er glücklich als Christ, als Jude oder Mohammedaner.

Anscheinend hat Lessing die Ungereimtheit seiner Parabel nicht bemerkt: einerseits wird nur einer Religion eine „geheime Kraft" zugeschrieben und andererseits muß der Glaubende selbst jeder beliebigen Religion die „Wunderkraft" verleihen.

Zudem *führen religiöse Irrungen zu Irrungen des menschliches Verhaltens*: es ist nicht dasselbe, ob ein Mensch nach dem Gebot der Liebe handelt oder nach dem Korangesetz des Heiligen Krieges. Folgen religiöser Irrungen wurden bereits benannt: Menschenopfer, Witwenverbrennungen und Hexenprozesse sowie die Verbrechen im Namen des pseudoreligiösen Führerkultes und der Vergötzung der sogenannten Lebensqualität, welche den Holocaust der ungeborenen Kinder zur Folge hat.

In diesem Zusammenhang ist nur Religion mit Religion vergleichbar, allenfalls noch Gläubige, die konsequent nach ihrem Glauben leben. Untaten, die zwar im Namen, aber nicht im Sinne des Christentums begangen wurden, sind daher kein Gegenargument, desgleichen Lieblosigkeit und Habsucht übereifriger Kirchgänger.

Die Erkenntnis der Wahrheit und das Leben nach der Wahrheit sind also von entscheidender Bedeutung auch für das irdische Heil

---

1 „Nathan der Weise", 3. Aufzug

der Menschheit. Gibt es nämlich keine allgemeingültige Wahrheit, dann gibt es auch keine allgemeingültigen Normen für Gut und Böse. Dementsprechend entscheidet der Skeptiker Pilatus nicht nach Gerechtigkeit, sondern nach Opportunismus (Joh 18,37f). Christus dagegen beharrt darauf, daß es eine objektive und allgemeingültige Wahrheit gibt, der jeder Mensch verpflichtet ist, sobald er sie erkennt:

> „Ich bin der Weg und die Wahrheit und das Leben; niemand kommt zum Vater außer durch mich."(Joh 14,6)

So stellt sich zwangsläufig die Frage: *Wie soll man aus einer Unzahl von Religionen die „wahre Religion" herausfinden?* Diese kompliziert erscheinende Frage ist verhältnismäßig einfach zu beantworten:

Man könnte die verschiedenen Religionen vergleichen: ihre Lehre von Gott, vom Menschen, ihre Auswirkungen auf den einzelnen und auf die Gesellschaft. Selbstverständlich kann man hier nur Lehre mit Lehre vergleichen, also nicht einen guten Mohammedaner mit einem schlechten Christen.

Letzte Gewißheit jedoch kann nur darin bestehen, *daß eine Religion ihre göttliche Herkunft glaubhaft machen kann.* Als Offenbarungsreligionen bezeichnen sich aber nur Judentum, Christentum und Islam. Bedenkt man, daß der Islam offensichtlich ein Synkretismus ist, d.h. eine Vermischung heidnischer, christlicher und jüdischer Elemente, Judentum und Christentum jedoch ein zusammenhängendes und sich kontinuierlich vollendendes Ganzes bilden, kann letztlich nur das Christentum als Vollendung jüdischer Heilserwartung den Anspruch erheben, die eine, wahre und göttliche Religion zu sein.

In seiner Rede auf dem Areopag nennt Paulus Christus als Garanten der göttlichen Wahrheit:

> „Gott der über die Zeiten der Unwissenheit hinweggesehen hat, läßt jetzt den Menschen verkünden, daß überall alle umkehren sollen. Denn er hat einen Tag festgesetzt, an dem er den Erdkreis in Gerechtigkeit richten wird, durch einen Mann, den er bestimmt und vor allen Menschen dadurch ausgewiesen hat, daß er ihn von den Toten auferweckte." (Apg 17,30f)

II. Der Gott der Offenbarung

„Viele Male und auf vielerlei Weise hat Gott einst zu den Vätern gesprochen durch die Propheten; in dieser Endzeit aber hat er zu uns gesprochen durch den Sohn ..." (Heb 1,1f).

1. Wesen und Werden der Offenbarung

Wenn man auch von einer natürlichen Offenbarung sprechen kann und damit die Erkennbarkeit Gottes aus seinen Werken meint, so besagt doch Offenbarung Gottes im eigentlichen Sinn die Selbsterschließung des Absoluten in der Weise, daß Gott der eigentlich Aktive ist, der einen Menschen innerlich erfaßt, erleuchtet und sendet. Häufig geschieht das gänzlich gegen den Wunsch und Willen der so „Angesprochenen":

Moses gebraucht eine Reihe von Ausreden, bis er schließlich sich weigert:

„Aber bitte, Herr, schick doch einen anderen! Da entbrannte der Zorn des Herrn über Mose" (Ex 3,1-4.14).

Jeremias schreibt:

„Das Wort des Herrn erging an mich: „ ... zum Propheten für die Völker habe ich dich bestimmt." Da sagte ich: „Ach, mein Gott und Herr, ich kann doch nicht reden, ich bin ja noch so jung!"- „Wohin ich dich sende, dahin sollst du gehen, und was ich dir auftrage, das sollst du verkünden. Fürchte dich nicht vor ihnen; denn ich bin mit dir, um dich zu retten ..." (Jer 1,4-10)

Ezechiel beschreibt seine Berufung folgendermaßen:

„Und ich sah: eine Hand war ausgestreckt zu mir; sie hielt eine Buchrolle. Er rollte sie vor mir auf. Sie war innen und außen beschrieben, und auf ihr waren Klagen, Seufzer und Weherufe geschrieben. Er sagte zu mir: „Menschensohn, iß, was du vor dir hast. Iß diese Rolle! Dann geh und rede zum Haus Israel! ... und ob sie hören oder nicht, sprich zu ihnen, und sag zu ihnen: So spricht Gott, der Herr." ... Der Geist, der mich emporgehoben hatte, trug mich fort. Ich ging dahin mit bitterem und grollendem Herzen, und die Hand des Herrn lag schwer auf mir." (Ez 1,3 – 3,14)

Jonas versucht, vor dem Ruf Gottes zu fliehen und Amos bringt die Macht des göttlichen Einflusses folgendermaßen zum Ausdruck:

„Der Löwe brüllt – wer fürchtet sich nicht? Gott, der Herr, spricht – wer wird da nicht zum Propheten?" (Am 3,8).

Über Paulus ergeht das Wort Gottes:

> „Denn dieser Mann ist mein auserwähltes Werkzeug: Er soll meinen Namen vor Völker und Könige und die Söhne Israels tragen. Ich werde ihm auch zeigen, wieviel er für meinen Namen leiden muß." (Apg 9,15f)

Gerade die Tatsache, daß viele Verkünder der göttlichen Offenbarung ihrer Berufung aus Furcht vor den Folgen, ja dem damit verbundenen Leid nur widerwillig Folge leisteten, zeigt, daß unsere Religion keine menschliche Erfindung ist, sondern in einem göttlichen Impuls wurzelt.

2. *Das Gottesbild des Alten Testamentes*

Es ist nicht so, daß die Gottesvorstellung von Anfang an in ihrer vollen Reinheit vorhanden war. Wie unser Weltbild durch die Wissenschaft fortschreitend ergänzt und geklärt wird, so fand in Israel auch eine Entwicklung des Gottesbildes statt, bis es durch Christus seine Vollendung erlangt: Der Glaubenswechsel des Abraham war ein Übergang von der Vielgötterei, dem *Polytheismus*, zum *Henotheismus*, d.h. zur Verehrung nur eines Gottes, wobei die Existenz anderer Gottheiten nicht in Abrede gestellt wurde. Erst in der Verkündigung der Propheten tritt der reine *Monotheismus* deutlich hervor.

In den ältesten Schichten der Bibel ist die Gottesvorstellung noch recht *anthropomorph* , d.h. vermenschlicht:

> „Da formte der Herr den Menschen aus Erde vom Ackerboden und blies in seine Nase den Lebensatem." (Gen 2,7)

Von dieser anthropomorphen Vorstellung Gottes muß man die anthropomorphe Darstellung unterscheiden, zu der wir auf Grund unserer menschlichen Sprechweise gezwungen sind: Gott ‚spricht', ‚erhört', Himmelfahrt usw.

Das Verbot der bildlichen Darstellung Gottes (Ex 20,4) birgt jedoch bereits eine Aussage über seine unbegreifliche Andersartigkeit, die dann bei den Propheten als reine Geistigkeit erscheint. Gott wird nicht mehr beschrieben, sondern durch Symbole gekennzeichnet:

„Ich sah: Ein Sturmwind kam von Norden, eine große Wolke mit flackerndem Feuer, umgeben von einem hellen Schein. Aus dem Feuer strahlte es wie glänzendes Gold ..." (Ez 1,4).

Heidnische Vorstellungen trüben das Gottesbild der Anfänge: göttliche Berufung und Anordnungen des von Gott Berufenen wurden zunächst in eins gesetzt, so erscheint z.B. die Ausrottung der Feinde auf Befehl Josuas „zu Ehren des Herrn"(Jos 6,17).

Auch Abraham glaubt, seine Bundestreue gegenüber Gott durch das Opfer seines Kindes beweisen zu müssen und erfährt erst durch ein besonderes Eingreifen Gottes, daß der Herr nicht das Leben seines Kindes, sondern seine persönliche Hingabe fordert.

Mit dem Gottesbild des Volkes Israel verhält es sich wie mit der Gottesvorstellung eines Menschen, die sich vom kindlichen Gottesbild mit fortschreitender Reife klärt und ergänzt. Unter Berücksichtigung dieser Entwicklung kann man – aufs Ganze gesehen – dennoch von einem Gottesbild des Alten Testaments im Gegensatz zu heidnischen Auffassungen von damals und heute sprechen: Das alttestamentliche Gottesbild unterscheidet sich nämlich wesentlich von den Gottesvorstellungen der Religionen des alten Orients:

Abraham (um 1800 v. Chr.) glaubt ursprünglich an einen Mondgott, ein fernes, aber sichtbares Wesen. Plötzlich wechselt er seine Religion: sein Gott ist von nun an ein *unsichtbarer, gegenwärtiger Gott*.

Diesen Glaubenswechsel führt er auf eine Offenbarung zurück: Es „erschien ihm der Herr und sprach zu ihm: Ich bin Gott, der Allmächtige. Geh deinen Weg vor mir, und sei rechtschaffen!" (Gen 17,1). Der Gott des Alten Testaments ist ein *geschichtlicher Gott*. Die Kunde von ihm geht nicht auf Überlieferungen zurück, die sich im Dunkel der Vorzeit verlieren. Er hat in geschichtlicher Zeit zu Abraham, Moses und den Propheten „gesprochen". Er hat immer wieder machtvoll in die Geschichte seines Volkes eingegriffen, so daß dieses Volk sein Walten und Wollen im eigenen Schicksal erfuhr. Dies bringt der Moses geoffenbarte Gottesname zum Ausdruck: Jahwe, d.h. „Ich bin da"(Ex 3,14).

Im Gegensatz zur Vielgötterei des Heidentums ist Israels Gott *ein einziger Gott*:

„Höre, Israel! Jahwe, unser Gott, Jahwe ist einzig. Darum sollst du den Herrn, deinen Gott, lieben mit ganzem Herzen, mit ganzer Seele und mit ganzer Kraft." (Dtn 6,4f)

Während die Götter anderer Völker sichtbar und körperhaft gedacht werden, ist der Gott Israels ein *geistiger Gott*. Er ist nicht geschlechtlich bestimmt, er ist allgegenwärtig, unfaßbar und unverfügbar:

„Herr, du hast mich erforscht ... Von fern erkennst du meine Gedanken ... Du umschließt mich von allen Seiten ... Steige ich hinauf in den Himmel, so bist du dort; bette ich mich in der Unterwelt, bist du zugegen ... Würde ich sagen: 'Finsternis soll mich bedecken, statt Licht soll Nacht mich umgeben', auch die Finsternis wäre für dich nicht finster, die Nacht würde leuchten wie der Tag, die Finsternis wäre wie Licht..." (Ps 139,1-12)

Weil Gott Geist ist, darf sich der Mensch kein Bild von Gott anfertigen (Ex 20), auch wenn er anthropomorph von ihm spricht: Gott ist *jenseits jeder menschlichen Vorstellung*.

Die heidnischen Gottheiten, vielfach vergöttlichte Naturgewalten, unterstanden einem blind waltenden Schicksal, das die Griechen Moira nannten. Der Gott Israels ist *ein selbstmächtiger Gott*, frei und Herr über das Schicksal. Durch sein Schöpfungswort hat er die Natur ins Dasein gerufen: „Im Anfang schuf Gott Himmel und Erde..." (Gen 1,1).

Der Gott Israels ist ein *persönlicher Gott*. Er steht dem Menschen als Du gegenüber, das man ansprechen kann und von dem man gehört wird. Daher ist das Gebet im Alten Bund eine Selbstverständlichkeit.

Die Göttergestalten der Religionen des alten Orients waren nicht nur menschlich, ihr Verhalten war oftmals auch allzu menschlich, sie hatten Launen und Fehler. Die Menschen wollten sie deshalb durch Opfer milde stimmen und für sich gewinnen. Der Gott Israels ist dagegen ein *heiliger Gott*, erhaben über jede menschliche Schwäche.

„Ich sah den Herrn. Er saß auf einem hohen und erhabenen Thron. Der Saum seines Gewandes füllte den Tempel aus. Serafim standen über ihm. Jeder hatte sechs Flügel: Mit zwei Flügeln bedeckten sie ihr Gesicht, mit zwei bedeckten sie ihre Füße, und mit zwei flogen sie. Sie riefen einander zu: Heilig, heilig, heilig ist der Herr der Heere. Von seiner Herrlichkeit ist die ganze Erde erfüllt. Die Türschwellen bebten bei ihrem lauten Ruf, und der Tempel füllte sich mit Rauch." (Jes 6,1-4)

Trotz seiner Erhabenheit ist Jahwe kein despotischer Gott. Er ist der *Gott des Bundes*, der seinem Volk in Treue und Liebe zugetan ist, der allerdings auch völlige Hingabe der Menschen erwartet. Die Opfer der Israeliten waren daher Gaben der Freundschaft: in der Treue seines Gottes fühlt der alttestamentliche Fromme sich geborgen:

> „Der Herr ist mein Hirte, nichts wird mir fehlen. Er läßt mich lagern auf grünen Auen und führt mich zum Ruheplatz am Wasser. Er stillt mein Verlangen; er leitet mich auf rechten Pfaden, treu seinem Namen. Muß ich auch wandern in finsterer Schlucht, ich fürchte kein Unheil; denn du bist bei mir“ (Ps 23,1-4)

Die Religionen des alten Orients waren durchdrungen vom Gedanken eines Kreislaufes steter Wiederkehr. Das Los der Menschen war von einem unerforschlichen und unabänderlichen Schicksal bestimmt. Darum spricht Paulus von solchen, „die keine Hoffnung haben“ (1 Thess 4,13). Der Gott Israels ist dagegen ein *Gott der Hoffnung auf das messianische Heil.* Schon Abraham erhält die Verheißung, daß in seinem Geschlecht „alle Völker der Erde Segen erlangen“ (Gen 18,18). Die Paradiesesgeschichte verheißt, daß die Schlange vom Nachkommen des Weibes „am Kopf“ getroffen wird (Gen 3,15); Moses spricht von einem Propheten, den der Herr erstehen lassen wird (Dtn 8,15) und die Propheten weisen immer wieder auf den kommenden Heilsbringer hin. Diese Hoffnung auf das messianische Heil befähigt die Israeliten, selbst die schlimmsten nationalen Katastrophen zu überwinden.

Von dieser Gottesvorstellung ging eine befreiende und gesellschaftsveredelnde Kraft aus.

Im Heidentum gab es kein freies Wochenende. Auch wenn die Reichen Götterfeste feierten, der Arme, der Sklave und der Ausländer galten als Arbeitstiere. Die *Einführung des Herrentages* in Israel war daher ein gewaltiger sozialer Fortschritt, ein Tag des Menschen und der Menschenwürde:

> „Sechs Tage darfst du schaffen und jede Arbeit tun. Der siebente Tag ist ein Ruhetag, dem Herrn, deinem Gott, geweiht. An ihm darfst du keine Arbeit tun: du, dein Sohn und deine Tochter, dein Sklave und deine Sklavin, dein Vieh und der Fremde, ...“ (Ex 20,9f).

Eine weitere Errungenschaft der Jahwereligion ist die *Emanzipation der Frau.* Wie schon der Schöpfungsbericht zeigt, ist sie nicht –

wie bei den Nachbarvölkern – Kauf- oder Lustobjekt des Mannes, sondern gleichwertige Partnerin:

> „Eine tüchtige Frau, wer findet sie? Sie übertrifft alle Perlen an Wert. Das Herz ihres Mannes vertraut auf sie, und es fehlt ihm nicht an Gewinn ... Sie öffnet die Hand für den Bedürftigen und reicht ihre Hände dem Armen ... Ihr Mann ist in den Torhallen geachtet, wenn er zu Rat sitzt mit den Ältesten des Landes ... Kraft und Würde sind ihr Gewand, sie spottet der drohenden Zukunft ... Sie achtet auf das, was vorgeht im Haus, und ißt nicht träge ihr Brot. ... Trügerisch ist Anmut, vergänglich ist Schönheit. Nur eine gottesfürchtige Frau verdient Lob." (Spr 31,10-30)

Das Gesetz vom Sinai spricht *das menschliche Leben heilig* (Ex 20,13). Nicht der Mensch hat zu bestimmen, wer geboren werden darf oder wer sterben muß. Gott hat das Leben gegeben und nur Gott darf es zurückfordern.

Im Gegensatz zu den kanaanäischen Fruchtbarkeitskulten wird *das Sexualleben entdämonisiert*. Der Israelit erfährt seine Geschlechtlichkeit nicht als numinose Macht, der er ausgeliefert ist; sie ist dem Menschen von Jahwe gegeben und soll ihm zur Erfüllung seines Menschseins dienen. *Die Ehe* wird als *geheiligte Institution* angesehen und ist durch das Gesetz geschützt (Ex 20,14). *Das Kind gilt als Geschenk Gottes*.

Auch *der Staat ist entmythisiert* in Israel. Die Könige sind nicht göttlich, sondern stehen unter dem Gesetz Jahwes und werden von den Propheten, wenn nötig, in ihre Schranken gewiesen (Sam 12,1-13).

Dazu kommt eine *Sozialgesetzgebung*, die im damaligen Orient einzigartig ist, die aber auch für unsere Zeit ein Wunschtraum bleibt: in Israel gibt es nur einen Besitzer, dem alle alles verdanken; der einzelne ist der Verwalter der Güter, der Gott Rechenschaft schuldet; das Land wurde zunächst durch das Los verteilt; jedes fünfzigste Jahr mußte veräußerter Grundbesitz der Familie des ursprünglichen Eigentümers zurückgegeben werden.

Die Armen galten nicht wie im Heidentum als verflucht, sondern als *besondere Freunde Jahwes*: „Das ist ein Fasten, wie ich es liebe: ... an die Hungrigen dein Brot auszuteilen, die obdachlosen Armen ins Haus aufzunehmen, wenn du einen Nackten siehst, ihn zu bekleiden" (Jes 58,6f). Von den Opfern erhalten sie ihren Anteil.

Es ist bedenkenswert, daß in unserer Gesellschaft mit dem Schwinden des Gottesglaubens auch dessen befreiende Macht schwindet und Ausbeutung, Mord, Zerfall der Ehen und Familien, Vergötzung des Geldes und des Staates, ja Angst, Hoffnungslosigkeit und Verzweiflung überhandnehmen.

3. Der menschlich gegenwärtige Gott im Neuen Testament

„Und das Wort ist Fleisch[1] geworden und hat unter uns gewohnt, und wir haben seine Herrlichkeit gesehen, die Herrlichkeit des einzigen Sohnes vom Vater, voll Gnade und Wahrheit." (Joh 1,14)

Das Gottesgeheimnis leuchtet nicht nur im Alten Testament in den menschlichen Worten der Gottesboten auf und das Göttliche wird nicht nur in Symbolen sichtbar wie bei der Errichtung des heiligen Zeltes durch Moses: im Neuen Testament solidarisiert sich Gott als Mensch mit den Menschen; er ist ein Gott zum Anschauen, ein Gott den man hören, ja anfassen kann.

„Philippus sagte zu ihm: Herr, zeige uns den Vater; das genügt uns. Jesus antwortet ihm: Schon so lange bin ich bei euch, und du hast mich nicht erkannt, Philippus? Wer mich gesehen hat, hat den Vater gesehen. Wie kannst du sagen: Zeig uns den Vater?" (Joh 14,8-10)

a) Der Mensch Jesus

Spricht man mit jungen Leuten über Christus, trifft man sehr oft auf einen eigenartigen Argwohn: sie meinen, Christus sei nicht so richtig Mensch gewesen und sie müßten etwas von ihrem Menschsein aufgeben, um Christ werden zu können. Dieser Argwohn geht auf eine verkitschte Darstellung des Menschen Jesus in Wort und Bild zurück. Nach der Heiligen Schrift war es gerade die Menschlichkeit, welche zunächst jene jungen Leute aus Galiläa in ihren Bann zog. Sie erlebten „den Menschen" und waren von ihm begeistert. Wodurch diese Begeisterung im einzelnen geweckt wurde, läßt sich nur schwer und unvollkommen sagen:

1 Die „Fleischwerdung" = Menschwerdung des Sohnes Gottes nennt man Inkarnation.

War es das Faszinierende an der Persönlichkeit Jesu?

„Als Jesus von dort wegging, sah er einen Zöllner namens Levi am Zoll sitzen und sagte zu ihm: Folge mir nach! Da stand Levi auf, verließ alles und folgte ihm.“ (Lk 5,27f)

„Sie sprangen auf und trieben Jesus zur Stadt hinaus; sie brachten ihn an den Abhang des Berges, auf dem ihre Stadt erbaut war und wollten ihn hinabstürzen. Er aber schritt mitten durch die Menge hindurch und ging weg.“ (Lk 4,29f)

„Er machte eine Geißel aus Stricken und trieb sie alle aus dem Tempel hinaus ...“ (Joh 2,15)

War es Jesu überragende Weisheit? Ob Jesus selbst Unterricht erhalten hat, wissen wir nicht. Doch seine Botschaft stammt nicht aus einer menschlichen Quelle. Er schöpft aus eigener Fülle. Nie sucht, zweifelt oder widerruft er. Seine Erkenntnis überragt an Klarheit, Tiefe und Lebenswert alle Philosophie. Er ist an Geistesschärfe seinen gebildeten Gegnern weit überlegen.

„Daher lauerten sie ihm auf und schickten Spitzel, die sich fromm stellen und ihn bei einer (unüberlegten) Antwort ertappen sollten ... Die Spitzel fragten ihn: ‘Ist es uns erlaubt, dem Kaiser Steuer zu zahlen, oder nicht?’ Er aber durchschaute ihre Hinterlist und sagte zu ihnen: ‘... gebt dem Kaiser, was dem Kaiser gehört, und Gott, was Gott gehört!“ (Lk 20,20ff)

So entzieht er sich nicht nur einer hinterhältig gelegten Schlinge, er gibt auch einen richtungsweisenden, allzeit gültigen Grundsatz.

„Niemand konnte ihm darauf etwas erwidern, und von diesem Tag an wagte keiner mehr, ihm eine Frage zu stellen.“ (Mt 22,46)

Sein Wort ist voll Kraft und Autorität:

„Als Jesus diese Rede beendet hatte, war die Menge sehr betroffen von seiner Lehre; denn er lehrte sie wie einer, der Vollmacht hat, und nicht wie ihre Schriftgelehrten“ (Mt 7,28f)

War es Jesu Weltoffenheit? Er bejaht die Welt mit all ihren Werten. Viele seiner Gleichnisse spiegeln seine Naturverbundenheit wider. Er pflegt gesellige Tischgemeinschaft mit vornehmen und einfachen Leuten:

„Der Menschensohn ist gekommen, er ißt und trinkt; darauf sagt ihr: Dieser Fresser und Säufer, dieser Freund der Zöllner und Sünder!“ (Lk 7,34)

Mit Johannes verbindet ihn eine menschlich tiefe Freundschaft (vgl. Joh 13,23). Als letzten Sinn seines Wirkens nennt er die Freude:

„Dies habe ich euch gesagt, damit meine Freude in euch ist und damit eure Freude vollkommen wird.“ (Joh 15,11)

War es Jesu selbstlose Menschenliebe? Von seiner Menschlichkeit fühlen sich die Kinder angezogen (Vgl. Mt 19, 13 ff). Während die Pharisäer vom „verfluchten Volk“ sprechen (vgl. Joh 7,49), nimmt er sich der Armen an:

„Ich habe Mitleid mit diesen Menschen ...“ (Mt 15,32)

Er lebt selbst arm und anspruchslos und hilft den Menschen, wo immer sie in Not und Krankheit sind.

„Am Abend, als die Sonne untergegangen war, brachte man alle Kranken und Besessenen zu Jesus.“ (Mk 1,32)

Als schlimmste Krankheit gilt ihm jedoch die Sünde. In ihr sieht er die eigentlich menschenzerstörende Macht. Daher setzt er sich auch mit den Verstockten hart auseinander:

„Weh euch, ihr Schriftgelehrten und Pharisäer, ihr Heuchler! Ihr seid wie die Gräber, die außen weiß angestrichen sind und schön anzusehen; innen aber sind sie voll Knochen, Schmutz und Verwesung.“ (Mt 23,27)

War es Jesu zielklares Wollen? Jesus hat ein klares Lebensziel: Den Willen des Vaters.

„Meine Speise ist es, den Willen dessen zu tun, der mich gesandt hat.“ (Joh 4,34)

Nach dem Willen des Vaters lebt und verkündet er das Reich Gottes. Was dieses Reich Gottes hindert, greift er öffentlich an, er wendet sich gegen falsche Messiaserwartungen und ein falsches Auserwählungsbewußtsein, gegen Ehrfurchtslosigkeit und Heuchelei, gegen Veräußerlichung der Frömmigkeit. Wo es um den Willen des Vaters geht, kennt er gegen sich keine Rücksicht. Wer ihn davon abbringen will, ist für ihn ein „Satan“ (Mt 16,23). Nach dem Willen des Vaters geht er bewußt in den Tod. Diese Zielklarheit verleiht seiner Persönlichkeit eine einmalige Geradlinigkeit und Geschlossenheit.

War es die Lauterkeit seines Charakters? Jesus will nichts für sich. Er lebt und stirbt für die anderen:

„Denn auch der Menschensohn ist nicht gekommen, um sich dienen zu lassen. sondern um zu dienen und sein Leben hinzugeben als Lösegeld für viele.“ (Mk 10,45)

Über ihn hat der „Herrscher der Welt ... keine Macht“ (Joh 14,30).

„Er hat keine Sünde begangen, und in seinem Mund war kein trügerisches Wort." (1 Petr 2,22)

Der Grundzug des Wesens Jesu ist die Liebe. Aus ihr erklärt sich seine Einstellung zum Vater, zu den Menschen und zur Welt. Jesu Einsamkeit und Geselligkeit, seine Weltbejahung und Weltentsagung, Jesu Güte und Zorn, sein Benehmen gegen Freund und Feind, seine Haltung in Freud und Leid – all dies erscheint als Ausdruck eines einmalig klaren, geschlossenen und harmonischen Charakters. –

Unwillkürlich stellt sich somit die Frage: Ist ein solcher Mensch nur Mensch?

b) *Jesu Selbstbewußtsein*

Trotz seiner überragenden Einmaligkeit ist Jesu Menschsein nur gleichsam die Ausstrahlung seiner Persönlichkeit. Tieferen Einblick in sein Wesen vermitteln uns jene Aussagen, die sein Selbstbewußtsein widerspiegeln.

Jesus bezeichnet sich als den *im Alten Bund verheißenen Messias.* In der Synagoge seiner Vaterstadt liest er die messianische Jesaiastelle vor: „Der Geist des Herrn ruht auf mir; denn der Herr hat mich gesalbt." Und er fährt fort: „Heute hat sich das Schriftwort, das ihr eben gehört habt, erfüllt" (Lk 4,18-21)

Wenn Jesus verbietet, von seiner Messianität zu sprechen (vgl. Mk 8,30), dann nur wegen der irrigen Messiasvorstellung seiner Zeitgenossen. Er will keine Hoffnung auf politischen Umschwung und materielle Güter wecken, oder gar durch einen Aufruhr gegen die Römerherrschaft seine Sache zum Scheitern bringen.

Jesus selbst nennt sich „*Menschensohn*". Diese Bezeichnung bezeugt einerseits wie der Ausdruck „Gottesknecht" bei Jesaias[1] seine menschliche Begrenztheit und Leidensfähigkeit[2] und andererseits im Hinblick auf Dan 7,13f Würde und unvergängliche Herrschaft:

„Da kam mit den Wolken des Himmels einer wie ein Menschensohn. Er gelangte bis zu dem Hochbetagten und wurde vor ihn geführt. Ihm wurde Herrschaft, Würde und König-

1 Vgl. „Gottesknechttexte": Jes 42, 1-7; 49, 1-9; 50, 4-9; 52, 13 - 53, 12

2 Vgl. Ez 2, 1 und Ijob 25, 6

tum gegeben. Alle Völker, Nationen und Sprachen müssen ihm dienen. Seine Herrschaft ist eine ewige, unvergängliche Herrschaft. Sein Reich geht niemals unter.“

Da der Ausdruck „Menschensohn“ jedoch seinen Zeitgenossen wenig geläufig ist, kann Jesus seine Messiasidee in dieses Wort Zug um Zug einbringen. Am Ende seiner irdischen Wirksamkeit aber bekennt sich Jesus vor dem Hohen Rat offen als Messias und entfaltet den Begriff „Menschensohn“ in seiner ganzen Tragweite. Dabei ist er sich bewußt, daß dieses Bekenntnis zu seiner Verurteilung zum Tode führt:

„Da wandte sich der Hohepriester nochmals an ihn und fragte: Bist du der Messias, der Sohn des Hochgelobten? Jesus sagte: Ich bin es. Und ihr werdet den Menschensohn zur Rechten der Macht sitzen und mit den Wolken des Himmels kommen sehen“ (Mk 14,61f)

Jesus weiß sich *erhaben über alles, was den Israeliten verehrungswürdig und heilig ist*: er ist erhaben über Könige und Propheten des Alten Bundes:

„Hier ist einer, der mehr ist als Salomo, mehr ist als Jona“ (Mt 12,41f).

Er ist nicht wie diese von Gott erwählt oder berufen, sondern *wirkt aus eigener Machtvollkommenheit* und ist sogar erhaben über Tempel und Gesetz:

„Hier ist einer, der größer ist als der Tempel ... der Menschensohn ist Herr über den Sabbat“ (Mt 12,6ff).

Eigenmächtig übt er göttliche Gewalt aus:

„... sagte er zu dem Gelähmten: Mein Sohn, deine Sünden sind dir vergeben! Einige Schriftgelehrten aber ... dachten im Stillen: Wie kann dieser Mensch so reden? Er lästert Gott. Wer kann Sünden vergeben außer dem einen Gott?“ (Mk 2,5ff)

Jesus *nennt sich Sohn Gottes*, und zwar nicht nur im Sinn unserer Gotteskindschaft, sondern *in einer ihm einzigartig zustehenden Weise der Wesensgleichheit*:

„Mir ist von meinem Vater alles übergeben worden; niemand kennt den Sohn, nur der Vater, und niemand kennt den Vater, nur der Sohn und der, dem es der Sohn offenbaren will.“ (Mt 11,27)

Jesus unterscheidet deutlich zwischen seiner Gottessohnschaft und der Gotteskindschaft der Jünger:

„So sollt ihr beten: Unser Vater ...“ (Mt 6,9ff) — aber „Ich gehe hinauf zu meinem Vater und zu eurem Vater, zu meinem Gott und zu eurem Gott“ (Joh 20,17).

Jesus wendet die alttestamentliche Aussageweise der Gotteserscheinungen – nämlich das Wort „ICH BIN" – auf sich an.

So nennt sich Gott bei der Erscheinung vor Moses „Ich bin der 'ICH BIN' (Jahwe)" (Ex 3,14), so spricht er bei der Verkündigung der Gebote: „Ich bin Jahwe, dein Gott" (Ex 20,2); so beschreibt Jesaias seine Gotteserscheinung: „Ich (sah) den Herrn (= Jahwe = Ich bin). Er saß auf einem hohen und erhabenen Thron" (Jes 6,1)

Diese Formel göttlicher Selbstoffenbarung wendet auch Jesus auf sich an:

> „Ich sage es euch schon jetzt, ehe es geschieht, damit ihr, wenn es geschehen ist, glaubt: ICH BIN ES!" (Joh 13,19)

Christus warnt die Seinen vor falschen Propheten, die mit eben diesem Anspruch auftreten: „Viele werden unter meinem Namen auftreten und sagen 'ICH BIN ES!' und sie werden viele irre führen" (Mk 13,6). Wie Jahwe im Alten Bund als Hirte seines Volkes erscheint (Vgl. Ez 34,11 und Ps 23), so sagt auch Christus von sich: „ICH BIN der gute Hirte!" (Joh 10,11) oder „Ehe Abraham ward, BIN ICH" (Joh 8,58f); „ICH BIN die Auferstehung und das Leben" (Joh 11,25); „ICH BIN der Weg, die Wahrheit und das Leben."(Joh 14,6).

Wenn auch uns diese Sprechweise nicht geläufig ist, seine Zeitgenossen haben sie verstanden und als Gotteslästerung gedeutet:

> „Da hoben die Juden wiederum Steine auf, um ihn zu steinigen" (Joh 10,31);

> „Da zerriß der Hohepriester sein Gewand und rief: … Ihr habt die Gotteslästerung gehört" (Mk 14,63f)

c) *Jesu Machttaten und Zeichen*

„Das Wunder ist des Glaubens liebstes Kind", sagt Mephisto in Goethes „Faust". Diese Ansicht beherrscht auch heute noch das Denken vieler Christen. Sie halten das Wunder für ein exakt feststellbares Geschehen gegen die Naturgesetze, das den göttlichen Ursprung der Offenbarung beweisen soll. Dieses Wunderverständnis ist erst mit der Entstehung der neuzeitlichen Naturwissenschaft geboren worden.

Die Erkenntnis der Naturgesetze ließ das Wunder als Ausnahme gegenüber der Naturdetermination[1] erscheinen. – Je mehr freilich die Wissenschaft von der Annahme einer ausnahmslosen Naturdetermination abrückt, um so mehr wird auch dieser Wunderbegriff hinfällig, um so mehr erscheint auch dem Wissenschaftler das Wunder möglich.

Der *Wunderbegriff der Antike* war völlig anders. Das Altertum kannte die Naturkausalität im Sinne der neuzeitlichen Wissenschaft nicht. Für den antiken Menschen war Gott unmittelbar in der Natur wirksam und außerordentliche Ereignisse waren Zeichen göttlicher oder dämonischer Macht, mit denen er als einer – wenn auch seltenen – Selbstverständlichkeit rechnete. Aus dieser Sicht wird verständlich, daß das Evangelium Wunder ganz anders einschätzt, als dies bei uns weithin üblich ist. Daher werden diese Ereignisse schlicht und einfach erzählt und es bleibt dem Leser überlassen, sich darüber ein Urteil zu bilden.

Die *Tatsache der Wunder Jesu* steht historisch außer Zweifel. Die apostolische Verkündigung ist von Anfang an davon erfüllt. Auch eine jüdische Überlieferung im Traktat Sanhedrin (43) besagt:

> „Am Vorabend des Passahfestes hängte man Jesus…weil er Zauberei getrieben und Israel verführt…hat."

Die *Wunder Jesu sind keine „Beweise"* zur Bekehrung Glaubensunwilliger. Das Neue Testament berichtet davon, daß nicht nur Jesus und die Apostel Wunder wirken:

> „Und wenn ich die Dämonen durch Beelzebub austreibe, durch wen treiben dann eure Anhänger sie aus?" (Mt 12,27)

Ja, selbst der Antichrist wird viele durch Wunder verführen:

> „Denn es wird mancher falsche Messias und mancher falsche Prophet auftreten, und sie werden große Zeichen und Wunder tun" (Mt 24,24)

Daher sind Wunder nicht eindeutig: sie können auch als Teufelswerk ausgelegt werden:

1 Bestimmung, Festlegung

„Nur mit Hilfe von Beelzebub, dem Anführer der Dämonen, kann er die Dämonen austreiben"(Mt 12,24)

Wunder können daher nicht den Glauben erzwingen:

„Wenn sie auf Moses und die Propheten nicht hören, werden sie sich auch nicht überzeugen lassen, wenn einer von den Toten aufersteht" (Lk 16, 31)

Ja, Wunder sollen und dürfen die Glaubenswilligkeit nicht erpressen. Das wäre gegen das Wesen des Glaubens. Daher wirkt Jesus dort keine Wunder, wo er nur Sensationslust und Verstocktheit antrifft:

„Und er konnte dort (in Nazareth) keine Wunder tun; ...und er wunderte sich über ihren Unglauben." (Mk 6, 1 ff)

Deshalb erlebten die Pharisäer und Schriftgelehrten trotz ihrer Forderung kein Wunder (Mt 12,38f), ebensowenig Herodes (Lk 23,8) und die Spötter unterm Kreuz (Mt 27,42). Weil Wunder die Glaubenswilligkeit voraussetzen, gereichen sie Ungläubigen zum Ärgernis – damals wie heute. Für jene aber, die geistig der Wahrheit gegenüber aufgeschlossen sind, können Wunder das Kommen des Gottesreiches bestätigen und den Glauben vertiefen.

Im Gegensatz zu den Mirakelerzählungen der Heiden um des Mirakels willen sind die *Wunderberichte* im Evangelium *Verdeutlichungen des Wirkens Gottes*. Wer das Evangelium aufmerksam liest, entdeckt, daß die Wundergeschichten nicht für sich, sondern immer für eine Glaubensaussage stehen. Nach dem Fischzug spricht Jesus: „... Von jetzt an wirst du Menschen fangen" (Lk 5,7ff); nach der Heilung eines Blinden: „... ich (bin) das Licht der Welt" (Joh 9,1ff); bei der Erweckung des Lazarus: „Ich bin die Auferstehung und das Leben. Wer an mich glaubt, wird leben, auch wenn er stirbt, und jeder, der lebt und an mich glaubt. wird auf ewig nicht sterben" (Joh 11,25ff). Der Zusammenhang zwischen Eucharistie und Brotvermehrungsgeschichte ist offensichtlich (Joh 6).

Aufschlußreich ist auch die *Bedeutung des Wunders in der Verkündigung des Apostels Paulus*. Er weist auf seine Wundertätigkeit hin, schildert aber kein Wunder im einzelnen: „Das, woran man den Apostel erkennt, wurde mit großer Ausdauer unter euch vollbracht: Zeichen, Wunder und machtvolle Taten" (2 Kor 12,12). Paulus sieht also die Wunder im Gesamtzusammenhang seines Wirkens. Seine

Verkündigung des Evangeliums enthält auch keine Schilderung von Wundern Jesu. Wie Jesus verwirft er die Wundersucht und baut sein Evangelium auf die wesentliche Machttat Jesu, auf das Kreuz:

> „Die Juden fordern Zeichen, die Griechen suchen Weisheit. Wir dagegen verkündigen Christus als den Gekreuzigten: Für Juden ein empörendes Ärgernis, für Heiden eine Torheit, für die Berufenen aber, Juden wie Griechen, Christus, Gottes Kraft und Gottes Weisheit" (1 Kor 1,22ff).

Dieses Kapitel könnte den Anschein erwecken, als ob nun eine Säule des Glaubens gestürzt worden wäre. Dem ist nicht so. Im Gegenteil: Dem Wunder wird das Sensationelle, das Christus gar nicht beabsichtigte, genommen. Machttaten und Zeichen Jesu kommen so dem Verständnis des modernen Menschen näher und der Glaube wird auf sein eigentliches Fundament, nämlich Person, Lehre, Kreuz und Auferstehung Jesu Christi gestellt. Aber auch letztere ist kein „Beweis" für den Glauben und läßt Raum für die freie Entscheidung des einzelnen.

d) *Jesu Tod und Auferstehung*[1]

> „Denn vor allem habe ich euch überliefert, was auch ich empfangen habe: Christus ist für unsere Sünden gestorben, gemäß der Schrift, und ist begraben worden. Er ist am dritten Tag auferweckt worden, gemäß der Schrift, und er erschien dem Kephas, dann den Zwölf." (1 Kor 15,3ff)

In diesen prägnanten Sätzen, die Paulus nach eigenen Worten bereits im ältesten Verkündigungsgut der Kirche vorfindet, wird das entscheidende Christuserlebnis der Zeugen ausgesagt:

„Er starb für unsere Sünden." Nicht infolge eines grausamen Geschicks wird ein Unschuldiger auf tragische Weise ermordet. Die Zeugen erleben etwas Einmaliges: Jesus nimmt den Verbrechertod bewußt und gewollt auf sich.

Er selbst ist der eigentlich Aktive in seiner Passion. Seine Verräter und Henker sind trotz freier, schuldhafter Entscheidung nur Werkzeuge.

---

1 nach: Kurt Frör, Wege zur Schriftauslegung.

Passion und Tod stehen als „heiliges Muß" vor dem Geiste Jesu, ein Muß nach dem Willen des Vaters, der „seine Stunde" bestimmt gemäß den Schriften. Wer ihn von diesem Muß abbringen will, ist ihm ein „Satan" (Mt 16,23).

„Als die Zeit herankam, in der er (in den Himmel) aufgenommen werden sollte, entschloß sich Jesus, nach Jerusalem zu gehen" (Lk 9,51); unter Angstschweiß ringt er sich zum Entschluß durch: „Was du willst, soll geschehen" (Mk 14,36). Im Gegensatz zum Schwanken seiner Freunde und Gegner weiß Jesus in jedem Augenblick seines Lebens und seiner Passion, was er will.

Die Zeugen erleben die Passion Jesu als freies Sichpreisgeben an die Mächte des Bösen: „Jetzt wird der Menschensohn Sündern in die Hände geliefert." Christus solidarisiert sich mit jeder menschlichen Not, die aus menschlicher Bosheit entsteht. Diese Bosheit triumphiert über ihn mit Neid, Haß, Feigheit, Verrat, Schamlosigkeit und Brutalität: „Das ist eure Stunde und die Macht der Finsternis" (Lk 22,53).

In der Nacht, da der Herr verraten wird, gibt er den Jüngern sein Blut zu trinken, das „Blut des Bundes, das für viele vergossen wird zur Vergebung der Sünden" (Mt 26,8). Sie erleben nun: Sein Tod ist unser ureigenstes Schicksal, das Jesus aus Solidarität zu den Sündern auf sich nimmt. Der am Kreuz hängt, stirbt nicht durch ein dunkles Fatum, er stirbt auch nicht durch seine Schuld, er stirbt an unseren Sünden. Er stirbt auch zur Vergebung unserer Sünden: Sein Tod ist unser Heil: „Und ich, wenn ich über die Erde erhöht bin, werde alle zu mir ziehen" (Joh 12,32). In diesem Passionsgeschehen sehen die Zeugen rückblickend eine Erfüllung der Jesaiastelle:

> „Er wurde verachtet und von den Menschen gemieden, ein Mann voller Schmerzen … er hat … unsere Schmerzen auf sich geladen … er wurde … wegen unserer Sünden zermalmt … der Herr lud auf ihn die Schuld von uns allen." (Jes 53,3ff)

„Er wurde begraben"

Damit ist ausgesprochen, daß an seinem Tod kein Zweifel besteht: Der Tod Jesu ist eines der bestbezeugten Ereignisse der Weltgeschichte. Nicht nur der Leib des Gemordeten wird begraben, sondern mit ihm auch alle Hoffnung, die seine Jünger in ihn setzten:

„Wir aber hatten gehofft, daß er der sei, der Israel erlösen werde.“ (Lk 24,21).

„Er wurde auferweckt“

Jesu Tod und Begräbnis vollzieht sich im hellen Lichte der Öffentlichkeit. Hohe und höchste amtliche Stellen beschäftigen sich damit, bis hin zur amtlichen Bestätigung seines Todes und zu seiner eiligen Bestattung. Es gibt eine große Zahl von Augenzeugen dieses historisch eindeutig feststellbaren Geschehens. – Bei der Auferstehung ist es anders. Es gibt keine Zeugen der Auferstehung als solcher. Nur das leere Grab ist zu sehen; aber das wird schon damals verschieden ausgelegt. Der Akt der Auferstehung selbst bleibt göttliches Geheimnis wie die Erschaffung der Welt, bei der es auch keinen menschlichen Augenzeugen gab.

Und doch ist die Auferstehung ein Ereignis, das die irdischen Größen von Raum und Zeit überschreitet. Dieses Faktum ist mit dem Einschlag eines Meteors vergleichbar, den keiner sieht, dessen Wirkung aber noch nach Jahrhunderten festzustellen ist. „Am dritten Tag“ wird das leere Grab entdeckt. Doch führt dies keineswegs zum allgemeinen Glauben an die Auferstehung. Im Gegenteil, es erzeugt Bestürzung und Verwirrung.

„Er erschien“

Historisch faßbar ist nur der Osterglaube der Jünger. Entscheidend dafür ist: Die Zeugen erleben Jesus als Lebenden. Dies geschieht nach Markus (Mk 16,5ff) und Matthäus (Mt 28,16ff) in Galiläa, nach Lukas (Lk 24,36ff) und Johannes (Joh 20,19ff) in Jerusalem, das sie als Ort der Erlösung und Ausgangspunkt der Kirche darstellen wollen.

Den Kern der Osterbotschaft bringt die Offenbarung des Johannes: „Ich war tot, doch nun lebe ich in alle Ewigkeit, und ich habe die Schlüssel zum Tod und zur Unterwelt“ (Offb 1,18). Das besagt: die Zeugen erleben Jesus als *den in die Herrlichkeit des Vaters Erhobenen.* Er kehrt also nicht in das irdische Leben zurück. Er erscheint ihnen wahrhaftig, aber sein Leib ist verklärt und unterliegt nicht mehr irdischen Gesetzen.

Markus umschreibt dies mit den Worten: „(Er) wurde in den Himmel aufgenommen und setzte sich zur Rechten Gottes“ (Mk 16,19). An Jesus ist die *neue Schöpfung* zum unvergänglichen Leben erfolgt, an der einst alle Menschen und die gesamte Natur teilhaben sollen:

> „Verschlungen ist der Tod vom Sieg. Tod, wo ist dein Sieg? Tod, wo ist dein Stachel?“ (1 Kor 15,54f)

Wenn Jesus auch nicht in das irdische Leben zurückkehrt, so ist er *doch in diese unsere Welt hinein auferstanden*, in die Menschheitsgeschichte, und wirkt in der Welt bis an das Ende (Mt 28,20) durch seinen Geist in den Seinen. So ist die Auferstehung ein neuer Anfang des Wirkens Jesu, seines Wirkens in der Kirche und durch die Kirche.

Wie bei jedem Gotteserlebnis läßt sich die Macht des Ostergeschehens an ihrer ungeheuren Wirkung über Jahrhunderte hinweg erkennen: es verwandelt die Zeugen dermaßen, daß sie Verfolgung und Kerker erdulden, ja, für ihr Zeugnis in den Märtyrertod gehen. Bis in unsere Tage ist die ganze Welt von diesem Zeugnis erfüllt. Wie eine Resonanz des Ostererlebnisses klingt der Christushymnus im Kolosserbrief:

> „Er ist das Ebenbild des unsichtbaren Gottes, der Erstgeborene der ganzen Schöpfung. Denn in ihm wurde alles erschaffen im Himmel und auf Erden, das Sichtbare und das Unsichtbare, Throne und Herrschaften, Mächte und Gewalten; alles ist durch ihn und auf ihn hin geschaffen. Er ist vor aller Schöpfung, in ihm hat alles Bestand. Er ist das Haupt des Leibes, der Leib aber ist die Kirche. Er ist der Ursprung, der Erstgeborene der Toten; so hat er in allem den Vorrang. Denn Gott wollte mit seiner ganzen Fülle in ihm wohnen, um durch ihn alles zu versöhnen. Alles im Himmel und auf Erden wollte er zu Christus führen, der Friede gestiftet hat am Kreuz durch sein Blut.“ (Kol 1,15-20)

4. Der Glaube der Kirche

Jesu Tod und Auferstehung, seine Erhöhung und die Sendung seines Geistes sind Kern und Kristallisationspunkt des katholischen Glaubens. Wenn auch das Wirken Gottes durch Christus nicht nach Art der Mathematik „bewiesen“ werden kann, so bedeutet es als geschichtliche Tatsache doch für jeden Menschen eine Aufforderung zu unausweichlicher Entscheidung. Zusammenfassend wird nun versucht, die wesentliche katholische Glaubenssubstanz aufzuzeigen:

Katholischer Glaube ist:

Glaube an Gott:

Gott ist unsichtbar, geistig. Er ist nicht fern wie der Gott des Deismus, sondern gegenwärtig, heute wie je alles durchdringend, belebend und lenkend: Jahwe = „Ich bin da".

Er ist nicht nur ein Gefühl oder eine Idee von Humanität, die erst vom Menschen verwirklicht werden muß, wie der Pantheismus sagt, sondern ein persönlicher Gott, der den Menschen in Freundschaft zugetan ist: ein „Du", das den Menschen liebt, ein Vater. So wird das Bundesverhältnis zum Kindschaftsverhältnis entfaltet.

Er ist ein Gott nicht nur urzeitlicher Ahnungen; er hat sich in die Menschheitsgeschichte hinein geoffenbart und ergreift auch heute immer noch Menschen, um sie in den Bannkreis seiner Liebe zu ziehen.

Glaube an den Gott-Menschen Jesus Christus:

Er ist nicht nur Verkünder einer unübertrefflichen Soziallehre, nicht nur der Idealtyp eines Menschen, sondern der Gott-Mensch, in dem die Herrlichkeit des Vaters aufleuchtet. In Jesus Christus verbindet demnach eine Person zwei Naturen:

> „Unser Herr Jesus Christus ist vollkommen der Gottheit und vollkommen der Menschheit nach, wahrer Gott und wahrer Mensch, bestehend aus einer vernünftigen Seele und dem Leibe. Er ist wesensgleich dem Vater der Gottheit nach, er ist wesensgleich auch uns seiner Menschheit nach, ‚er ist uns in allem ähnlich geworden, die Sünde ausgenommen' (Hebr 4,15)".[1]

Das Johannesevangelium kennzeichnet dieses innergöttliche Verhältnis von Sohn und Vater mit dem Ausdruck „Wort": „Im Anfang war das Wort, und das Wort war bei Gott, und das Wort war Gott" (Joh 1,1ff). Der Vater spricht gleichsam sein göttliches Wesen in einem „Wort" aus, das aber nicht verhallt wie ein menschliches Wort,

1 Konzil von Chalcedon 451

sondern selber „Person" ist, allerdings in ständiger Verbindung mit dem „Vater".

„Ich glaube an den einen Herrn Jesus Christus, Gottes eingeborenen Sohn, unsern Herrn. Er ist aus dem Vater geboren vor aller Zeit: Gott von Gott, Licht vom Lichte, wahrer Gott vom wahren Gott, gezeugt, nicht geschaffen, eines Wesens mit dem Vater" (Glaubensbekenntnis von Nizäa 325 und Konstantinopel 381).

Glaube an Gott, den Geist:

Von ihm spricht Christus in seinen Abschiedsreden:

„Und ich werde den Vater bitten, und er wird euch einen anderen Beistand geben, der für immer bei euch bleiben soll. Es ist der Geist der Wahrheit, den die Welt nicht empfangen kann, weil sie ihn nicht sieht und nicht kennt" (Joh 14,16f).

Er ist die personhafte „Liebe" zwischen Vater und Sohn:

„Ich glaube an den Heiligen Geist, den Herrn und Lebensspender, der vom Vater und vom Sohne ausgeht; er wird mit dem Vater und dem Sohn gleichermaßen angebetet und verherrlicht".[1]

Glaube an den dreieinen Gott:

Im Neuen Testament wird der Monotheismus des Alten Bundes entfaltet zur Offenbarung des einen Gottes in drei Personen. Der eine Gott ist kein einsamer Gott. Er lebt in einem ständigen Dialog der Liebe. Manche sehen bereits im Plural des Schöpfungswortes „Laßt uns Menschen machen" (Gen 1,26) eine Andeutung dieses dreifachen Ich-Du-Verhältnisses in Gott. Wie in obiger Johannesstelle, so werden auch im Sendungsauftrag (Mt 28,19) die drei Personen in Gott benannt: „„...tauft sie auf den Namen des Vaters und des Sohnes und des Heiligen Geistes!"

Über das Verhältnis der drei Personen in einer Natur wurde viel nachgedacht und gerätselt. Jesus betont einerseits seine Wesenseinheit mit dem Vater: „Ich und der Vater sind eins" (Joh 10,30), spricht aber andererseits auch von seiner völligen Abhängigkeit vom Vater:

1 Glaubensbekenntnis von Nizäa und Konstantinopel

„Der Sohn kann von sich aus nichts tun, sondern nur, wenn er den Vater etwas tun sieht. Was nämlich der Vater tut, das tut in gleicher Weise auch der Sohn“ (Joh 5,19).

Das in diesen Worten angedeutete Verhältnis der drei „Personen“ zueinander beschreibt Josef Kardinal Ratzinger folgendermaßen:

„Gott ist als Substanz, als ‘Wesen’, schlechthin eins... Wenn wir dennoch von ihm auch in der Kategorie der Dreiheit reden müssen, so ist damit nicht eine Vervielfachung der Substanzen gemeint, sondern gesagt, daß es in dem einen und unteilbaren Gott das Phänomen des Dialogs, des Zueinander von Wort und Liebe gibt. Dies wiederum bedeutet, daß die ‘drei Personen’, die in Gott bestehen, die Wirklichkeit von Wort und Liebe in ihrer inneren Zugewandtheit aufeinander hin sind. Sie sind nicht Substanzen, Persönlichkeiten im modernen Sinn, sondern das Bezogensein, dessen reine Aktualität die Einheit des höchsten Wesens nicht aufhebt, sondern ausmacht. Augustinus hat diesen Gedanken einmal in folgende Formel gegossen: ‘Vater wird er nicht in Bezug auf sich, sondern nur in der Beziehung zum Sohn hin genannt, auf sich hin gesehen ist er einfach Gott’. Hier kommt das Entscheidende schön zum Vorschein.

‚Vater‘ ist ein reiner Beziehungsbegriff. Nur im Hinsein zu dem anderen ist er Vater, im In-sein selbst ist er einfach Gott. Person ist die reine Relation der Bezogenheit, nichts sonst. Die Beziehung ist nicht etwas zur Person Hinzukommendes wie bei uns, nur als Beziehentlichkeit besteht sie überhaupt.

Mit den Bildern der christlichen Überlieferung ausgedrückt, heißt das: Die erste Person zeugt nicht in dem Sinn den Sohn, als ob zur fertigen Person der Akt des Zeugens hinzukäme, sondern sie ist die Tat des Zeugens, des Sich-Hingebens und Ausströmens, sie ist mit dem Akt der Hingabe identisch. Nur als dieser Akt ist sie Person, also nicht der Hingebende, sondern der Akt der Hingabe, ‘Welle’, nicht ‘Korpuskel’... Mit diesem Gedanken der Beziehentlichkeit in Wort und Liebe, unabhängig vom Substanzbegriff und nicht einzuordnen in die ‘Akzidentien’, hat das christliche Denken den Kern des Personenbegriffs gefunden, der etwas anderes und unendlich mehr als die bloße Idee des ‘Individuums’ besagt. Hören wir noch einmal Augustinus: ‘In Gott gibt es keine Akzidentien, nur Substanz und Relation (Beziehung).“[1]

Augustinus (354-430) sucht das Geheimnis der Dreifaltigkeit mit einem zusätzlichen Vergleich zu erhellen: Der eine Gott in drei Per-

1 Ratzinger: Einführung in das Christentum

sonen kann verglichen werden mit dem menschlichen Geist, der in der Dreiheit von memoria, intelligentia und voluntas – Gedächtnis, Verstand und Wille – in Erscheinung tritt.

Jedoch in all den Formulierungsversuchen der Schrift, der Kirchenväter, der Konzilien und der Theologen wird die Unzulänglichkeit menschlicher Worte und Bilder zur Darstellung göttlichen Wesens deutlich. Letztlich bleibt die Glaubenswahrheit von dem einen Gott in drei Personen für uns Menschen ein Geheimnis, das nur eine Ahnung vom inneren Reichtum und Glück des verborgenen Gottes vermittelt.

Glaube an den Schöpfergott:

Im Sinne der philosophischen Erkenntnis „Bonum est diffusivum sui" („Dem Guten ist es eigen, sich zu verströmen") setzt sich der innertrinitarische Dialog der Liebe in die Schöpfung fort. Die Welt ist nicht aus einer Laune Gottes, gleichsam als sein Spielzeug geschaffen; sie ist Ausfluß seiner überströmenden Liebe: er ist ein Gott für uns, der durch sein Schöpferwort die Welt ins Dasein rief, ein Gott mit uns, der sich in seinem Sohn mit den Sündern solidarisiert, ein Gott in uns, der durch seinen Geist das Heil der Menschen wirkt.

Glaube an die Kirche:

Ist die Welt Stoffwerdung eines göttlichen Gedankens und Christus Inkarnation – Fleischwerdung – des göttlichen Wortes, so ist die Kirche Inkarnation des Gottesgeistes in einer Vielzahl von Menschen so, daß er in ihnen die Wahrheit erhält und das göttliche Leben wirkt.

Christus zeigt diesen Zusammenhang im Gleichnis vom Weinstock (Joh 15,1ff) und Paulus im Bild vom „Geheimnisvollen Leib Christi" (1 Kor 12,12ff).

Aus solchem in Schrift und Tradition begründeten Selbstverständnis nennt sich die Kirche:

- die *eine*, d.h. die einzige von Christus gestiftete und die durch Papsttum und Lehramt in Organisation und Glaube geeinte Kirche;

- die *heilige* durch das Wirken des Gottesgeistes in ihren Sakramenten;
- die *katholische*, d. h. die Kirche, die „auf's Ganze" geht sowohl in der Erfassung des einzelnen Menschen, als auch in ihrem Streben, das göttliche Heil der gesamten Menschheit zu bringen;
- die *apostolische*, die sich zurückverfolgen läßt bis zu den Aposteln und die nicht durch Spaltung entstanden ist.

Glaube an den Erlöser-Gott:

Für die Menschheit bedeutet der christliche Gott Erlösung, welche ihrer tiefsten Sehnsucht nach Freiheit, Friede und Leben entgegenkommt. Diese Befreiung beginnt mit der Erlösung des Menschen von sich selbst, d. h. von seinem Egoismus, von der Sünde. So wird der Name Jesus bereits von der Schrift selbst interpretiert: „Ihm sollst du den Namen Jesus geben, denn er wird sein Volk von seinen Sünden erlösen" (Mt 1,21). Diesen Gedanken bringt auch die Osterbotschaft: „Jesus sagte noch einmal zu ihnen: Friede sei mit euch! ... (er) hauchte sie an und sprach zu ihnen: Empfangt den Heiligen Geist! Wem ihr die Sünden vergebt, dem sind sie vergeben" (Joh 20,21ff). Von dieser grundlegenden Erlösung her soll dann die Befreiung weiterwirken in alle menschlichen Bezüge hinein: „Ich bin gekommen, damit sie das Leben haben und es in Fülle haben" (Joh 10,10) – „Denn Gott hat die Welt so sehr geliebt, daß er seinen einzigen Sohn hingab, damit jeder, der an ihn glaubt, nicht zugrunde geht, sondern das ewige Leben hat" (Joh 3,16).

Glaube an das ewige Leben:

Nicht als Fortdauer in menschlichen Werken oder der Erinnerung anderer, nicht als Fortleben in der Nachkommenschaft, nicht als Aufgehen in einem Nirwana des Unpersönlichen, sondern personales, bewußtes Fortleben in *der Liebe Gottes* und der Gemeinschaft der Heiligen: „Ich bin die Auferstehung und das Leben. Wer an mich glaubt, wird leben..." (Joh 11,25ff).

Auf solcher Glaubensbasis erhält das Leben des Menschen einen tragenden Sinn; auf solcher Basis beruht eine – nicht von Menschen erdachte, sondern – von Gott gesetzte Norm für Gut und Böse und damit eine letztbegründete Sittlichkeit.

Eine solche Basis ermöglicht eine tatsächliche Gesellschaftsveränderung durch Buße und Gnade, die nicht erst nach einer utopischen Weltrevolution erfolgt, sondern bereits jetzt überall dort real werden kann, wo man aus dem Geiste Christi lebt. – Auf solcher Basis ruht die letzte Hoffnung der Menschheit.

5. *Katholischer Glaube als Ganzheit*

Bei vielen Menschen, auch Christen und vor allem jungen Christen, ist die Meinung verbreitet, jeder könne sich seinen Glauben selber je nach Einsicht und Geschmack zusammenbauen oder zusammenbrauen. Man wählt sich aus dem christlichen Glaubensgut oder gar aus einer Anzahl von Religionen das aus, was einem persönlich gefällt. Manche versteifen sich dabei auf die Behauptung: „Das ist meine Überzeugung." Sie übersehen, daß es sich bei unserem Glauben nicht um menschliche Einsichten, sondern um göttliche Offenbarung handelt. Diese kann man nur als Ganzes annehmen oder als Ganzes ablehnen. Alles andere nennt man Eklektizismus oder Häresie.

Gewiß, das Vaticanum II spricht von einer Hierarchie der Wahrheit:

> „Beim Vergleich der Lehren miteinander soll man nicht vergessen, daß es eine Rangordnung oder 'Hierarchie' der Wahrheiten innerhalb der katholischen Lehre gibt, je nach der verschiedenen Art ihres Zusammenhanges mit dem Fundament des christlichen Glaubens."[1]

In peripheren Dingen des Glaubens kann man natürlich geteilter Meinung sein: ob einer z. B. an Marienerscheinungen glaubt, Ablässe gewinnt, auf diese oder jene Art betet, ist seiner persönlichen Ein-

1 Vat. II: Dekret über den Ökumenismus Nr. 11

sicht und seinem Geschmack anheimgestellt. Es gibt aber auch „Fundamente des christlichen Glaubens", bei denen nur die Entscheidung möglich ist: Alles oder nichts. Dies ist letztlich eine Entscheidung für oder gegen Christus als Sohn Gottes. Handelte es sich um menschliche Lehren, könnte man nach eigener Einsicht wählen; eine göttliche Offenbarung aber muß als Ganzes angenommen werden, auch in jenen Bereichen, die noch uneinsehbar oder unangenehm erscheinen. Anderenfalls glaubt man nicht Gott, sondern nur der eigenen Einsicht.

Christus läßt in dieser Hinsicht nicht mit sich feilschen:

> „Amen, das sage ich euch: Bis Himmel und Erde vergehen, wird auch nicht der kleinste Buchstabe des Gesetzes vergehen, bevor nicht alles geschehen ist. Wer auch nur eines von den kleinsten Geboten aufhebt und die Menschen so lehrt, der wird im Himmelreich der Kleinste sein. Wer sie aber hält und halten lehrt, der wird groß sein im Himmelreich" (Mt 5,18).

Der Apostel Paulus bringt seine Sorge um den Glauben der Galater zum Ausdruck:

> „Ich bin erstaunt, daß ihr euch so schnell von dem abwendet, der euch durch die Gnade Christi berufen hat, und daß ihr euch einem anderen Evangelium zuwendet. Doch es gibt kein anderes Evangelium, es gibt nur einige Leute, die euch verwirren und die das Evangelium Christi verfälschen wollen. Wer euch aber ein anderes Evangelium verkündigt, als wir euch verkündigt haben, der sei verflucht, auch wenn wir selbst es wären oder ein Engel vom Himmel" (Gal 1,6ff).

Zum Wesen der Wahrheit gehört, daß sie „intolerant" ist. Aus Respekt vor der Personwürde und aus Nächstenliebe sind wir verpflichtet, gegenüber Menschen, die ehrlich ihre Überzeugung vertreten, Toleranz zu üben. Das darf jedoch nicht zum *Indifferentismus* führen, d.h. zu der Auffassung, es gebe nur subjektive Wahrheiten und deswegen seien alle weltanschaulichen Überzeugungen gleich wahr und gut. Augustinus sagt: „Tötet die Irrtümer – liebet die Irrenden!"

Daher besteht auch ein grundlegender *Unterschied zwischen Religionsunterricht und Ethikunterricht.* Gewiß, auch der Religionsunterricht muß Ansichten Andersdenkender und Andersgläubiger zu Wort kommen lassen und sich damit auseinandersetzen. Während jedoch der Religionsunterricht von einer objektiven, göttlichen und für den Menschen verbindlichen Wahrheit ausgeht, kann der Ethikunterricht nur menschliche Einsichten und Meinungen – vergleichende Religionswissenschaft – zur unverbindlichen Auswahl anbieten. Die Wahrheit Christi und der Skeptizismus eines Pilatus sind jedoch unvereinbar:

Christus: „Ich bin dazu geboren und dazu in die Welt gekommen, daß ich für die Wahrheit Zeugnis ablege. Jeder, der aus der Wahrheit ist, hört auf meine Stimme." Pilatus sagte zu ihm: „Was ist Wahrheit?" (Joh 18,37)

III. Glaubenskrisen

Glaubenskrisen sind – wie bereits erwähnt – zumindest in bestimmten Lebensabschnitten oder durch bestimmte Erlebnisse die Regel. Die überaus zahlreichen Glaubenskrisen, die auf Unkenntnis oder Sünde beruhen, sollen uns hier nicht beschäftigen. Im folgenden soll nur die Rede sein von Schwierigkeiten, die ihre Hauptursache nicht in persönlicher Schuld des einzelnen haben.

1. Der verborgene Gott

Den Menschen fiel von jeher das Ja zum verborgenen Gott schwer, besonders aber dem durch Positivismus geistig eingeengten Menschen.

Bereits in der Berufungsgeschichte Abrahams wird die Verborgenheit Gottes angedeutet: „Geh deinen Weg vor mir!“ (Gen 17,1). Und nachdem das Volk Israel jahrhundertelang unter der Knute der Ägypter von seinem Gott scheinbar im Stich gelassen worden war, erfährt Moses vor dem brennenden Dornbusch den Namen Gottes „Ich bin da“. Trotz der wunderbaren Errettung aus der Knechtschaft und dem Gotteserlebnis am Sinai fällt das Volk wiederum vom Glauben an den Unsichtbaren ab und fordert einen sichtbaren Gott. Aufgrund solcher Erfahrung errichtet Moses das heilige Zelt und führt den Sabbatgottesdienst ein, um so den Glauben an den unsichtbaren Gott lebendig zu halten.

An dieser Situation hat auch die Menschwerdung des Sohnes Gottes nichts geändert. Gott will eben den Menschen nicht zum Glauben zwingen. Er soll zunächst auf Grund von vielen und vielfältigen Bekundungen Gottes und dessen Gnadenimpuls in freier Entscheidung den Glauben und das Leben aus dem Glauben wagen und bekommt *letztmögliche Evidenz im Nachhinein*: „Wer bereit ist, den Willen Gottes zu tun, wird erkennen, ob diese Lehre von Gott stammt“ (Joh 7,17). Erst durch ein konsequentes Leben nach dem Glauben erhellt und verdichtet sich der Glaube bis zu dem Bewußtsein: „… in ihm leben wir, bewegen wir uns und sind wir“ (Apg 17,28).

Aber gibt es dann wenigstens *Menschen, in deren beispielhaftem Leben Gott aufleuchtet?* Wenn auch – unter Berücksichtigung der späteren Möglichkeit einer Bekehrung – „viele auf dem breiten Weg ins Verderben gehen und nur wenige den schmalen Weg zum Leben finden“ (Mt 7,13f): Die wenigen gibt es allenthalben und zu jeder Zeit und zwar nicht nur die von der Kirche als Heilige verehrten, sondern auch die Heiligen des Alltags unter uns. Freilich wollen die „Vielen“ aus verständlichen Gründen sie nicht zur Kenntnis nehmen.

Und warum tritt Gott nicht wenigstens aus seiner Verborgenheit dadurch hervor, daß er *das Leid Unschuldiger und das Böse* verhindert? Oder anders formuliert: „Kann man nach Auschwitz noch an Gott glauben?“ Dies ist wohl der schwerwiegendste Einwand gegen die Existenz eines allweisen, allmächtigen und gütigen Gottes. Er findet sich schon bei Epikur (341 – 270 v.Chr.):

> „Entweder will Gott die Übel beseitigen und kann es nicht, oder er kann es und will es nicht, oder er kann es und will es. Wenn er nun will und nicht kann, ist er schwach, was auf Gott nicht zutrifft. Wenn er kann und nicht will, dann ist er mißgünstig, was ebenfalls Gott fremd ist. Wenn er nicht will und nicht kann, dann ist er sowohl mißgünstig wie auch schwach und dann auch nicht Gott. Wenn er aber will und kann, was allein sich für Gott ziemt, woher kommen dann die Übel und warum nimmt er sie nicht weg?“

Diese Argumentation beruht auf einer Verniedlichung der Gottesvorstellung und einer Reduzierung des Menschenbildes um die Dimension der Freiheit und Unsterblichkeit:

Seit dem Sündenfall des Menschen stellen Leid und Naturkatastrophen für die Menschen eine gewaltige Herausforderung dar. Aber was wäre eine Welt, in der es nichts mehr zu forschen und zu vollenden gäbe? Schließlich haben wir hier „keine bleibende Stätte“; durch die Unvollkommenheit der gegenwärtigen Schöpfung sollen wir deren Vorläufigkeit vor Augen haben und in der Erwartung künftiger Vollendung leben.

Die Erde ist ein „Tal der Tränen“ und das Leid Unschuldiger schreit zum Himmel. Gott ist den Menschen nahe, aber nicht wie ein Kindermädchen. In *Christus* nahm er selbst tiefste Erniedrigung, Schmach und Kreuz auf sich und *erwartet von den Seinen* ebenso *die*

Bewährung im Leid: „Wer nicht sein Kreuz auf sich nimmt und mir nachfolgt, ist meiner nicht würdig“ (Mt 10,38). Zudem ist das Leid ein Mittel zu geistiger und charakterlicher Reife: „Wer nicht gelitten hat, was weiß denn der?“[1]

Aber sollte Gott nicht die Bosheit der Menschen, die soviel Leid und Elend schafft, verhindern? Gott nimmt das Böse als Möglichkeit zum Mißbrauch der Freiheit in Kauf. Ohne Freiheit wäre der Mensch nicht Mensch, unfähig zum Guten, unfähig zur Liebe, unfähig zur freien Partnerschaft mit Gott. So wenig Sinn es hätte, daß Gott einen viereckigen Kreis machen würde, so sinnlos wäre es, den Menschen die Freiheit zu geben und gleichzeitig deren Mißbrauch zu verhindern. Das Böse ist also der *Preis für Freiheit und Liebe.*

Schließlich dürfen wir das Leiden nicht nur im Rahmen unseres diesseitigen Lebens sehen, sondern mit dem Blick des Glaubens auf einen jenseitigen gerechten *Ausgleich im ewigen Leben.* Dadurch erhält das Leiden des Gläubigen einen tragenden Sinn und unterscheidet sich wesentlich vom Leiden der „anderen, die keine Hoffnung haben“ (1 Thess 4,13).

Diese und ähnliche Gedanken können nur Ansatzpunkte rationaler Auseinandersetzung mit dem Problem des Übels sein. Ein irrationaler Rest bleibt. Letztmögliche Lösung und Erlösung bringt die Gemeinschaft mit dem Gekreuzigten· und Auferstandenen.

„Wir wissen, daß Gott bei denen, die ihn lieben, alles zum Guten führt“ (Röm 8,18-30).

„Jetzt freue ich mich in den Leiden, die ich für euch ertrage. Für den Leib Christi, die Kirche, ergänze ich in meinem irdischen Leben das, was an den Leiden Christi noch fehlt“. (Kol 1,24f)

Solche Bewältigung des Leides erwächst aus dem christlichen Gottesbezug.

1 Seneca

2. *Spaltungen in der Christenheit*

Ein enorm großer Schaden für Christenheit und Menschheit liegt in der Spaltung der Christen in Konfessionen und Sekten. Sie haben nicht nur enorme Blutopfer in Religionskriegen gefordert, sie machen auch heute noch das Christentum unglaubwürdig, besonders in den Missionsländern und wirken hinein bis in die Privatsphäre vieler Millionen Menschen. Wer aber meint, daß Glaubensspaltungen in erster Linie auf unterschiedlichem Glaubensverständnis beruhen, der täuscht sich. Die tiefsten Ursachen der großen und folgenschweren Spaltungen liegen in den Sünden auf beiden Seiten. Das läßt sich historisch belegen.

a) Das morgenländische Schisma

Das große *morgenländische Schisma* (1054) bedeutete lediglich eine Trennung von Rom. Von peripheren Kleinigkeiten abgesehen unterscheidet sich der Glaube der Orthodoxen[1] nicht von dem der römischen Kirche. Ursachen der Trennung waren politische Ressentiments, eitler Ehrgeiz und Sturheit auf beiden Seiten. Zur Zeit der Türkennot unterzeichneten Kaiser und Patriarch von Konstantinopel mit einem großen Gefolge von Theologen und Abgesandten anderer Patriarchate 1439 zu Florenz ein Unionsdekret mit den Abendländern. Jedoch einige Patriarchen, vor allem aber Mönche und Nonnen, hetzten das Volk mit der Parole auf: „Lieber die Türken als Rom!“ 1453 zog Sultan Mehmed Fatih II. feierlich in Konstantinopel ein und bestimmte die Hagia Sophia zur Moschee. Heute ist die von Rom getrennte Ostkirche in rund 20 selbständige (autokephale) Kirchen gespalten.

1 Rechtgläubigen

b) Die Reformation

Martin Luther (1483-1546) wollte zunächst nur eine *Reformation* und keine Kirchentrennung. Am Dreifaltigkeitsfest 1518 schrieb er an den Papst:

> „Ich falle Eurer Heiligkeit zu Füßen und übergebe mich Euch samt allem, was ich bin und habe ... Eure Stimme werde ich als die Stimme Christi anerkennen, der in Euch regiert und redet.“[1]

Luthers Ideen, die übrigens zum größten Teil 150 Jahre früher schon John Wiclif (1324 – 1384) vorgetragen hatte, fielen wie ein Funke in das Pulverfaß der Mißstände jener Zeit. Die Hofhaltung der Renaissancepäpste und grobe Mißstände an der Kurie gereichten zu allgemeinem Ärgernis. Die Bischofssitze, Domkapitel und Abteien waren „Spitäler“ für die nachgeborenen Söhne des Adels. Arm und von geringer Bildung war der niedere Klerus. Natürlich wirkte das schlechte Beispiel der „Junker Gottes“ verheerend auf das „Geistliche Proletariat“ der Pfarrer und Mönche, so daß die Seelsorge sehr im argen lag und das Volk weithin religiös unwissend war. Unzufrieden waren auch die Städter nicht zuletzt wegen der kirchlichen Abgaben. Selbstverständlich gab es in jener Zeit auch tadellose Geistliche und gutgesinnte Fürsten und Bürger; aber aufs Ganze gesehen herrschte allgemeine Unzufriedenheit.

So waren es denn auch nicht in erster Linie die zum Teil wohlberechtigten theologischen Anliegen Luthers, die auf die Massen wirkten, sondern Thesen wie jene, die vom Papst sprachen, der „reicher ist als der reichste Krösus“ und vom „Geld der armen Gläubigen“[2]. Solche Worte zündeten, so daß Luther 1518 schreiben konnte: „Wenn diese meine Thesen, wie sonst keine von meinen anderen fast in alle Lande hinausgegangen sind, so ist mir das selbst ein Wunder.“ Der Mönch von Wittenberg war über Nacht zum Helden der Nation geworden. Vollends seine Schrift „An den christlichen Adel deutscher Nation von des christlichen Standes Besserung“ (August 1520) war

1 Alfred Läpple: Martin Luther. München und Zürich 1982. S. 98

2 Aus der 86. „Wittenberger“ These. In: Alfred Läpple: Martin Luther. S. 143

eine Fanfare zum Angriff auf den ganzen Besitz des Papsttums: „Die Reichsfürsten sollten die Gewalt über die Kirchen erhalten, eine unabhängige Nationalkirche errichten, die finanziellen Leistungen an Rom, den Zölibat abschaffen."

Wenn man bedenkt, daß sich damals fast ein Drittel deutschen Bodens in Kirchenbesitz befand, wird der „Reformeifer" vieler Fürsten und Städte noch verständlicher. Mit Hadrian VI. (1522 – 1523) kam ein tadelloser und reformwilliger Papst an die Regierung der Kirche. Er ließ am 3. Januar 1523 auf dem Reichstag zu Nürnberg durch den Legaten Franz Chieregati ein Schuldbekenntnis verlesen:

> „Du (d. h. der Legat) sollst auch sagen, daß wir es frei bekennen, daß Gott diese Verfolgung der Kirche geschehen läßt wegen der Menschen und sonderlich der Priester und Prälaten Sünden … Wir wissen wohl, daß auch bei diesem Heiligen Stuhl schon seit manchem Jahr viel Verabscheuungswürdiges vorgekommen … Deshalb sollst du in unserem Namen sprechen, daß wir allen Fleiß anwenden wollen, damit zuerst der römische Hof … gebessert werde …"[1]

Hadrian machte sich in Rom verhaßt und fand in Deutschland kein Echo. Luther schrieb damals das Pamphlet: „Der Papstesel". Nach dem Tod Hadrians schrieb man an das Haus seines Arztes: „Das römische Volk grüßt den Befreier des Vaterlandes."

Ein Brief des Nürnberger Willibald Pirckheimer (1470 – 1530) an den Wiener Baumeister Johann Tscherte aus dem Jahre 1530 macht deutlich, daß der Gedanke einer echten Reform bei vielen nur eine untergeordnete Rolle spielte und auf beiden Seiten persönliche Interessen im Vordergrund standen:

> „Ich bekenne, daß ich anfänglich auch gut lutherisch gewesen bin, wie unser Albrecht[2] selig. Denn wir hofften, die römische Büberei, desgleichen der Mönche und Pfaffen Schalkheit sollte gebessert werden; aber so man zusieht, hat sich die Sache so verschlimmert, daß die evangelischen Buben jene Buben fromm erscheinen lassen … Wenn ihr um uns wäret und sähet das schändliche, böse und sträfliche Wesen, so die Pfaffen und ausgelaufenen Mönche treiben, würdet Ihr Euch zum höchsten verwundern … Der gemeine Mann ist also durch dieses Evangelium unterrichtet, daß er an nichts anderes denkt, als wie eine allgemeine Teilung geschehen könnte … so er sieht, daß man nicht alle Dinge teilen und gemein machen will, wie er bisher gehofft hat, flucht er dem Luther und allen seinen Anhängern … Dies alles schreibe ich nicht darum, daß ich des Papstes, seiner Pfaffen

1 Alfred Läpple: Martin Luther.

2 Gemeint ist Albrecht Dürer (1471 - 1528).

und Mönche Wesen loben wollte ... Es ist aber leider offenbar, daß das andere Wesen auch keineswegs also Bestand mag haben ... Die Papisten sind doch zum mindesten unter sich selbst eins; aber die, so sich evangelisch nennen. sind aufs höchste untereinander uneins und in Sekten zerteilt ...“[1]

Man könnte die Reformationsgeschichte weiterverfolgen mit allen politischen Komplikationen, Intrigen und Zwangsbekehrungen, oder beispielsweise die Trennung der englischen Kirche (1534) unter Heinrich VIII. (1509 – 1547). Stets gelangt man zu dem gleichen Ergebnis: Es ist müßig, die Schuld der einen Seite gegen die Schuld der anderen abzuwägen. Entscheidend ist: Es war nicht in erster Linie verschiedenes Glaubensverständnis, sondern Schuld. Besonders betrüblich aber ist die Tatsache, daß es nicht bei der einen oder anderen Abspaltung blieb, sondern daß wir heute Hunderte von christlichen Kirchen und Sekten haben.

c) *Unterscheidungslehren*

Naturgemäß stellt sich nun die Frage: Worin bestehen die Glaubensunterschiede zwischen der katholischen und der evangelischen Kirche? Der Katholik ist vielfach der Meinung, daß dem katholischen Glaubensverständnis ein einheitliches evangelisches gegenüberstehen würde. Das trifft jedoch nicht zu. Auf der Leipziger Disputation (1519) lehnte Luther nämlich jede kirchliche Lehrautorität ab und billigte jedem Leser der Heiligen Schrift die Erkenntnis des wahren Sinnes, des „lauteren Evangeliums“, zu.

Dadurch kam es schon bald zu erheblichen Glaubensdifferenzen im reformatorischen Lager. Von der unterschiedlichen Deutung des Wörtleins εστιν („ist“) war bereits die Rede. Später lehrte Johann Calvin (1509 – 1564), daß beim Genuß des Abendmahles vom himmlischen Christus eine Kraft auf den Empfänger überströme. Dies ist nur ein Beispiel der vielfältigen Lehrverästelungen, die von Luthers Sola-scriptura-Lehre ihren Ausgang nahmen. Daher kann hier nur auf die wesentlichsten Grundanschauungen der Reformatoren hingewiesen werden:

---

1 Vgl. Alfred Läpple: Kirchengeschichte in Dokumenten

Beide Hauptrichtungen des Protestantismus haben die wesentlichen Grundlagen Luthers gemeinsam:[1]

Die Rechtfertigung aus dem Glauben allein (sola fides).

Gemeint ist hier nicht Glaube im katholischen Sinn, „der in der Liebe wirksam ist“ (Gal 5,6), sondern ein „Fiduzialglaube“ des reinen Vertrauens auf Gottes Barmherzigkeit.

Die Lehre, daß die Bibel die einzige und sich selbst genügende Glaubensnorm ist (sola scriptura).

Damit wird die christliche Lehrtradition, welche die Hl. Schrift ergänzt und erklärt, wie das Urchristentum sie verstand, abgelehnt. Desgleichen ein glaubensverbindliches kirchliches Lehramt.

Die Knechtung des Willens durch die Erbsünde, so daß der Mensch unfähig ist im Zusammenwirken mit Gottes Gnade durch gute Werke das ewige Heil zu erlangen. Dieses ist reine Gnade (sola gratia).

Weil jedoch der Jakobusbrief lehrt, daß der „Glaube ohne Werke tot ist“(Jak 2,26), nannte ihn Luther eine „ströherne Epistel“ und entfernte ihn aus dem Kanon des Neuen Testaments.

Ablehnung der Sakramente mit Ausnahme von Taufe und Abendmahl.

Letzteres ist jedoch nicht gleichzusetzen mit dem Meßopfer, weil Luther den Opfercharakter der Eucharistie geleugnet und das Weihepriestertum abgeschafft hat. Nach evangelischem Verständnis erfolgt die Gegenwart Christi im Brot im Augenblick des Genusses durch den Glauben des Empfängers.

Trotz gemeinsamer Grundlagen bestehen zwischen Luthertum und Calvinismus wesentliche Unterschiede. Luthers Grundanliegen war das Heilsstreben des Menschen; Calvins Denken drehte sich ausschließlich um die Herrlichkeit Gottes, der als der alles allein Wirkende durch die Verwerfung der nicht Auserwählten in seiner absoluten Majestät ebenso verherrlicht wird wie durch die Beseligung der zum Heil Prädestinierten.[2] Da der reformierte Protestantismus Cal-

1 Nach: Konrad Algermissen: Kirchengeschichte

2 Prädestination = Vorherbestimmung

vins in einer gemäßigten Form auch zum Bekenntnis der anglikanischen Kirche und ihrer Auszweigungen und Neubildungen wurde, erreichte er ein großes Verbreitungsgebiet. Von den etwa 210 Millionen Seelen, die der Weltprotestantismus zählt, gehören rund zwei Drittel zur reformierten Richtung.

Aus den dargelegten Unterschieden im Glaubensverständnis katholischer und evangelischer Christen ergeben sich diese Schlußfolgerungen: Die evangelische Taufspendung wird auch von der katholischen Kirche als gültige Aufnahme in die Kirche Christi anerkannt. Der evangelische Wortgottesdienst – auch mit Abendmahl – ist kein Ersatz für die Sonntagsmesse. Der Empfang des Abendmahls durch einen Katholiken bedeutet für diesen Verleugnung seines Glaubens an die Eucharistie.

Wenn in einer konfessionsverschiedenen Ehe ein Kind evangelisch getauft und erzogen wird, werden ihm wesentliche Gnadenhilfen für sein religiöses Leben vorenthalten; bei katholischer Erziehung entbehrt das Kind nichts von dem, was ihm von evangelischer Seite geboten würde. Daher ist es Gewissenspflicht des katholischen Partners für die katholische Taufe und Erziehung seiner Kinder Sorge zu tragen.

Zusammenfassend könnte man die theologischen Auswirkungen der Reformation als eine Entleerung des Begriffes „Kirche“ bezeichnen:

> „Die Reformation wurde der Anfang eines Zerstörungswerkes und lieferte die heiligen Bücher an jedermann aus; damit gerieten sie endlich in die Hände der Philologen, das heißt der Vernichter jeden Glaubens, der auf Büchern ruht. Sie zerstörte den Begriff „Kirche“, indem sie den Glauben an die Inspiration wegwarf: Denn nur unter der Voraussetzung, daß der inspirierende Geist, der die Kirche gegründet hat, in ihr noch lebe, noch baue, noch fortfahre sein Haus zu bauen, behält der Begriff „Kirche“ seine Kraft.“[1]

d) Die ökumenische Bewegung

In den letzten Jahrzehnten, besonders nach dem Vaticanum II, erwachte das Bewußtsein ursprünglicher und gottgewollter Einheit

1 Friedrich Nietzsche: Die fröhliche Wissenschaft

wieder. Allenthalben begeistern sich vor allem Jugendliche für die ökumenische Bewegung.

Viele stellen sich allerdings eine ökumenische Einigung zu einfach vor: „Wenn jede Seite etwas nachgibt, dann muß doch ein Kompromiß zu finden sein". Leider ist dem nicht so:

Das erste Problem ist: *Mit wem soll man sich einigen?* – Auf Grund der Lehre von der Bibel als alleiniger Glaubensnorm war der Protestantismus schon zu Luthers Zeiten gespalten, heute gibt es Hunderte von Denominationen und Sekten. Auch in den evangelischen Großkirchen herrschen unterschiedliche Glaubensüberzeugungen. Vor einigen Jahren erstellten evangelische und katholische Bibelgelehrte eine Einheitsübersetzung der Heiligen Schrift; allgemein benutzt wird sie aber nur in der katholischen Kirche. Und jeder Kompromiß mit den Protestanten würde die Kluft zu den Orthodoxen vertiefen.

Die größte Schwierigkeit besteht darin, *daß die Wahrheit keine Kompromisse duldet.* Freilich könnte – grob gesprochen – durch Preisgabe des Primates mit den Orthodoxen, durch Aufgabe des kirchlichen Lehramtes mit den Protestanten, durch Verzicht auf die Lehre von der heiligen Dreifaltigkeit mit den Mohammedanern und durch Leugnung der Gottheit Christi sogar mit den Atheisten eine Einigung erzielt werden. Über Mißstände, Organisationsfragen oder Gottesdienstgestaltung läßt sich reden, aber jeder Kompromiß hinsichtlich des geoffenbarten Glaubens wäre eine Preisgabe göttlicher Wahrheit.

Glaubensunterschiede kann man nicht einfach übergehen oder vertuschen, so, als ob man eine eitrige Wunde nur mit einem Pflaster überdeckte. Eine solche Schein-Einheit wäre nicht von Dauer. Wegen des grundverschiedenen Eucharistieverständnisses kann die Kirche auch die sogenannte Interkommunion oder „eucharistische Gastfreundschaft" nicht billigen.

Gemeinsam zu beten und zu arbeiten, ist möglich. Zur Überwindung der Spaltungen ist aber letzten Endes eine Bekehrung nötig.

3. Der praktische Atheismus

Werden und Wesen des rationalistischen und des systematischen Atheismus wurden bereits skizzenhaft besprochen. In den folgenden Abschnitten soll nun der Atheismus gezeichnet werden, wie er uns hier und heute begegnet.

a) Das moderne Gesicht des Atheismus

In unserer westlichen Welt haben wir es weniger mit dem akademischen Atheismus der Aufklärer zu tun oder der kämpferischen Gottlosigkeit, sondern verstärkt mit einem Verwirrspiel von abertausend Eindrücken Tag für Tag, das die wesentlichen Dinge aus dem Bewußtsein des Menschen verdrängt; der Atheismus unserer Tage gleicht einem schleichenden Gifthauch, der süß und unmerklich den Wohlstandsbürger einlullt und seinen Glauben erstickt:

> „Da ist einmal die Zahl derer, *die mit ‚Gott'*, so wie sie ihn sich vorstellen, *nichts anfangen können*. Gott? Er hat keine Funktion, keine Aufgabe und keine Bedeutung im Alltag des Lebens. Im Sonntagsanzug gleichsam, bei festlichen und feierlichen Begebenheiten wird er gelegentlich noch gebraucht. Aber sonst? Dort, wo der Alltag des Lebens gelebt werden muß, wo die Eintönigkeit der Arbeit und die Routine den Werktag beherrschen, dort wo das Nächstliegende das Dringlichste ist, dort scheinen Gott und der Glaube an ihn belanglos ...
>
> Ein anderes Gesicht zeigt der moderne Unglaube bei jenen, *die der Wissenschaftsgläubigkeit* unserer Zeit *verfallen sind*. Sie möchten auf nichts hereinfallen, wollen an nichts glauben, was nicht im strengen Sinn beweisbar und nachprüfbar ist ... man glaubt nicht mehr wie im 18. und 19. Jahrhundert, daß man die Nichtexistenz Gottes beweisen könne. Aber umgekehrt will man auch keine Beweise für die Existenz Gottes anerkennen und gelten lassen. Man ist skeptisch, mißtrauisch. Man resigniert und versagt sich die Entscheidung für Gott oder gegen Gott ... Diese Haltung „Kann sein" oder „Kann nicht sein" führt dann wiederum zum praktischen Unglauben ...
>
> Und noch etwas scheint mir in diesem Zusammenhang wichtig. Wir erleben es, daß andere anders denken. Daß anderen das, was uns wie selbstverständlich vorkommt, unverständlich ist und daß es uns umgekehrt genauso ergeht. ... Fragen drängen sich auf. *Wie soll man sich für gescheiter*, anständiger oder verantwortungsbewußter *halten als die übrigen Menschen?* Wie soll man gerade sich selbst die Chance zuerkennen, unter den vielen Weltanschauungen, die man vorfindet, ausgerechnet die richtige erwischt zu haben? ... Darf man annehmen, durch „Zufall" das große Los der richtigen Weltanschauung, des wahren Glaubens gezogen zu haben? – Dann läßt man es eben. Weil man nicht alle Wege gehen kann, geht man keinen ...
>
> Dann gibt es immer wieder diejenigen, *die angesichts des Leids*, der Not, des Elends, der Ungerechtigkeit in der Welt *an Gott verzweifeln*. – Und da sind nicht zuletzt jene, die sich

vom eigentlich christlichen Glauben entfremdet haben. Sie verlieren den Kontakt zur Kirche, sie gehen stillschweigend und ohne Protest, verlassen die Gemeinschaft der Glaubenden. Und dann kommt, was kommen muß: Mit dem Verlust des Glaubens an Jesus Christus verliert sich auch der Glaube an Gott, ohne daß man einen ausdrücklichen Entschluß gefaßt hätte, ohne daß man es „eigentlich" gewollt hätte."[1]

b) *Atheismus und Scheinatheismus Jugendlicher*

Es handelt sich hier um Lebenshaltungen und Lebenskrisen, mit denen wir täglich konfrontiert werden, sei es bei Klassenkameraden, auf Parties, am Arbeitsplatz, vielleicht sogar im eigenen Familienkreis oder bei Menschen, die uns persönlich viel bedeuten.

Das ist zunächst der *Ignoranzatheismus*. Mancher, der sich als Atheist bezeichnet, ist nicht ungläubig, sondern unwissend. So kommt er aus Mangel an Information zu Kurzschlüssen.

Der *Arroganzatheismus*. Er entspringt der menschlichen Eitelkeit, die keine letzte Autorität über sich anerkennen will: „Wenn es Götter gäbe, wie hielte ich es aus, kein Gott zu sein!" (Nietzsche)

Den *utilitaristischen Atheismus* treffen wir sehr häufig in unserer Wohlstandsgesellschaft: Was keinen Augenblicksnutzen einbringt, ist uninteressant. Der Glaube wird abgelehnt, weil er Forderungen stellt, nicht weil er unvernünftig wäre. Daher haben solche Utilitaristen auch am Religionsunterricht kein Interesse.

Zur Gewissenserforschung sollte uns der *Protestatheismus* anregen. Sind es doch viele, die berechtigter- oder unberechtigter Weise Anstoß an Kirche, Priestern, Gläubigen, oft an ihren eigenen Angehörigen nehmen, vor allem, wenn diese die religiöse Erziehung erzwingen wollen.

Der *idealistische Atheismus* findet sich bei solchen, die im Atheismus aufgewachsen sind, oder die von unchristlichen Erscheinungsformen der Christenheit enttäuscht wurden. Aus mangelndem Realitätssinn unterscheiden sie nicht zwischen Fehlern der Christen und dem Christentum. Bei ihnen tritt an Stelle des Glaubens ein Idol (z. B. die Partei), das mit religiöser Hingabe erfaßt wird. Im Grunde wir-

---

1 P. Karl-Heinz Weger S. J., Zeitungsartikel

ken solche Idole freilich nur deshalb, weil sie irgendeinen christlichen Kern, wenn auch verdeckt und verfälscht, in sich bergen.

Eine Krisenerscheinung der geistigen Entwicklung ist der *Pubertätsatheismus*. Er schließt die eben genannten Elemente mehr oder minder ein. In dieser Entwicklungskrise halten sich junge Menschen für Atheisten, obwohl sie im Grunde Suchende sind, die nur vorübergehend keinen Weg mehr sehen. Wie ein Schmetterling sich entpuppt, so muß in der Zeit geistigen Reifens das kindliche Welt- und Glaubensbild abgestoßen werden und einer vertieften, vergeistigten Gottesauffassung weichen. Gott ist nicht tot, er ist nur anders als man ihn sich bislang vorgestellt hat. Trotzdem bringt dieser geistige Umbruch eine Art religiösen Vakuums mit sich. Es ist, als ob ein Flugzeug in ein Luftloch absackt: hat es genug Höhe, dann wird es von den tieferen Luftschichten aufgefangen; Tiefflieger zerschellen. Wer seinen Glauben von Jugend an gelebt hat, den werden die tieferen Schichten des Willens und des Gemüts über das momentane Vakuum im Bereich der Vernunft hinwegtragen. Ein bloß theoretischer „Schülerglaube" aber gerät in eine ernsthafte Existenzkrise. Der Pubertätsatheismus kann den Lebenssinn verdunkeln und die Lebensfreude auslöschen. Dann ist es bis zum Selbstmord nur ein kleiner Schritt.

c) *Beurteilung von Atheisten und sogenannten Atheisten aus christlicher Sicht*

Aus unserer bisherigen Überlegung wird ersichtlich, wie grundverschieden jene zu beurteilen sind, die sich Atheisten nennen oder die als Atheisten gelten. Man kann nicht sagen, ob ein Mensch ohne eigene Schuld wirklicher Atheist sein kann. Es ist aber denkbar, daß durch enttäuschende Erlebnisse der Blick auf Gott wenigstens zeitweise verbaut wird. Auch eine atheistische Erziehung mag für viele eine Zwangsjacke sein, die sie nicht mehr los werden. Auf jeden Fall wäre es unchristlich, selbstgerecht solche Menschen zu verurteilen. Christus mahnt: „Richtet nicht, damit ihr nicht gerichtet werdet" (Mt 7,1) und: „Wer von euch ohne Sünde ist, werfe als erster einen Stein auf sie" (Joh 8,7).

Übrigens gibt es „Atheisten", die im Sinne der Nächstenliebe ein christlicheres Leben führen als viele „Christen".

Gewiß, zur Zeit Christi gab es den Atheismus im heutigen Sinne nicht. Aber es gab die sogenannten „Heiden". Ein solcher Heide war der Hauptmann von Kapharnaum, der Jesus bitten ließ, seinen Sklaven zu heilen. Die jüdischen Gesandten sagten von ihm: „Er verdient es, daß du seine Bitte erfüllst, denn er liebt unser Volk und hat uns die Synagoge erbaut" (Lk 7,4f). Das Wort des Hauptmannes „Herr, ich bin es nicht wert, daß du mein Haus betrittst" veranlaßt Jesus zu dem Urteil: „Amen, das sage ich euch: Einen solchen Glauben habe ich in Israel noch bei niemand gefunden. Ich sage euch: Viele werden von Osten und Westen kommen und mit Abraham, Isaak und Jakob im Himmelreich zu Tisch sitzen; die aber, für die das Reich bestimmt war, werden hinausgeworfen" (Mt 8,10ff).

Liest man die Rede Jesu vom Weltgericht, so wartet man vergeblich auf eine Beurteilung der Menschen nach Gottesbegriff oder Religion. Ausschlaggebend ist nur eines: die Liebe (vgl. Mt 25,31ff).

Wenn ein Mensch nach bestem Wissen und Gewissen lebt, dann glaubt er irgendwie an Gott, auch wenn er diesen Gerechtigkeit, Humanität, Liebe oder sonstwie nennt. Nicht bloß die theoretische oder verbale Anerkennung dieser Werte ist entscheidend; erst ihre Anerkennung als verpflichtende Norm, nach der ein Mensch sein Leben gestaltet, macht sie für diesen zu einem maßgebenden Absoluten und somit irgendwie zu seinem Gott. Natürlich ist dieser Gottesbegriff unvollkommen, doch der Glaube an diesen „Gott" wird durch die Liebe wirksam, im Gegensatz zum Glauben vieler sogenannter Christen. Atheist im Vollsinn des Wortes ist nur ein Mensch, der sein Ego absolut setzt und dementsprechend rücksichtslos lebt. So verstanden gibt es den „guten Atheisten" nicht. Wer gut ist, ist nicht Atheist – und wer Atheist ist, ist nicht gut.

d) *Was können wir Christen für Atheisten tun?*

Manche Menschen sind enttäuscht, wenn es ihnen nicht gelingt, „atheistische" Freunde vom Glauben zu überzeugen. Da der Atheismus überwiegend irrationale Ursachen hat, kann er im allgemeinen nicht nur rational überwunden werden. Selbstverständlich ist ein *gediegenes Glaubenswissen* von großem Wert und man kann damit viele Irrtümer und Zweifel bereinigen. Aber nicht so sehr das Wort, vielmehr das *Beispiel eines ehrlich gelebten Christentums* besitzt Überzeugungskraft. Und daß Bekehrung auch eine Gnade ist, die erbetet werden kann, braucht nicht ausführlich erläutert zu werden. Erst wenn Atheisten das Wirken Gottes in ihren Mitmenschen erleben, können sie Gott auch wieder „sehen".

4. Glaubensnot und Glaubensnacht

Jugendliche und Erwachsene, mit denen ich befreundet bin, fragen mich gelegentlich: „Warum glaubst du?" Auf meine Antwort hin: „Weil ich Gott sehe – weil für mich alle Dinge und Erlebnisse transparent sind auf Gott hin", folgt zumeist dann die entscheidende Frage: „Und du hast keine Zweifel?" Dann ist es Zeit, über das schwierige Problem der Anfechtung im Glauben zu sprechen, über Not und Nacht des Glaubens. Der Durchblick auf Gott wird nämlich nicht selten getrübt oder völlig vernebelt und es kommt zu akuten *Glaubenskrisen.*

Häufig geschieht es *in der geistigen Pubertät*: der Jugendliche kommt mit seinem kindlichen Welt- und Gottesbild nicht mehr zurecht, aus dem er herauswächst wie aus den Kinderschuhen, und merkt: „Das, was ich bisher für Gott gehalten habe, gibt es anscheinend gar nicht." Es ist der gleiche Vorgang, den ein Missionar so kennzeichnet: „Wenn der Eingeborene merkt, daß sein Holzbild kein Gott ist, dann heißt das nicht, daß es keinen Gott gibt, sondern, daß Gott nicht aus Holz ist." Dies ist also nicht so sehr eine Krise des Gottesglaubens als vielmehr des Gottesbildes. Wenn der Jugendliche in einem Glaubensinfantilismus stecken bleibt, dann hält der Glaube den Anfechtungen von außen und innen nicht stand und wird wie ein abgetragenes Gewand abgelegt.

Andere Glaubenskrisen entstehen vor allem *durch Enttäuschung*: Enttäuschung über Gott, der so ganz anders ist und oft so ganz anders handelt, als wir uns das vorgestellt haben; Enttäuschungen über die Menschen in der Kirche, besonders wenn aus Mangel an Realitätssinn nicht eingesehen wird, daß Menschen eben menschlich und manchmal allzu menschlich sind. Aber auch Enttäuschungen über sich selbst, wenn die moralischen Anforderungen des Glaubens zu hoch gesteckt erscheinen; oder wenn Freiheit mit Zügellosigkeit verwechselt wird und wenn in einem solchen Freiheitstaumel die sittlichen Forderungen des Glaubens über Bord geworfen werden. Gelegentlich kommt es so zu einem förmlichen Haß gegenüber vermeintlichen Zwängen von Elternhaus und Kirche.

Für all diese Glaubenskrisen gilt:

Glaubensnot und Glaubensnacht sind keine Ausnahmeerscheinungen, sondern stellen sich zeitweise bei vielen Menschen ein. Die Heilige Schrift bringt dafür zahlreiche Beispiele:

> „Der Satan ging weg vom Angesicht Gottes und schlug Ijob mit bösartigem Geschwür von der Fußsohle bis zum Scheitel. Ijob setzte sich mitten in die Asche und nahm eine Scherbe, um sich damit zu schaben. Da sagte seine Frau zu ihm: 'Hältst du immer noch fest an deiner Frömmigkeit? Lästere Gott und stirb!'" (Ijob 2,7ff)

Der Prophet Jeremia klagt:

> „Du hast mich betört, o Herr, und ich ließ mich betören; du hast mich gepackt und überwältigt. Zum Gespött bin ich geworden den ganzen Tag, ein jeder verhöhnt mich" (Jer 20,7f).

Auch Apostel bleiben von der Glaubensnot nicht verschont; Christus sagt zu Petrus:

> „Simon, Simon, der Satan hat verlangt, daß er euch wie Weizen sieben darf. Ich aber habe für dich gebetet. daß dein Glaube nicht erlischt" (Lk 22,31f).

Ob selbst Christus (als Mensch) die Glaubensnot durchlitten hat? Das uns unfaßbare Wort: „Mein Gott, mein Gott, warum hast du mich verlassen?" (Mk 15,34) deutet dies jedenfalls an.

Man muß unterscheiden:

Glaube ist ganzheitliche Hingabe des Menschen an Gott, nicht nur Verstandessache. Gläubig ist, wer sein Leben auf Gott hin ausrichtet. Diese Richtung des Willens ist entscheidend. Zweifel des Verstandes, Leere des Gefühls sind wie Tag und Nacht, Sonnenschein und Gewitterstürme Witterungen der Seele, die man durchstehen, manchmal auch durchleiden muß. Für einen Menschen, der glauben will, sind daher Glaubensnacht und Glaubensstürme nur Glaubensschwierigkeiten. *In Glaubensschwierigkeiten* sucht man Kontakt mit Menschen, die selbst gläubig sind und Klarheit vermitteln können. Glaubensschwierigkeiten sind nicht Sünde.

Glaubenszweifel dagegen liegen dann vor, wenn man eigentlich gar nicht glauben will, weil der Glaube lästig geworden ist. Dann werden Gründe gegen den Glauben gesucht und Bestätigung durch Menschen, die selbst nicht glauben. Glaubenszweifel sind sündhaft.

Wie man Glaubensschwierigkeiten überwinden kann:

Sieht ein Steuermann im Nebel nicht mehr die Gestirne, muß er nach dem Kompaß Kurs halten. Auch in Glaubensnacht und Glaubensnot, wenn das Glaubenslicht erloschen scheint, *muß ein Christ Kurs halten*, d.h. nach den Geboten leben und durch Gebet und Gottesdienst in regelmäßigem Kontakt mit dem unsichtbaren Gott bleiben. – Christus wußte, daß der Mensch durch seine sinnenhafte Orientierung nach außen sichtbare Symbole des Unsichtbaren benötigt und wegen seiner Schwachheit die Stütze einer äußeren Gesetzesordnung braucht. Daher gebot er, sein Opfer in sichtbaren Zeichen zu feiern und ihn selbst als Opferspeise zu genießen. In der regelmäßigen Mitfeier der *Eucharistie* liegt das *Geheimnis des Glaubens*. Das Geheimnis der Liebe liegt nicht in Gefühlen, sondern im Gehorsam, also in der schlichten Befolgung der Gebote Gottes:

> „Wenn ihr mich liebt, werdet ihr meine Gebote halten. Und ich werde den Vater bitten, und er wird euch einen anderen Beistand geben..." (Joh 14,15f).

Bleibt noch zu sagen, daß erfahrungsgemäß aus jeder durchgestandenen Glaubensschwierigkeit der Glaube geläutert und gefestigt hervorgeht.

C. DIE FRAGE NACH DEM MENSCHEN

Was ist der Mensch? Eine zufällige Verbindung chemischer Stoffe, die man in einer Drogerie für wenig Geld kaufen kann? Das Endglied einer langen biologischen Entwicklung, ein Intelligenzaffe? Oder eine „nutzlose Leidenschaft" (A. Schopenhauer)?

Betrachtet man den Menschen für sich allein, läßt sich keine befriedigende Definition finden. Schon zur begrifflichen Bestimmung des Menschen ist der Gottesbezug notwendig: der Mensch ist Geschöpf und Ebenbild Gottes, berufen zur Fortführung der Schöpfung, ja zur Partnerschaft mit Gott und dadurch zu seinem irdischen und ewigen Glück. Noch entscheidender aber ist der Gottesbezug für die Prägung des Menschen; er bestimmt letztlich die Richtung seines Denkens und Handelns.

I. Atheistische Antworten auf die Frage nach Ursprung, Wesen und Ziel des Menschen

„Keine Zeit hat so viel und so Mannigfaltiges vom Menschen gewußt wie die heutige... Keine Zeit hat bisher vermocht, dieses Wissen so schnell und so leicht anzubieten wie die heutige. Aber auch keine Zeit wußte weniger, was der Mensch sei, als die heutige. Keiner Zeit ist der Mensch so fragwürdig geworden wie der unsrigen!" (Max Scheler)

1. Der Mensch als organisierte Materie

Bertrand Russel (1872-1970) in „Warum ich kein Christ bin":

„Der Körper des Menschen besteht wie alle andere Materie aus Elektronen und Protonen,die, soviel wir wissen, den gleichen Gesetzen gehorchen wie die anderen, die nicht Tiere oder Pflanzen bilden...Unsere sogenannten 'Gedanken' scheinen von der Anordnung von Bahnen im Gehirn abzuhängen, so wie Reisen an Straßen und Züge gebunden sind. Die Energie, die zum Denken verbraucht wird, scheint chemischen Ursprungs zu sein...Auch das Denkvermögen eines einzelnen kann dann den körperlichen Tod nicht überleben."

2. *Der Mensch als Produkt der Produktion*

So unglaublich es klingt: Friedrich Engels (1820-1895) legt die marxistische Theorie von der Entstehung des Menschen in einer Schrift dar, die den Titel trägt: „Die Menschwerdung des Affen durch die Arbeit“.

Für Karl Marx (1818-1883) ist „das Ideelle nichts anderes als das im Menschenkopf umgesetzte und übersetzte Materielle“. Dies hat für das Verhältnis von Mensch und Arbeit (Produktion) weitreichende Konsequenzen, denn allein die Materie ist das Wirkliche und nicht Ideen und Theorien. So bestimmen die materielle Basis, die Produktions- und Eigentumsverhältnisse das menschliche Denken. Die materiellen Verhältnisse des Kapitalismus, die gekennzeichnet sind durch Ausbeutung und Entfremdung, spiegeln sich in politischen oder juristischen Ordnungen, in Kunst, Philosophie und auch in der Religion wieder. Dieser Überbau wird mit der revolutionären Errichtung der „klassenlosen Gesellschaft“ „in die Luft gesprengt“.

3. *Der Mensch – ein Triebwesen*

Siegmund Freud (1856-1939) sieht im „psychischen Apparat“ des Menschen eine dreifache Schicht: Im unbewußtem „Es“ rumoren die blinden Triebe, vor allem der Geschlechtstrieb. Durch den Einfluß der Außenwelt entwickelt sich das bewußte „Ich“. Diesem wird durch Erziehung und den Einfluß der Umgebung gleichsam das „Über-Ich“ als Ideal menschlichen Verhaltens übergestülpt, das sich im Gewissen äußert. Das, was man Geist, Kunst, Wissenschaft und Religion nennt, sei verfeinerte, sublimierte Sexualität. Unbefriedigte irdische Liebe führe zu einem sublimierten Vaterbild: Gott. Religion sei daher bloße Illusion.

4. *Der Mensch als Selbstentwurf*

Jean Paul Sartre schreibt in „Drei Essays“:

„Der atheistische Existentialismus, für den ich stehe...erklärt, daß, wenn Gott nicht existiert, es mindestens ein Wesen gibt, das existiert, bevor es durch einen Begriff definiert

> (bestimmt) werden kann und daß dieses Wesen der Mensch ist. Was bedeutet, daß der Mensch zuerst existiert,...in der Welt auftaucht und sich danach definiert (d.h. bestimmt, was und wie er ist). Der Mensch ist lediglich so,...wie er sich will...nach diesem Schwingen auf die Existenz hin; der Mensch ist nichts anderes als wozu er sich macht."

5. *Der Mensch als Produkt der Evolution*

a) Die Deszendenztheorie

Immer noch gibt es – laut Umfragen – nicht wenige Jugendliche, die behaupten, sie könnten nicht mehr an Gott glauben, weil die Abstammungslehre Darwins den biblischen Schöpfungsbericht widerlege. Deshalb und wegen ihrer Bedeutung als Vorwand für straffreie Abtreibung wird die Deszendenztheorie eingehender behandelt.

Da die Evolutionshypothese Darwins (1731-1802) in jedem Biologieunterricht mit phantasievollen Bildern der Urmenschen den Schülern eingetrichtert wird, darf sie als bekannt vorausgesetzt werden.

Als „Beweis" für Darwins Theorie stellte der Naturphilosoph Ernst Haeckel (1834-1919) sein *„Biogenetisches Grundgesetz"* auf, wonach die Entwicklung des Einzelwesens, die Ontogenese, eine Wiederholung der stammesgeschichtlichen Entwicklung, d.h. der Phylogenese, sei.

> „In dem innigen Zusammenhang der Keimes- und Stammesgeschichte erblicke ich einen der wichtigsten und unwiderleglichsten Beweise der Deszendenztheorie."[1]

Haeckel nannte die Hypothese Darwins „Antigenesis" und wollte damit ausdrücken, daß durch sie der biblische Schöpfungsbericht widerlegt sei. Aber selbst, wenn die Deszendenztheorie den Tatsachen entspräche, wäre dadurch das Schöpfungsdogma nicht widerlegt. Man könnte es auch so begreifen, daß Gott diese Entwicklung grundgelegt und in einer über Jahrmillionen währenden fortgesetzten Schöpfung – einer creatio continua – vollendet hat. Die Meinung frei-

---

1 Deszendenztheorie: Abstammungslehre, nach der die höheren Lebewesen aus niederen hervorgegangen sind

lich, daß die Evolution einen Schöpfer überflüssig mache und daß der menschliche Geist ein Produkt der Materie sei, ist mit der göttlichen Offenbarung nicht zu vereinbaren.

b) Widerlegung des Biogenetischen Grundgesetzes durch die Forschungen Professor Blechschmidts[1]

Doch ist solche Spekulation überflüssig, denn die neuesten Forschungen Dr. Blechschmidts haben gezeigt, daß beide Hypothesen unhaltbar sind:

> „Heute berücksichtigt man, daß Haeckel sein Biogenetisches Grundgesetz aufstellte, ohne die frühen Phasen der menschlichen Entwicklung zu kennen. Denn wegen der damals technisch noch völlig unzureichenden Präparate von jungen Keimen waren sichere Befunde von der menschlichen Frühentwicklung nicht möglich."

Übrigens schreibt Haeckel selbst in der Berliner Volkszeitung vom 29.12.1908:

> „... daß ein kleiner Teil meiner zahlreichen Embrionenbilder gefälscht sind – alle jene nämlich, bei denen das vorliegenden Beobachtungsmaterial so unvollständig oder ungenügend ist, daß man bei Herstellung einer zusammenhängenden Entwicklungskette gezwungen wird, die Lücken durch Hypothesen auszufüllen, und durch vergleichende Synthese die fehlende Bilder zu rekonstruieren."

Durch eingehende Untersuchungen der menschlichen Embryonalentwicklung konnte Dr. Blechschmidt feststellen, daß sich in keinem Stadium tiertypische Merkmale zeigen. Zur vermeintlichen Kiemenbildung schreibt er:

> „Das ist ein Irrtum, der auf ungenauen Beobachtungen oder sogar auf ungeprüft übernommenen Behauptungen beruht. Ein 2,5 mm großer menschlicher Embryo zeigt charakteristische Faltungen zwischen seiner Stirn und dem Herzwulst. Diese Reliefbildungen sind die ersten Falten im Gesichtsbereich." – Also keine „Kiemen", wie Haeckel vermutete.

Nach Dr. Blechschmidt ist auch die Deszendenztheorie keineswegs gesichert. Darwin habe zwar vergleichende Beobachtungen zur erdgeschichtlichen Veränderungen der Arten angestellt.

---

1 Die folgenden Ausführungen und Zitate sind der Schrift „Die Erhaltung der Individualität" von Prof. Dr. E. Blechschmidt entnommen, erschienen in „Gustav Siewerth Akademie", Weilheim Bierbronnen 1996

„Er hat jedoch nicht untersucht, welche somatischen (körperlichen) Entwicklungsvorgänge (Ontogenesen) für die – wie er meinte – Artenumbildung jeweils vorausgesetzt werden müssen. ... Aus seinen Beobachtungen wurde auf eine Höherentwicklung der Arten im Lauf der Erdgeschichte geschlossen, deren Gesetzmäßigkeit der Zufall sei. Darwins ‚natürliche' Erklärung ... kam dem Geschmack seiner Zeit entgegen, alles natürlich verstehen zu wollen, d. h. von der Idee eines Schöpfers, der uns vielleicht beherrschen könnte, endlich befreit zu sein."

„Paläontologische (Urzeitliche) Befunde zeigen zwar ein erdgeschichtliches Nacheinander von Organismen, geben aber keine Vorstellung, wie sich beispielsweise Leben aus toter Materie entwickelt haben könnte oder gar Geist aus vegetativen Strukturen. Hier reicht die Vorstellung von einem Baumeister Natur (Lorenz) und einer angenommenen Selbstorganisation nicht aus."

Natürlich bedingen ähnliche Organfunktionen bei Mensch und Tier auch Ähnlichkeiten der Organe. Das besagt aber nicht, daß diese von tierischen Vorfahren überkommen sind. Desgleichen bedeutet ein Nacheinander verschiedener Arten während der Erdgeschichte noch keinen Vererbungszusammenhang.

Wenn der Mensch ein Produkt des Zufalls ist, wird er auch vom Zufall dirigiert, d.h. er ist unfrei und kann daher weder Verantwortung auf sich nehmen, noch schuldig werden; er ist nach Monod „ein Zigeuner am Rande des Universums" ohne Sinn und Ziel.

Im Gegensatz zu dem als falsch erkannten sogenannten Biogenetischen Grundgesetz vertritt Dr. Blechschmidt das *Gesetz von der Erhaltung der Individualität.* Dieses besagt, daß die Individualität, die Einzigartigkeit eines menschlichen Lebewesens während der ganzen Dauer seines Lebens – von der Befruchtung bis zum Tod – erhalten bleibt. Dies ist also die Konstante, während das Erscheinungsbild – etwa Größe, Aussehen usw. – sowohl des Embryos als auch des Erwachsenen sich ändert. Mittels der Chromosomen – die vom Ei ausgehend in allen Körperzellen dieselben sind – bleibt der Organismus während seines ganzen Lebens, was er schon im Augenblick der Befruchtung ist.[1] Daher gilt:

„Ein Mensch wird nicht Mensch, sondern ist Mensch von der Befruchtung an. Wir sprechen von menschlichen Entwicklung nicht deshalb, weil aus einem vielleicht zunächst

1 Dieses einzigartige, unverwechselbare Kennzeichen eines Menschen benützt man als „genetischen Fingerabdruck" bei der Verbrechensbekämpfung

unspezifischen Zellhaufen im Verlauf der Entwicklung allmählich mehr und mehr ein Mensch entstünde, sondern weil sich der Mensch aus einer bereits menschlichen Zelle entwickelt. Es ist daher irreführend, von 'werdendem Leben' zu sprechen. Menschsein ist kein Phänomen, das aus der Ontogenese resultiert[1], sondern eine Wirklichkeit, die eine Voraussetzung der Ontogenese ist. Grundsätzlich gilt folgendes: Entwicklung hat stets einen Träger, der durch den ganzen Prozeß der Entwicklung konstant erhalten bleibt. Ähnlich wie in der anorganischen Natur das Prinzip von der Erhaltung der Energie gilt, so gilt in der belebten Natur das Gesetz von der Erhaltung der Individualität. Sie erhält sich während der ganzen Dauer der Entwicklung. Erhaltung der Individualität bedeutet Erhaltung eines schon mit dem Beginn der Entwicklung existierenden Ganzen. Das Prinzip von der Erhaltung der Individualität während der Ontogenese läßt keine Rekapitulation[2] von Merkmalen fremder Wesensarten zu, ebensowenig wie wesensverändernde Mutationen als eine Voraussetzung für evolutive Prozesse im Rahmen einer etwaigen Höherentwicklung der Organismen."

6. Atheistische Ratlosigkeit vor der Frage nach dem Sinn des Lebens

Diese Frage ist so alt wie die Menschheit und bewegt auch heute noch jeden denkenden Menschen. Daß eine befriedigende Antwort ohne Gottesbezug nicht möglich ist, zeigt die diesbezügliche Ratlosigkeit der Gottlosen.

Schon das alte Heidentum resignierte vor diesem Problem. Sophokles (5. Jh. v. Chr.) in seinem Stück „Ödipus auf Kolonos":

> „Nicht geboren zu sein, o Mensch,
> ist das höchste, das größte Glück;
> doch wofern du das Licht erblickst,
> acht' als Bestes dahin zu gehen wieder,
> von wannen du kamst im Flugschritt!
> Denn betratest du der Jugend Feld,
> das Torheiten umgaukeln,
> haust dort nicht jegliches Ungemach,
> stürmt nicht jeglicher Jammer drin?
> Mord, Hader, Blutvergießen, Kampf, Haß und Neid;
> und endlich wartet schmachbeladen, mürrisch,
> einsam, krank und schwach das Alter unser,
> das der Übel all umlagern."

1 = hervorgeht
2 = Wiederholung

Die gleiche Ratlosigkeit zeigt sich bei den modernen Atheisten. So schreibt beispielsweise Lescek Kalokowski in „Der Mensch ohne Alternative“

> „Die Geschichte als Ganzes hat keinen 'Sinn', sie hat nur eine Richtung. Das klare Bewußtsein dessen genügt dem einzelnen vielleicht, sich nicht gerade als Passagier eines blind gelenkten Schiffes zu fühlen, kann ihn aber nicht davor bewahren, das Einzeldasein als sinnlos zu empfinden...Der Sinn des Lebens ist immer so, wie jeder ihn sich selbst gibt ... Niemand kommt mit einem fertigen Sinn des Lebens zur Welt: der Lebenssinn ist eine Sache der Wahl.“

Der Nationalsozialismus vertröstete mit dem Fortleben in den Nachkommen: „Du bist nichts, dein Volk ist alles“. Der Kommunismus mit der Utopie von einem künftigen „Arbeiter- und Bauernparadies“. Freud tut die Sinnfrage als „krankhaft“ ab und der „Tragische Heroismus“ der Existentialisten besteht in der heldenhaften Pflichterfüllung angesichts einer letzten Sinnlosigkeit.

In Krisensituationen ist dann zum Selbstmord nur ein kleiner Schritt: Ein mir bekannter Gymnasiallehrer erhielt nach seiner Entlassung aus russischer Gefangenschaft den Brief eines Unbekannten. Dieser bedankte sich für die Rettung seines Lebens:

> „Als viele deutsche Offiziere angesichts der drohenden russischen Gefangenschaft sich die letzte Kugel durch den Kopf schossen, wollte auch ich ein Gleiches tun. Ihr Beispiel christlicher Zuversicht hat mir den Mut zum Durchhalten gegeben.“

Aber auch bei gläubigen Menschen kann sich zeitweise eine Sinneurose einstellen. Leo N. Tolstoi (1828-1910) schreibt in seinem Buch „Meine Beichte“:

> „Ich hatte eine gute Frau, die mich liebte und die ich liebte, liebe Kinder, ein großes Besitztum, das ohne Mühe meinerseits wuchs und sich vermehrte. Ich war geachtet von nahen Freunden und Bekannten, mehr als je zuvor, wurde von Fremden mit Lob überschüttet und konnte ohne besondere Selbsttäuschung sagen, mein Name ist berühmt. Zudem war ich nicht nur nicht gestört oder geistig krank – im Gegenteil, ich erfreute mich einer körperlichen und geistigen Kraft, wie ich sie selten bei meinen Altersgenossen gefunden habe.“ In diesem Lebensabschnitt überkam Tolstoi „ein förmlicher Stillstand“, eine Schwermut: „Es erging mir, wie es jedem ergeht, der an einem inneren Leiden erkrankt. Erst erschienen geringfügige Anzeichen einer Unpäßlichkeit, der der Kranke keine Aufmerksamkeit schenkt, dann wiederholen sich diese Anzeichen immer häufiger und häufiger und fließen zu einem zeitlichen unteilbaren Leiden zusammen. Das Leiden wächst und der Kranke hat kaum Zeit, sich zu besinnen, da erkennt er schon, daß das, war er für eine Unpäßlichkeit gehalten hat, das ist, was ihm das Bedeutungsvollste in der Welt ist – der Tod ... Eine unüberwindliche Macht trieb mich, auf irgend eine Art mich vom Leben zu befreien. Ich kann nicht sagen, daß ich mich habe töten wollen. Die Macht, die mich trieb, das Leben zu lassen, war stärker, wuchtiger, umfassender als das Wollen. Es

war eine Kraft, dem früheren Trieb zu Leben ähnlich, nur in umgekehrter Richtung. ... Der Gedanke an Selbstmord kam mir ebenso natürlich, wie mir früher die Gedanken an Verbesserung meines Lebens gekommen waren. Dieser Gedanke war so verlockend, daß ich allerlei Kunstgriffe gegen mich selbst anwenden mußte, um ihn nicht voreilig zur Ausführung zu bringen ... Ja, ich, ein glücklicher Mensch, verbarg damals jede Schnur, damit ich mich nicht an der Querleiste zwischen den Schränken in meinem eigenen Zimmer erhängte. Jetzt sehe ich: wenn ich mich damals nicht tötete, so hatte das seinen Grund in einer dunklen Ahnung von der Unrichtigkeit meiner Gedanken. So überzeugt und unwiderleglich mir der Gang meiner Gedanken und der Gedanken der Weisen (d.h. Atheisten) war, der uns zur Anerkennung der Sinnlosigkeit des Lebens geführt hat, so war doch in mir ein leiser Zweifel an der Richtigkeit meiner Anschauung geblieben." Mit dem Glauben „kehrte die Kraft des Lebens zurück".

Wenn das Leben keinen tragenden Sinn mehr hat, liegt der Gedanke nahe, den Sinn in der Beendigung des Unsinns zu suchen. So der Abschiedsbrief eines siebzehnjährigen Gymnasiasten:

„Liebe Eltern!

Dies ist mein letzter Gruß an Euch.
Ihr tragt keine Schuld an dem Schicksal, das ich mir selbst erwählt habe, wie überhaupt keiner daran schuld ist. Ich selbst habe mich so verwandelt, daß es so kommen mußte.

Noch vor zwei Jahren wollte ich die Welt aus den Angeln heben, jetzt hat sie es bei mir geschafft.
Ich bin nicht mehr der alte Fröhliche und Lebenslustige wie früher. An meine Stelle ist ein passiver, griesgrämiger Kerl getreten, der gar nicht mehr mein Ich ist.
Mein Herz ist leer; wofür soll ich leben ohne Ziel mit einem Weg voller Hindernisse?
So will ich einen konsequenten Schlußstrich unter mein unkonsequentes Leben ziehen.
Vielen Dank für alles!

Euer..."

Die Zahl der Selbstmorde entspricht in unserem Land etwa der Zahl der Verkehrstoten. Zehnmal so hoch schätzt man die Zahl der Selbstmordversuche. Das sind die Extremfolgen der Sinneurose. In der Regel führt sie zum Verlust des Idealismus: der Jugendliche „stößt sich die Hörner ab", „er wird breitgeschlagen", resigniert und paßt sich der Umgebung an. Es kommt zur Sinnverirrung ins Irdisch-Vorläufige, die immer in Enttäuschung endet. Ein tragender Lebenssinn ist nun einmal gleichsam die Luft, ohne die der Geist erstickt; die Lebensbasis, welche auch dann noch trägt, wenn alles andere zusammenbricht.

7. *Angst als Grundbefindlichkeit des gottfernen Menschen*

„Glaube, dem die Tür versagt,
kommt als Aberglaub' durchs Fenster.
Wenn die Götter ihr verjagt,
kommen die Gespenster."

(Emanuel Geibel)

Weil gottferne Menschen sich einer letzten Geborgenheit entzogen haben, erleben sie mit Angst die Unsicherheit und Bedrohtheit ihrer Existenz.

Die Existentialisten wenden sich gegen die Selbsttäuschung des modernen Menschen, der mit Technik und Kultur einen paradiesischen Zustand für die Menschheit erstrebt. Sie sagen: Der Mensch schwebt ungesichert über dem Abgrund des Nichts, vor dem er sich ständig auf der Flucht befindet und dem er doch unaufhaltsam entgegengeht. Deshalb ist die Grundstimmung des Menschen nicht Lebensrausch, sondern Lebenssorge und Weltangst. Die Angst vor dem Nichts treibt den Menschen zu rastloser Arbeit, zu Hektik und der krankhaften Suche nach ständig neuem Erleben und Kitzel. Nicht überschäumende Lebenskraft, sondern die Angst vor dem Nichts läßt den modernen Menschen in Erfolgsrausch und Gier nach Triebbefriedigung seine Betäubung suchen.

Schon Kinder haben – laut Umfragen – Angst vor der Zerstörung der Umwelt. Die Erwachsenen ängstigen sich vor der drohenden Vernichtung ihrer beruflichen Existenz, vor Krankheiten und Katastrophen. Viele leiden unter der eigenen Schuld und den Vorwürfen ihres Gewissens. Um dieses zu beschwichtigen, üben manche Selbstanzeige, andere kommen zum Psychiater; Immer mehr suchen in ihrer inneren Unsicherheit Halt in allen möglichen Formen des Aberglaubens: Horoskope finden sich fast in jeder Illustrierten, die Flut esoterischer Literatur wächst ins Ungemessene und die Astrologen haben Hochkonjunktur.

Die bedrückendste Angst aber ist jene vor dem Tod, denn „Mitten im Leben sind wir vom Tod umfangen."

Der Atheist Sartre gesteht in „Die Wörter“:

„Der Atheismus ist ein grausames und langwieriges Unternehmen, das den Schrecken des Todes unendlich potenziert.“

Die meisten Menschen verdrängen daher den Gedanken an den Tod, bis unerbittlich die Stunde der Wahrheit kommt. Als junger Großstadtkaplan erfuhr ich einmal, daß ein sehr wohlhabender, aber religiös abseits stehender Mann schwer krank sei, und wollte ihn besuchen. Von den Angehörigen wurde ich jedoch mit den Worten abgewiesen: „Jetzt nicht, Hochwürden, sonst regt er sich auf! Wenn es so weit ist, rufen wir Sie.“ – Nach einigen Tagen war es so weit. Als ich ankam, war der Kranke gestorben.

8. Der stumme Schrei nach Erlösung

Neben aller Not, Angst und Enttäuschung zieht sich durch die gesamte Menschheitsgeschichte eine Sehnsucht nach Erlösung und ein Ahnen, daß diese Sehnsucht in ferner Zukunft ihre Erfüllung finden könnte. Damit verbunden ist freilich die große Täuschung, daß diese Erlösung durch menschliches Bemühen erreicht werden kann.

Schon in der Antike träumte man von einem „Goldenen Zeitalter“. Die jeweiligen Herrscher suchten es durch Kriege herbeizuzwingen. Wie die Träume von einem „Tausendjährigen Reich“ und dem „Arbeiter- und Bauernparadies“ endeten sie im Chaos. Bei Revolutionen wurden und werden nur die Machthaber ausgetauscht. „Der Versuch, den Himmel auf Erden einzurichten, produziert stets die Hölle“ (K.R. Popper).

Viele Menschen suchen ihre Erlösung in Reichtum und Genuß, machen aber die Erfahrung eines Millionenerben, der vor seinem Selbstmord sein Lebensresümee auf Tonband sprach: „Ich habe das Leben genossen – ich habe das Leben satt.“

Wie bereits erwähnt, bewirken auch Wissenschaft und Technik nicht die Erlösung; sie vermögen den Lebensstandard zu heben, beseitigen aber die entscheidende menschliche Not nicht, deren Ursachen nicht in Gesellschaftsstrukturen oder Lebensbedingungen liegen, sondern im Menschen selbst. Carl Friedrich von Weizsäcker weist darauf hin: „Nicht in der Atombombe liegt das große Unheil, sondern darin, daß es Menschen gibt, die bereit sind, sie anzuwenden." Das ist es, was den Menschen letztlich bedroht und entwürdigt.

Heinrich Heine (1797-1856) hat dem stummen und hoffnungslosen Schrei nach Erlösung dichterischen Ausdruck verliehen:

„Fragen:
Am Meer, am wüsten nächtlichen Meer
Steht ein Jüngling-Mann,
Die Brust voll Wehmut, das Haupt voll Zweifel,
Und mit düsteren Lippen fragt er die Wogen:
'O löst mir das Rätsel des Lebens,
Das qualvoll uralte Rätsel.
Worüber schon manche Häupter gegrübelt,
Häupter in Hieroglyphenmützen,
Häupter in Turban und schwarzem Barett,
Perückenhäupter und tausend andere
Arme, schwitzende Menschenhäupter -
Sagt mir, was bedeutet der Mensch?
Woher ist er gekommen? Wo geht er hin?
Wer wohnt dort oben auf goldenen Sternen?'
Es murmeln die Wogen ihr ewiges Gemurmel,
Es wehet der Wind, es fliehen die Wolken,
Es blinken die Sterne gleichgültig und kalt,
Und ein Narr wartet auf Antwort."

II. Der Mensch im menschlichen Erfahrungsbereich

Gemäß dem theologischen Satz „Gratia supponit naturam et elevat“ („Die Gnade setzt die Natur voraus und erhöht sie“) wollen wir uns zunächst mit dem befassen, was der Mensch mit der bloßen Vernunft erkennen kann, um dann zu begreifen, wie die göttliche Offenbarung den Menschen vollendet.

1. Freiheit als das spezifisch Menschliche

Es ist doch merkwürdig: das, was uns am nächsten liegt, nämlich unser Bewußtsein – daß wir als Menschen zu eigenständigem Denken und Handeln fähig sind – ist für uns zum Problem geworden. Viele leugnen die menschliche Freiheit; sie sagen, der Mensch sei von den auf ihn einwirkenden Faktoren in seinen Entscheidungen festgelegt, determiniert.

a) Freiheit – ein umstrittener Begriff

> „Wir haben heute kein Mitleid mehr mit dem Begriff ‘freier Wille’: wir wissen nur zu gut, was er ist – das anrüchigste Theologen-Kunststück, das es gibt, zum Zweck, die Menschheit in ihrem Sinne ‘verantwortlich’ zu machen, das heißt sie von sich abhängig zu machen ... Die Menschen wurden ‘frei’ gedacht, um gerichtet, um gestraft werden zu können – um schuldig werden zu können ... Das Christentum ist eine Metaphysik des Henkers...“ [1]

Während Nietzsche den Determinismus[2] einfach als Behauptung in die Welt setzt, versuchen andere, ihn zu begründen.

Der *mythologische Determinismus* (die Leugnung der Willensfreiheit aus religiösen Gründen), wie er uns im Schicksals- und Kismet-Glauben oder in der Prädestinationslehre Calvins begegnet, sieht die Allmacht des Schicksals oder die Allwirksamkeit Gottes so gewaltig, daß für eine freie Entscheidung des Menschen kein Spielraum mehr bleibt. Auch in der Schrift Luthers „De servo arbitrio“ („Vom

---

1 Friedrich Nietzsche: Götzendämmerung

2 Vorbestimmtheit alles Geschehens

unfreien Willen", 1525) wird die Freiheit des Menschen in seinen wesentlichsten Entscheidungen geleugnet:

> „Wenn wir überhaupt das Wort (freier Wille) nicht aufgeben wollen, was das Sicherste und Frömmste wäre, so wollen wir doch lehren, es bis dahin im guten Glauben zu gebrauchen: Daß dem Menschen freier Wille eingeräumt ist nicht in Dingen, die über, sondern die unter ihm liegen; das heißt er soll wissen, daß er in Bezug auf seine Mittel und Besitztümer das Recht des Gebrauchs, das Handelns, des Unterlassens nach freier Entscheidung hat – ungeachtet auch diese gelenkt wird durch die freie Entscheidung Gottes allein, wohin es ihm gefallen mag. Im übrigen hat er gegen Gott oder in Sachen, welche Seligkeit oder Verdammnis betreffen, keinerlei freie Entscheidung, sondern ist ein Gefangener, ein Unterworfener, ein Gebundener, sei es des Willens Gottes oder des Satans."

Der *materialistische Determinismus* leugnet die Willensfreiheit aus „wissenschaftlichen" Gründen. Im Marxismus ist der Mensch als „denkende Materie" durch Naturgesetze festgelegt.

Der *psychologische Determinismus* besagt, daß alle Entscheidungen des Menschen das notwendige Ergebnis der biologischen, psychischen und sozialen Einflüsse seien; würde man ihre Intensität und Richtung genau kennen, so könnte man nach Art eines Kräfteparallelogramms die menschlichen Entscheidungen berechnen.

Wenn auch nach Sigmund Freud (1856-1939) die Psyche nicht stets nur eine einzige Aktionsrichtung einschlagen muß, so führt doch seine Auffassung vom „psychischen Apparat" zu deterministischen Schlußfolgerungen.

Es kann und soll gar nicht geleugnet werden, daß Gott auf den Menschen einwirkt und daß auch von den materiellen, biologischen, psychischen und gesellschaftlichen Bereichen bedeutsame Impulse für das menschliche Verhalten ausgehen. Diese Gegebenheiten bilden aber nur den Untergrund personaler Entscheidung, aus dem die Motive des Handelns aufsteigen. In freier Wahl bestimmt aus ihnen das Ich jene Motive, nach denen es sich entscheidet.

b) *Begründung der Freiheit*

Freiheit als *Erkenntnis der Verhaltensforschung*:

Das Tier wird durch Triebe und Instinkte gesteuert. Auch wenn höher entwickelte Tiere lernfähig sind, so geschehen doch ihre Reaktionen auf innere und äußere Impulse unwillkürlich. Im Gegensatz dazu – von Reflexbewegungen abgesehen – handelt der Mensch willkürlich, d.h. zwischen Anreiz und Reaktion schaltet sich bei ihm ein Moment der Besinnung ein: „Soll ich – oder soll ich nicht?“; und dann entscheidet er sich nach diesem oder jenem Motiv. Anders als das Tier unterscheidet der Mensch zwischen richtig und falsch, zwischen gut und böse. Er kann den in ihm auftauchenden Impulsen zum Guten wie zum Schlechten bewußt Folge leisten, er kann dies aber auch unterlassen. Daher ist er verantwortlich für sein Handeln: er ist ein moralischen Wesen – das Tier nicht. Auch Eigenschaften, die sich beim Tier nicht finden, nämlich Fähigkeit zu Fortschritt und schöpferischem Gestalten sowie zur Ausübung einer Religion sind nur auf Grund der Freiheit möglich.

Freiheit als *Postulat der praktischen Vernunft*:

Nach Kant ist die Freiheit ebensowenig wie Gott und Unsterblichkeit „beweisbar“. Aber sie ist für ihn ein Postulat der praktischen Vernunft, d. h. des gesunden Menschenverstandes. In der Tat wären gewisse Begriffe unseres Bewußtseins widersinnig ohne Freiheit: Wert, Verantwortung, Gerechtigkeit, Schuld, Lohn und Strafe.

Interessant in diesem Zusammenhang ist auch die Tatsache, daß alle Leugner der Freiheit in ihrer Lebenspraxis die Freiheit voraussetzen: in der Erziehung, im Bemühen um Gesellschaftsveränderung, in der Gesetzgebung und in der Rechtsprechung.

Tatsache ist ferner, daß ein Mensch wohl unter keiner Belastung mehr leidet als unter Freiheitsentzug oder Freiheitsverlust, besipielsweise durch Drogen oder Leidenschaften.

c) Grenzen der menschlichen Freiheit

Wie die Freiheit ist auch die Begrenztheit eine menschliche Grunderfahrung, die viele zum Determinismus verleitet. Es ist wahr: Schicksalhafte Lebensbedingungen bilden einen unüberwindlichen Rahmen des menschlichen Daseins.

Der Mensch ist begrenzt durch seine Bindung an die Materie. Körperlichkeit bedeutet materielle Bedürfnisse, Abhängigkeit von Gesundheit und Krankheit, Eingeschlossensein in Raum und Zeit.

Auch auf die Psyche des Menschen wirken eine Reihe von Einflüssen: aus seiner Veranlagung, aus seiner Erziehung, aus seiner Erfahrung und aus seiner Umgebung. Diese Einflüsse können so prägend sein, daß man z. B. von einem Erbtyp oder Umgebungstyp sprechen und mit großer Wahrscheinlichkeit die Reaktionen eines solchen Menschen vorhersagen kann.

Dazu kommen die Leidenschaften. Schon das erste Buch der Bibel sagt: „Das Trachten des Menschen ist böse von Jugend an" (Gen 8,21) und Paulus: „Ich sehe aber ein anderes Gesetz in meinen Gliedern, das mit dem Gesetz meiner Vernunft im Streit liegt" (Röm 7,23).

In Grenzfällen können all diese Einflüsse so stark sein, daß sie die Entscheidungsfreiheit völlig aufheben. Daher ist die *Zurechnungsfähigkeit vom Grade der Freiheit* des Handelnden *abhängig*; mit anderen Worten: Schuld wird in dem Maße gemindert, in dem die Freiheit eingeschränkt oder aufgehoben ist. Das gilt sowohl für mangelnde Erkenntnis als auch für die Beeinträchtigung des Willens durch Gewalt, Furcht, Leidenschaften und seelische Zwangszustände.

Eine letzte und unausweichliche Grenze menschlicher Freiheit ist schließlich der Tod.

Trotz all dieser Beschränkungen bleibt jedoch der Mensch in seinen Entscheidungen – von Extremfällen abgesehen – letztlich frei.

d) Entfaltung des Freiheitsbegriffs

Die Bandbreite des Freiheitsbegriffs reicht von Zügellosigkeit bis Selbstdisziplin.

Freiheit als Willkür:

Willkür hat zunächst keine negative Bedeutung. Das Wort besagt nur, daß der Wille wählen (küren) kann; also Freiheit der Wahl. Der Mißbrauch dieser Wahlfreiheit führt dann zu verantwortungsloser Beliebigkeit. Solcher Freiheitsbegriff findet sich bei vielen Jugendlichen, besonders in der Pubertät. Man hält sich dann insoweit für frei, als man tun und lassen kann, wozu man gerade Lust und Laune hat.

Jedoch ist Willkür noch nicht Freiheit, sondern nur eine Voraussetzung dafür. Mit der geistigen Reife des Menschen geht im allgemeinen dann auch eine Reifung des Freiheitsbegriffs einher.

Freiheit als Lebensaufgabe:

Freiheit ist nicht nur Gabe, sondern auch Aufgabe für den Menschen. Wir sind zwar frei unserer personalen Grundausstattung nach – *potentielle Freiheit*; jedoch erkennen wir auch, daß nicht alle den gleichen Grad der Freiheit des Handelns besitzen – *aktuelle Freiheit*. Letztere ist umso größer, je umfassender und gründlicher ein Mensch informiert ist und je kraftvoller er nach seiner Erkenntnis handeln kann. Daher erfordert Freiheit eine lebenslange Erziehung und Selbsterziehung. Das besagt:

Motivbildung, d. h. das Bemühen um möglichst umfassende und gründliche Information. Einseitige und vorschnelle ideologische Festlegung führt zu geistiger Verengung und damit zur Beschränkung des Entscheidungsspielraumes. Man muß seinen eigenen Standpunkt immer besser kennen lernen, durch Vergleiche mit anderen Ansichten prüfen und gegebenenfalls immer wieder korrigieren, damit man zu gültigen Maßstäben für das eigene Verhalten kommt.

Willensstärkung. Unser rationalistisches Erziehungssystem legt besonderen Wert auf Hochzüchtung der Gedächtnis- und Verstandesqualitäten. Gesunde Willensbildung wird weithin vernachlässigt. Und doch liegt die Hauptursache menschlichen Versagens nicht im Mangel an Einsicht, sondern in der Ohnmacht des Willens. Auch die Fähigkeit zu wollen muß ausgebildet werden durch Askese, d. h. geistiges Training.

Fehlformen der Willenserziehung sind sowohl autoritäre als auch autoritätslose Erziehung. Durch Überziehen der Autorität wird der Mensch in ein Schema gezwungen, das ihm die eigene Entscheidung abnimmt; die autoritätslose Erziehung überläßt das Kind seiner Triebhaftigkeit und Umwelt, so daß es willensschwach und haltlos wird.

Aus diesem Zusammenhang erhellt die Bedeutung von Gehorsam und Selbstüberwindung für die innere Befreiung des Menschen.

Zusammenfassend läßt sich sagen:

Die Erziehung zur Freiheit setzt an bei der Wahlfreiheit und soll zur moralischen Freiheit der Entschiedenheit für das Gute führen: Frei ist, wer tun kann, was er soll.

Die Entscheidung für das Böse ist ein Defekt des Willens wie der Irrtum ein Defekt der Vernunft ist.

2. *Ziel und Orientierungsnormen der Freiheit*

Die menschliche Freiheit ist nicht nur ein Freisein von Zwängen – sie hat auch ein Ziel (also nicht nur Freiheit „wovon", sondern auch Freiheit „wozu"). Dieses Ziel ist die Selbstentfaltung des Menschen durch Erfassen und Verwirklichen von Werten, oder: Ziel der Freiheit ist das Glück, das freilich zu unterscheiden ist von momentaner Befriedigung und das nur durch lang geübte Selbstüberwindung errungen wird.

a) Die Werte

Es gibt materielle, vitale, kulturelle und Persönlichkeitswerte. Sie sind dem Menschen durch die Natur vorgegeben und bestehen unabhängig davon, ob Menschen sie erkennen und erstreben.

Unter ihnen herrscht eine Rangordnung, so daß man von einer Hierarchie der Werte sprechen kann. So steht beispielsweise das Leben höher als materieller Besitz oder Treue höher als Sinnengenuß. Höchster Wert ist Gott selbst als das „Summum bonum". Aus dieser Sicht *bedeutet Freiheit die Fähigkeit, den jeweils höheren Wert zu erfassen.*

Neben der absolut geltenden Wertordnung gibt es eine situationsbedingte, relative Wertordnung. Diese ist abhängig von Zeit, Umständen und Verfassung eines Menschen. So kann Erholung zu bestimmten Zeiten wichtiger sein als Arbeit, ein einfacher Beruf für einen bestimmten Menschen besser als eine gehobene Stellung; in übervölkerten Gebieten wird man bei der Geburtenplanung andere Maßstäbe anlegen als in der Patriarchenzeit; auch der Wert der Ehe wird vielen angemessener erscheinen als Ehelosigkeit aus Idealismus. So gesehen *bedeutet Freiheit die Fähigkeit, den der jeweiligen Situation angemessenen Wert zu verwirklichen.*

b) Das Gesetz als objektive Sittennorm

Der vernunfbegabte Mensch erkennt, daß er sich an gewisse Regeln und Gesetze halten muß, wenn die durch die Schöpfung gegebenen Werte – z. B. des Glaubens, der Familie, des Eigentums – erhalten werden sollen. Weil diese Spielregeln des menschlichen Lebens mit der menschlichen Natur gegeben sind, nennt man sie das natürliche Sittengesetz.

Es ist – wenn auch mit Abweichungen – bei allen Völkern bekannt und bildet die Grundlage der staatlichen Gesetzgebungen und der Menschenrechte. Die Bibel spricht davon im Gesetz vom Sinai, in den zehn Geboten.

Während die Naturgesetze zwangsläufig wirken, ist der Mensch frei, dem Sittengesetz zu gehorchen oder nicht. Die Folgen seiner Handlungen oder Unterlassungen muß er dann allerdings zwangsläufig auf sich nehmen. Auch Eltern und staatliche Obrigkeit haben das Recht und die Pflicht, das natürliche Sittengesetz zum Wohl der ihnen Anvertrauten zu verkünden und durch Verordnungen zu erläutern.

c) Das Gewissen als subjektive Sittennorm

Das natürliche Sittengesetz ist im Bewußtsein des Menschen verankert, im Gewissen. Man spricht auch von der „Stimme des Gewissens“, weil es gleichsam den Menschen von innen heraus anspricht, Gut und Böse unterscheidet und einen Impuls zum Guten gibt.

Das habituelle oder bleibende Gewissen umfaßt die Gesamtheit der verinnerlichten Sittennormen. Es beinhaltet unsere Grundansichten und Überzeugungen und muß immer wieder auf deren Übereinstimmung mit der objektiven Sittennorm der Gebote und Gesetze überprüft und gegebenenfalls korrigiert werden.

Das aktuelle Gewissen beurteilt eine Tat oder Unterlassung im Einzelfall nach Gesetz und Situation. Diese persönliche Einschätzung unseres Verhaltens ist maßgebend für dessen subjektiven Sittenwert, sowie dessen Beurteilung durch Gott. Wer demnach sein Handeln durch das am Gesetz gebildete Gewissen bestimmen läßt, handelt sittlich.

d) *Fehlformen der Sittlichkeit*

Diese Überlegungen erscheinen zunächst klar und einsichtig. Und doch sind sie durchaus nicht allgemein anerkannt. So gibt es über Sittlichkeit recht unterschiedliche und sich widersprechende Ansichten.

Sittlichkeit als Gesetzesgehorsam. Der Rechtspositivismus leugnet die Existenz einer natürlichen Sittenordnung und akzeptiert nur die von einer menschlichen Autorität erlassenen Gesetze. Diese sind nicht deshalb zu befolgen, weil ihr Wert eingesehen wird, sondern nur weil sie eben „gesetzt" (leges positae) sind. Solchen Gesetzesgehorsam nennt man Legalismus. Aus dieser Sicht ist jeder Verstoß gegen das Gesetz strafbar.

Man könnt eine solche Haltung mit der Dressur eines Tieres vergleichen, dem durch Zwang oder Belohnung ein bestimmtes Verhalten anerzogen wird. Wenn der äußere Druck oder Lohn stärker wirkt als die eigene Neigung, geht mit der Zeit die Dressur in den Instinkt über und bestimmt künftig das Verhalten. Ja das Tier kann sogar so etwas wie instinktive „Schuldgefühle" zeigen, wenn es gegen die Dressur verstoßen hat. Nach Freud werden dem Kind Verhaltensnormen und Tabus der Gesellschaft eingeprägt. Zum Teil werden diese zunächst als wesensfremd empfunden, aber dann schließlich unter dem Druck von Liebeserweis und Liebesentzug befolgt.

Solche unreflektierte Übernahme von Tabus und Geboten entspricht dem geistigen Entwicklungsstand des Kindes. Es ist auf Maßstäbe einer Autorität angewiesen, da es noch keine eigene Erfahrung hat. Die erlernten Verhaltensweisen sind für das Kind Quelle erster Erfahrungen und zugleich Schutz. Bedenklich aber wird solcher Legalismus, wenn ein Mensch in dieser Entwicklungsphase stecken bleibt, wenn er auch als Heranwachsender und Erwachsener keine Eigenverantwortung entwickelt und sich hinter dem Buchstaben des Gesetzes verschanzt: „Befehl ist Befehl!", wenn er in seiner Gesetzesgerechtigkeit andere pharisäerhaft gering schätzt, wenn er zwar den Buchstaben des Gesetzes erfüllt, dessen lebendigmachenden Geist jedoch nicht erfaßt.

„Dieses Volk nähert sich mir nur mit Worten und ehrt mich bloß mit den Lippen. Sein Herz hält sich fern von mir, denn seine Furcht vor mir beruht auf menschlich angelerntem Gebot" (Jes 29,13; vgl. Lk 18,9 ff.)

Sittlichkeit als Situationsethik. In völligem Gegensatz zum Legalismus steht die Ansicht, daß es überhaupt keine Sittengesetze gibt. Jede Situation sei so einmalig, daß für sie nur der einzelne Mensch selbst aus eigener Einsicht die Entscheidung treffen könne.

Solche Ansicht entspricht der geistigen Pubertät des Jugendlichen, der gerade sein Ich entdeckt zu haben glaubt und nun alle ihm bisher vermittelten Normen in Frage stellt. Doch dauert diese Phase im allgemeinen nicht lange. Die Erfahrung lehrt, daß es eben ohne Ordnungen und Gesetze nicht geht und daß nicht jeder nur nach seinen privaten Anschauungen leben darf.

Freilich bewältigen nicht alle diese pubertäre Phase. Je mehr dann ein Mensch von seinem egoistischen Ungehorsam geprägt ist, desto gründlicher schlägt sein Verhalten in sklavischen Legalismus um, wenn er unter massiven Druck gesetzt wird. Wer aus Opportunismus den leichteren Weg des Ungehorsams wählt, wird aus dem gleichen Opportunismus auch den leichteren Weg des sklavischen Gehorsams gegenüber Unterdrückern wählen.

Sittlichkeit als autonome Pflicht. Dies ist die Ethik des rationalistischen Deismus, der zwar eine Schöpfungsordnung anerkennt, ihre Erfassung und Erfüllung aber nur der Vernunft und dem Willen des einzelnen überantwortet. Kant und seine Anhänger erklären den freien Menschenwillen als den alleinigen, selbständigen und selbstverantwortlichen Gesetzgeber des Lebens in allen sittlichen Fragen; der

Mensch muß sich an das Gesetz binden im Gehorsam gegen den angeborenen „kategorischen[1] Imperativ“:

> „Handle so, daß die Maxime deines Willens jederzeit zugleich als Prinzip einer allgemeinen Gesetzgebung gelten könne!“

Die Kantianer betonen mit besonderer Schärfe den Begriff der selbstauferlegten (autonomen) Pflicht: Niemand hat mir etwas zu befehlen als ich selbst. Das Rechte muß ich tun, weil ich es erkenne, nicht weil es mir von irgendeiner Seite her als das Gute vorgestellt oder vorgeschrieben wird, und weil es in sich gut ist, nicht weil ich dafür irgendeinen Lohn zu erwarten habe. Und folgerichtig werfen sie dem Christentum weltfremde Jenseitsmoral und unsittliche Lohnsucht vor.

Da Kant die Religion „nur innerhalb der Grenzen der Vernunft“ sieht, lehnt er Offenbarungsreligion und Pflichten der Gottesverehrung ab: „Wir haben nur ethisch bürgerliche Menschenpflichten und nehmen keine Hofdienste (vor Gott) an.“

Ziel solcher Sittlichkeit ist Selbstvervollkommnung (Perfektionismus) für den einzelnen, sittlicher Aufstieg und Kulturfortschritt (Kulturprogressismus) für die Gesamtheit.

Ein solches Lebensprogramm klingt zwar ideal, geht aber an der menschlichen Wirklichkeit vorbei. Zunächst ist nicht einzusehen, wieso die Erwartung eines Lohnes unsittlich sein soll. Lohn und Strafe sind so mit dem Tun und Lassen eines Menschen verbunden, daß sie davon gar nicht getrennt werden können: Wer etwas lernt, kann gar nicht verhindern, daß er etwas kann; und dieses Können ist vor allem sein Lohn. Daher gibt es auch keine Selbstvervollkommnung und keinen Kulturfortschritt ohne „Lohn“.

Ferner widerspricht völlige Autonomie im sittlichen Bereich der menschlichen Geschöpflichkeit und Beschränktheit. Nicht nur der Verstand kann sich irren, auch der Wille wird zuweilen mehr von Wünschen und Leidenschaften als von der Ratio gelenkt. Schon vor dem eigentlichen Denkprozeß erfolgt im allgemeinen eine vorratio-

---

1 kategorisch = unbedingt gültig

nale Grundentscheidung, die die Richtung des rationalen Denkens festlegt: Man will sich beispielsweise aus Faulheit vor einer Arbeit drücken und sucht im nachhinein dafür Vernunftgründe. Das nennt man „Rationalisieren". Wer zum Krieg entschlossen ist, begründet dies rational und führt ihn rational bis zur widersinnigsten Vernichtung durch. Außerdem lassen sich die Rechte streitender Parteien – z. B. von Arbeitgebern und Arbeitnehmern – selbst von Unparteiischen nie so rational abgrenzen, daß dies allen einsichtig zu machen ist.

Daher muß eine realistische Ethik tiefer fundiert sein.

3. *Das Ich*

In ihrem Buch „Das Ich und sein Gehirn"[1] befassen sich K. R. Popper und J. C. Eccles mit dem Problem des menschlichen Selbstbewußtseins. Popper schreibt: „Man muß zugeben, daß nach zwei Weltkriegen und unter der Bedrohung durch neue Massenvernichtungsmittel in einigen Gesellschaftsschichten die Achtung vor dem menschlichen Leben erschreckend gesunken ist." Einleitend stellt er daher den einmaligen Wert des Menschen heraus:

> „'Zwei Dinge', so sagt Kant im 'Beschluß' seiner Kritik der praktischen Vernunft, erfüllen das Gemüt mit immer neuer und zunehmender Bewunderung und Ehrfurcht...: der bestirnte Himmel über mir und das moralische Gesetz in mir.' 'Der bestirnte Himmel' symbolisiert für ihn das Problem unseres Wissens vom physikalischen Universum und die Frage nach unserer Stellung darin. 'Das moralische Gesetz' betrifft unsere unsichtbare Seele, unser Ich, die menschliche Persönlichkeit und damit, wie Kant erklärt, die menschliche Freiheit. Das erste macht unsere Bedeutung zunichte: Es läßt die Bedeutung des Menschen als Teil des physikalischen Universums zu einem Nichts zusammenschrumpfen. Das zweite erhebt dagegen unseren Wert als intelligente und verantwortliche Wesen ins Unermeßliche.
>
> Ich glaube, Kant hat im wesentlichen recht. Josef Popper-Lynkeus drückte es einmal so aus: Immer wenn ein Mensch stirbt, wird ein ganzes Universum zerstört (was man sofort verstehe, wenn man sich mit diesem Menschen identifiziere). Menschliche Wesen sind

---

1 Karl R. Popper, John C. Eccles: Das Ich und sein Gehirn. Daraus alle Zitate auf den folgenden Seiten.

Popper gilt als der bedeutendste Philosoph seiner Zeit; Eccles gilt als hervorragender Forscher auf dem Gebiet der Neurologie, der Erforschung des Nervensystems

unersetzlich; und dadurch unterscheiden sie sich deutlich von Maschinen. Menschen können das Leben genießen; sie können leiden und sie können dem Tod bewußt ins Auge sehen. Sie haben Bewußtsein, sie haben ein Ich, eine Seele. Eine Person ist Zweck, nicht Mittel zum Zweck, wie Kant betont. Diese Auffassung scheint mir mit der materialistischen Lehre unvereinbar zu sein, wonach Menschen Maschinen sind."

a) Die eigenständige und aktive Existenz des Ich

Popper wendet sich zunächst mit Entschiedenheit gegen den Monismus der Materialisten. Darunter versteht man die Meinung, daß nur ein Prinzip existiert: die Materie. Denkvorgänge seien nur materielle Auswirkungen und der Mensch sei „nur Leib ganz und gar" und „Seele ist nur ein Wort für etwas am Leibe" (Nietzsche). Im Gegensatz dazu nimmt der Dualismus zwei Prinzipien an: Körper und Geist. Diese Auffassungen vom Menschen lassen sich bis ins Altertum zurückverfolgen:

„Von größtem Interesse ist die medizinische Abhandlung 'Über die heilige Krankheit' von Hippokrates. Darin wird nicht nur mit größtem Nachdruck behauptet, daß das Gehirn 'den Gliedern sagt, wie sie sich bewegen sollen', sondern auch, daß das Gehirn 'der Bote zum Bewußtsein' ist und ihm erzählt, was geschieht."

„Nach Sokrates und Platon sollte die Seele oder der Geist oder die Vernunft der Beherrscher des Körpers (und der niederen Teile der Seele: der Begierden, die dem Körper verwandt und beherrschbar sind) sein."

Als Begründung für die Eigenständigkeit des menschlichen Geistes erscheinen auch Todesbewußtsein und die Identität des Selbstbewußtseins:

„Ich bin der Meinung des großen Biologen Theodosius Dobzhansky, der kurz vor seinem Tode, im Dezember 1975, schrieb:

'Ich lebe nicht nur, sondern ich weiß, daß ich lebe. Ich weiß überdies, daß ich nicht für immer leben werde, daß der Tod unausweichlich ist. Ich besitze die Eigenschaften des Selbstbewußtseins und des Todesbewußtseins.'

Wir wissen nicht nur, daß wir leben, sondern jeder von uns ist sich dessen bewußt, ein Ich zu sein; jeder ist sich seiner Identität[1] über beträchtliche Zeitabschnitte bewußt, auch nach Unterbrechungen seines Selbstbewußtseins durch Schlafperioden oder Zeiten von Bewußtlosigkeit; und jeder von uns weiß um die moralische Verantwortung für seine Handlungen."

---

1 Identität: gleichbleibende Wesensart

In der Tat erfahren wir besonders in unseren Erinnerungen von Kindheit an,daß unser Ich zeitlebens das gleiche bleibt, obwohl die materiellen Bestandteile des Körpers ständig wechseln. Schließlich kommt Popper zu folgendem Ergebnis:

> „Ich habe diesen Abschnitt 'Das Ich und sein Gehirn' genannt, weil ich hier behaupten will, daß das Gehirn dem Ich gehört und nicht umgekehrt. ... Das aktive psychophysische Ich ist der aktive Programmierer des Gehirns (das der Computer ist), es ist der Ausführende, dessen Instrument das Gehirn ist. Die Seele ist, wie Platon sagte, der Steuermann. ... Diese Überlegungen zeigen meiner Ansicht nach, daß das Ich nicht ein 'reines Ich' ist, das heißt ein bloßes Subjekt. Es ist vielmehr unglaublich reich. Wie ein Steuermann beobachtet und handelt es gleichzeitig. Es ist tätig und erleidend, erinnert sich der Vergangenheit und plant und programmiert die Zukunft; es ist in Erwartung und disponiert. Es enthält in rascher Abfolge oder mit einemmal Wünsche, Pläne, Hoffnungen, Handlungsentscheidungen und ein lebhaftes Bewußtsein davon, ein handelndes Ich zu sein, ein Zentrum der Aktion. Und es verdankt diese Ichheit weitgehend der Wechselwirkung mit anderen Personen, mit dem Ich anderer und mit der Welt".“

b) Die Einheit bildende Funktion des Ich

J. Eccles nennt das Gehirn – ein äußerst kompliziertes Gebilde mit Milliarden von Zellen und Millionen von Schaltkreisen – „die neuronale Maschinerie“. Er sieht in bestimmten Abschnitten der Großhirnsphäre, zu denen auch das Sprachzentrum gehört, den sogenannten „Liaison-Zentren“ (= Vermittlungszentren), gleichsam die Nahtstelle zwischen Materie und Geist, in der die wechselseitigen Beeinflussungen, die „Interaktionen“, stattfinden.

Dann begründet Eccles seine Hypothese der Interaktion zwischen dem selbstbewußten Geist und dem Liaison-Hirn:

> „Die Erfahrungen des selbstbewußten Geistes zeigen einen einheitlichen Charakter. Konzentration findet einmal auf dies, einmal auf jenes statt... Dieses Phänomen der Fokussierung ist als Aufmerksamkeit bekannt ... Es gibt die ständige Erfahrung, daß selbstbewußter Geist wirksam auf Hirnereignisse einwirken kann... während unseres wachen Lebens evozieren wir absichtlich Hirnereignisse, wenn wir versuchen, eine Erinnerung zurückzurufen, ...
>
> So schlagen wir vor, daß selbstbewußter Geist eine überlegene interpretierende und kontrollierende Rolle auf die neuralen Ereignisse ausübt ...daß die Einheit der bewußten Erfahrung durch den selbstbewußten Geist vermittelt wird[1]

---

1 neural = nervlich; evozieren = hervorrufen

Wie wir auf Grund der Darlegungen Dr. Eccles und Dr. Blechschmidts gesehen haben, besitzen wir im Ichbewußtsein durch alle Lebensabschnitte *eine gleichbleibende geistige Konstante*. Körperlich besteht eine solche nach dem Gesetz der Erhaltung der Individualität in der Geninformation durch die Chromosomen. Beide Konstanten überdauern den beständigen Wechsel der Körpersubstanz und die Änderung des menschlichen Erscheinungsbildes von der Befruchtung des Eies bis zum Tod. Da man den Geist im Körper nicht lokalisieren kann, muß man annehmen, daß der ganze menschliche Leib „durchgeistigt" ist und daß zwischen körperlicher und seelischer Konstante eine Einheit besteht.

Nun ist aber der ganze Verlauf des menschlichen Lebens von der Befruchtung bis zum Tod ein durchgehender Vorgang ohne Zäsur, d.h. ohne Unterbrechung oder sprunghafte Veränderung, so daß man annehmen muß, daß die leibseelische Einheit bereits mit der Befruchtung gegeben ist.

Dazu kommt noch eine Überlegung: Schon Albertus Magnus (1193-1280) hat erkannt, daß in jedem lebenden Organismus eine Gestaltungskraft vorhanden ist, die dessen Entwicklung zielstrebig vorantreibt. Deshalb sprach er von einer Pflanzenseele, einer Tierseele und einer Geistseele des Menschen. Letztere nannte er die „bestimmende erste Macht in dieser Wesenseinheit", d.h. die zielstrebig gestaltende Kraft: „anima forma corporis".

Dieser Gedanke besticht nicht nur, sondern leuchtet auch ein: daß nämlich am Anfang des Lebens die leib-seelische Konstante als Formkraft der weiteren Entwicklung steht; mit anderen Worten: daß die „anima" als ursprüngliche Gestaltungskraft die Ausbildung ihrer notwendigen Instrumente zum Denken und zum Handeln bestimmt. Daß ein Mensch nicht greifen kann, bevor er Hände hat und nicht denken, bevor sich ein funktionstüchtiges Hirn entwickelt hat, ist klar. Auch ein Geiger kann ohne Instrument nicht spielen und ein Handwerker braucht Werkzeuge: aber die Werkzeuge machen nicht den Handwerker, sondern umgekehrt. Übrigens sprechen wir einem Menschen auch in der Bewußtlosigkeit seine Persönlichkeit nicht ab, nur weil momentan das Ausdrucksmittel seines Geistes nicht funktioniert.

Zuerst also ist die Seele, die Person und dann das Gehirn, nicht umgekehrt. Dr. Blechschmidt sagt das so:

> „Während die Evolutionsidee von einem Punkt ausgeht, durch zunehmende 'genetische Information', durch Werden zum Sein kommt, geht der Schöpfungsglaube vom Ganzen aus und setzt damit das Sein dem Werden voraus. – Ein Organismus summiert sich nicht erst nach und nach zu einem Ganzen, sondern existiert schon seit Beginn seiner Entwicklung als Einheit, und zwar nicht nur im Hinblick auf seine Gestalt, sondern auch hinsichtlich seiner Gestaltung und seiner seelisch-geistigen Verhaltensweise. Der Mensch kann deshalb nicht als eine Summe von Teilen aufgefaßt werden, bei der eine seelisch-geistige Komponente...irgendwann einmal in der Ontogenese durch Einwirkung von außen oder durch 'Selbstüberbietung'... hinzukäme. Vielmehr ist das menschliche Lebewesen von Anfang an mit der Befruchtung eine leib-seelische...Einheit:
>
> *Der Mensch entwickelt sich nicht zum Menschen, sondern als Mensch, er wird nicht Mensch, sondern ist Mensch von Anfang an.*"[1]

Die bisher dargelegten Gedankengänge widersprechen grundlegend allen monistischen Systemen, welche das Geistige irgendwie als Auswirkung des Materiellen betrachten. Soweit stimmen auch K. Popper und J. Eccles überein. Im folgenden gehen ihre Ansichten auseinander.

c) *Die Unsterblichkeit des Ich*

Unsterblichkeit wird selbstverständlich nicht dem animalischen Lebensprinzip, sondern nur der Geistseele des Menschen zugesprochen.

Der Glaube an ein Fortleben nach dem Tode ist durch die gesamte Menschheitsgeschichte tausendfach bezeugt; er scheint in der Natur des Menschen verankert zu sein. Hier sei nur Platon angeführt, der diesen Gedanken nicht nur vertritt, sondern auch begründet:

> „Dem Göttlichen und Unsterblichen und Übersinnlichen und Einfachen und Unauflöslichen und immer sich Gleichbleibenden ist am ähnlichsten die Seele, dem Menschlichen und Sterblichen und Mannigfaltigen und Sinnlichen und Auflöslichen und niemals sich Gleichbleibenden am ähnlichsten hinwiederum der Leib... Wenn es damit

---

1 Dr. E. Blechschmidt: „Die Erhaltung der Individualität"

seine Richtigkeit hat, kommt es dann nicht dem Körper zu, sich rasch aufzulösen, während umgekehrt die Seele ganz oder wenigstens nahezu unauflöslich sein muß?"[1]

Man kann hier natürlich noch weiter argumentieren, etwa mit Kant, der das Fortleben nach dem Tode ein Postulat der praktischen Vernunft nennt, weil es sonst keinen gerechten Ausgleich von Gut und Böse gäbe. Der Mensch trägt nun einmal in sich die Idee der Gerechtigkeit; er fragt nach einem letzten Sinn des Daseins und er strebt nach unvergänglichem Glück, oder wie das Nietzsche ausdrückt: „Jedes Glück will Ewigkeit, will tiefe, tiefe Ewigkeit". Wenn der Mensch in einer sonst sinnvollen Welt nicht gebündelter Unsinn sein soll, dann müssen diese Grundstrebungen des menschlichen Geistes irgendwie eine Erfüllung finden.

Auch Popper und Eccles kommen in ihrem Dialog auf die Unsterblichkeit des Ich zu sprechen:

> Eccles: „Ich glaube, daß meiner Existenz ein fundamentales Mysterium anhaftet, das jede biologische Erklärung der Entwicklung meines Körpers überschreitet. Und gerade weil ich keine wissenschaftliche Erklärung meises persönlichen Ursprungs geben kann – ich wachte sozusagen im Leben auf, und fand mich selbst als ein körperhaftes Selbst mit diesem Körper und Gehirn existierend – so kann ich nicht glauben, daß dieses wunderbare Geschenk einer bewußten Existenz keine weitere Zukunft besitzt, keine Möglichkeit einer anderen Existenz unter anderen unvorstellbaren Bedingungen."

> Popper: „... Auf einen anderen Punkt, in dem wir vielleicht nicht übereinstimmen, möchte ich nun – mit einem gewissen Zögern – zu sprechen kommen. Es geht um die Frage des Weiterlebens nach dem Tode. Zunächst einmal erwarte ich kein ewiges Leben. Im Gegenteil, die Vorstellung, daß es ewig so weitergeht, erscheint mir äußerst erschreckend. ... Dagegen finde ich, daß selbst der Tod ein positives, wertvolles Element im Leben darstellt... Ich will noch sagen, daß alle Versuche, sich ein ewiges Leben vorzustellen, meiner Ansicht nach völlig darin versagt haben, diese Vorstellung irgendwie verlockend zu machen. Ich brauche nicht ins einzelne zu gehen und es liegt mir fern, diese Versuche lächerlich zu machen, aber ich könnte vielleicht noch erwähnen, daß mir namentlich der Himmel des Islam als Ideal ewigen Lebens besonders unannehmbar vorkommt..."

Man möchte hier unwillkürlich sagen: Schade, daß Popper die Unterscheidung von menschlichen Bildern und jenseitiger Wirklich-

1 Phaidon c. 25-32

keit anscheinend nicht vollziehen kann. Wir glauben nämlich in keiner Weise, „daß es ewig so weiter geht."

Eccles: „Ich glaube, daß du, Karl, von all den sehr unbeholfenen Versuchen, das Leben nach dem Tode zu beschreiben, abgestoßen bist. Ich bin ebenfalls von ihnen abgestoßen. Doch ich glaube, daß ein unglaubliches Mysterium darin liegt. Was bedeutet dieses Leben: Erst beginnen zu sein, dann schließlich aufhören zu sein? Wir finden uns hier in dieser wunderbaren, reichen und lebendigen, bewußten Erfahrung und sie geht das ganze Leben hindurch weiter; doch ist das das Ende? Dieser unser selbstbewußter Geist besitzt diese mysteriöse Beziehung zu dem Gehirn und gewinnt in der Folge davon Erfahrungen von menschlicher Liebe und Freundschaft, von den wundervollen Schönheiten der Natur und von der intellektuellen Erregung und Freude, die uns durch den Genuß und das Verständnis unseres kulturellen Erbes geschenkt wird. Soll dieses gegenwärtige Leben ganz im Tode enden oder können wir Hoffnung haben, daß ein weiterer Sinn entdeckt werden wird? Ich möchte ein Zitat von Wilder Penfield (1969), dem großen Neuro-Wissenschaftler und Neurochirurgen, anfügen: „Der Geist ist der Mann, den man kennt. Er muß durch Perioden von Schlaf und Koma Kontinuität besitzen. Ich vermute, daß dann dieser Geist irgendwie nach dem Tode fortleben muß... Sherrington schrieb in seinem 'Man on his nature' (1940) gegen die Unsterblichkeit. Wie ich in meinem Buch 'Facing Reality' schrieb, gab er mir gerade vor seinem Tode 1952 zu verstehen, daß er vielleicht seinen Sinn darüber geändert hätte, indem er feststellte: „Für mich ist nun die einzige Realität die menschliche Seele."

Wir haben nun die Existenz des selbstbewußten Geistes, seine Strebungen, Sehnsüchte, Hoffnungen verfolgt bis an die Schwelle des Todes, der das Ich mit dem Mantel des Geheimnisses umhüllt. An diesem Geheimnis scheiden sich die Geister: die einen verfolgen die Leitlinien menschlicher Sehnsucht in die Transzendenz und überschreiten die Schwelle des Todes im Glauben, die andern verharren im Dunkel des Agnostizismus: „ignoramus – ignorabimus": Wir wissen nicht und werden nicht wissen.

III. Der Mensch im Licht der Offenbarung

Als 597 n. Chr. der Abt Augustinus zur Missionierung der Angelsachsen nach England kam, empfing ihn eine Fürstenversammlung, deren Sprecher ihn folgendermaßen anredete: „Fremdling, du bist gekommen, uns von einer neuen Religion zu berichten. Vielleicht hast du die Schwalbe gesehen, die soeben durch ein Fenster hereinkam und durch ein anderes wieder verschwand. Unser Leben gleicht dem Flug dieser Schwalbe. Wir kennen nur die kurze Spanne zwischen Geburt und Tod, wissen aber nicht, woher wir kommen, wohin wir gehen und wozu wir da sind. Wenn du uns diese Fragen beantworten kannst, sollst du willkommen sein."

Bei der Beantwortung dieser Grundfragen, die Sein und Sinn der menschlichen Existenz betreffen, wird der fundamentale Unterschied zwischen Glaube und Unglaube deutlich. Zwar kann der Mensch die Spuren Gottes in der Schöpfung erkennen und somit erahnen, daß es jenseits der sichtbaren und erforschbaren Welt einen metaphysischen Bereich gibt. Er kann mit seiner Vernunft diese Spuren Gottes weiterverfolgen, bis sie sich im Jenseits verlieren. Aber auch wenn er wie Eccles für das Metaphysische aufgeschlossen ist, kommt er über ein Ahnen nicht hinaus:

> „Es kann behauptet werden, daß ich meine erlebte Einzigartigkeit besitze, weil mein Gehirn durch die genetischen Instruktionen eines ganz eigenartigen genetischen Kodes gebaut ist, meines Genoms[1] mit seinen etwa 30 000 Genen... aufgereiht auf der ungeheuren Doppelhelix der menschlichen DNS mit ihren 3,5 mal 10^9 Nukleotidpaaren. Es muß erkannt werden, daß mit 30 000 Genen eine Chance von $10^{10\,000}$ dagegen besteht, daß diese Einzigartigkeit erreicht wird. So bin ich genötigt zu glauben, daß es etwas gibt, das wir einen übernatürlichen Ursprung meines einzigartigen selbstbewußten Geistes oder meiner einzigartigen Selbstheit der Seele nennen könnten;... Mit dieser Idee einer übernatürlichen Schöpfung entkomme ich der unglaublichen Unwahrscheinlichkeit, daß die Einzigartigkeit meines Ich genetisch determiniert ist... Es ist die Einzigartigkeit des erlebten Ich, die diese Hypothese eines unabhängigen Ursprungs des Ich oder der Seele erforderlich macht, das dann mit einem Gehirn verknüpft wird, das so zu meinem Gehirn wird... Ich glaube fast, es liegt ein Mysterium im Menschen und ich bin sicher, daß es wenigstens wunderbar für den Menschen ist, das Gefühl zu gewinnen, daß er nicht nur ein hastig gemachter Überaffe ist und daß etwas viel Wunderbareres in seiner Natur und seiner Bestimmung liegt." (J. C. Eccles)

1 Genom = einfacher Chromosomensatz einer Zelle, der deren Erbmasse darstellt

Beschränkt sich der Mensch allerdings auf die positivistischen Erkenntnismethoden, dann findet er gerade für die „wirklich bedeutenden“ Lebensfragen keine letzterklärende Antwort:

Daß im Menschen aber das Verlangen nach „Letzterklärungen“ unaustilgbar ist, beweisen die religiösen Vorstellungen und Kulte durch alle Zeiten und über alle Länder der Erde hin, so daß man mit Cícero geradezu von einer religiösen „Naturanlage“ sprechen kann. Dieser Anlage kommt Gott mit seiner Offenbarung entgegen.

1. Der Mensch in der Schöpfungsordnung

Die Bibel verkündet die Magna Charta der Würde und Einmaligkeit des Menschen:

> „Dann sprach Gott: Laßt uns Menschen machen als unser Abbild, uns ähnlich. Sie sollen herrschen über die Fische des Meeres, über die Vögel des Himmels, über das Vieh, über die ganze Erde... Gott schuf also den Menschen als sein Abbild... Als Mann und Frau schuf er sie.“ (Gen 1,26f)

Nachdem der Geist Gottes das Schöpfungschaos zum Kosmos geordnet hatte, bildete er als Krone der Schöpfung den Menschen.

Da Gott Geist ist, besteht die *Gottesebenbildlichkeit* zunächst in der Geistseele des Menschen, die ihn zur Herrschaft über alle anderen Geschöpfe befähigt. Aber auch der Leib, insofern er von der Geistseele durchformt ist, wird von der Gottesebenbildlichkeit geprägt.

Im paradiesischen Zustand war die natürliche Ebenbildlichkeit noch überhöht durch das übernatürliche Leben der Kindschaft Gottes oder der heiligmachenden Gnade.

Der Baum des Lebens ist Symbol der Lebensfülle; das Verbot, vom *Baum der Erkenntnis* von Gut und Böse zu essen besagt, daß es dem Menschen nicht zusteht, eigenmächtig zu bestimmen, was gut oder böse ist. Er hat sich an die gottgesetzte Ordnung zu halten.

Die *Zweigeschlechtlichkeit* der Menschen ist Gottes Werk, von dem die Schrift sagt: „Gott sah alles an, was er gemacht hatte. Es war sehr gut“ (Gen 1,31).

Da sowohl der Mann als auch die Frau Gottes Ebenbild sind, sind sie *gleichwertig*. Darauf deutet die Erschaffung der Frau aus der Seite des Mannes hin: sie steht nicht über noch unter ihm. Adam spricht das aus: „Das endlich ist Bein von meinem Bein und Fleisch von meinem Fleisch. Männin (hebr. ‚issah‘) soll sie heißen, denn vom Mann (hebr. ‚is‘) ist sie genommen“ (Gen 2,23).

Gleichwertigkeit bedeutet aber *nicht Gleichartigkeit*. Der zweite Schöpfungsbericht erzählt: Trotz seiner überragenden Stellung blieb der Mensch unbefriedigt, denn er fand keine Hilfe, die ihm entsprach (Gen 2,20). Und nun teilt Gott gleichsam den Menschen und bildet aus seiner Seite die Frau. Gott verteilt also seine Abbildhaftigkeit auf Mann und Frau so, daß sie sich gegenseitig ergänzen und damit eine Hilfe füreinander sind. Auch wenn die Begabungen beider ihre Entsprechung im Wesen Gottes haben, weisen unterschiedliche Wesensmerkmale von Mann und Frau auf unterschiedliche Aufgabenbereiche hin: Der aus dem Ackerboden geschaffene Mann ist mehr sachbezogen und zur Gestaltung seine Welt befähigt, während die aus dem Mann geschaffene Frau mehr personenbezogen ist und durch ihre Mütterlichkeit besonders geeignet und berufen ist, Geborgenheit zu geben. Schon im Spielverhalten der Kinder tritt dieser wesentliche Unterschied in Erscheinung und prägt das ganze weitere Leben.

Es ist nicht leicht, diese Gleichwertigkeit von Mann und Frau und zugleich ihre Wesenverschiedenheit in Worte zu fassen. Schiller schreibt im „Lied von der Glocke“: „Wo Mildes sich mit Hartem paarte, da gibt es einen guten Klang.“ Den besten Vergleich dafür hat wohl Papst Johannes XXIII. geprägt, wenn er den Mann das Haupt und die Frau das Herz der Familie nennt.

Falsch ist daher die Meinung, daß sich Mann und Frau nur durch die Geschlechtsmerkmale unterscheiden und im übrigen von der Gesellschaft in ein Rollenverhalten gezwungen werden. Daß Mann und Frau sich in ihrer Gesamtpersönlichkeit sowohl körperlich als auch seelisch unterscheiden, ist durch die moderne Zell-, Gehirn- und Verhaltensforschung erwiesen und wird durch die Lebenserfahrung bestätigt:

„Bei jeder gesunden Liebesbeziehung zwischen Mann und Frau beruht das Angezogenwerden vom anderen und das Begehren des anderen nicht nur auf dem Sexualtrieb, sondern auch auf der erotischen Faszination durch das geistig-seelische Anderssein des Geliebten... Die Liebe zwischen Mann und Frau ist also ein gutes Beispiel dafür, wie sehr die Geschlechtlichkeit den ganzen Menschen betrifft.“[1]

Verfehlt ist die Sucht der Feministinnen, auf Biegen und Brechen in allem mit den Männern gleichzuziehen und die damit verbundene Geringschätzung der „Nur-Hausfrau“, weil diese lediglich auf „Kinder, Kirche und Küche“ fixiert sei. Diese sogenannte „Selbstentfaltung der Frau“ führt letztlich zu mehr Ehescheidungen, Abtreibungsmentalität, Verwahrlosung, Verhaltensstörung und Entfremdung der Kinder. Eine Mutter, die ihre Kinder gut erzieht, leistet ideell und wirtschaftlich mehr für die Gesamtheit als eine noch so tüchtige Frau am Fließband oder im Büro.

Aus den beiden Schöpfungsberichten ergibt sich ferner für das Verhältnis von Gott, Mensch und Natur eine klare *Schöpfungsordnung*: Mann und Frau sind als Geschöpfe Gott untergeordnet. Dem Mann ist die Frau als Hilfe gegeben und damit seiner Verantwortung unterstellt. Die übrige Schöpfung ist der Herrschaft beider anvertraut. Im Sinne dieser Ordnung wird auch das Verbot, vom Baum der Erkenntnis zu essen, dem Mann als dem Verantwortlichen gegeben (Gen 2,16f).

Diese Schöpfungsordnung wurde vom paradiesischen Menschen und wird vom erlösten Menschen nicht als Zwang empfunden, denn sie war und ist *überformt vom Gesetz der Liebe*, welche eine Harmonie von Mensch und Gott, der Menschen untereinander und des Menschen mit der Schöpfung bewirkt. Der liebende Mensch empfindet die Gebote Gottes nicht als Last, sondern als Wegweisung eines liebenden Vaters.

Der Mann, der sich vor Gott verantwortlich weiß und seine Frau liebt, wird von ihr nichts Unbilliges verlangen; desgleichen ist sich

---

1 Werner Neuer „Mann und Frau in christlicher Sicht“ Giessen-Basel 1993
Der evangelische Theologe setzt sich in diesem empfehlenswerten Buch fundiert mit der angegebenen Problematik auseinander

die gläubige Frau bewußt, daß sie den vorrangigen Gehorsam Gott und ihrem Gewissen schuldet.

> „Ihr Männer liebt eure Frauen, wie Christus die Kirche liebt und sich für sie hingegeben hat...so liebe jeder von euch seine Frau wie sich selbst, die Frau aber ehre den Mann" (Eph 5,25ff).

So gesehen ist die Schöpfungsordnung das der Natur des Menschen entsprechende Gesetz für ein gedeihliches und harmonisches Zusammenleben der Geschlechter; und dies wiederum ist Voraussetzung für eine gesunde und glückliche Entwicklung der Kinder.

2. Die Verkehrung der Schöpfungsordnung in der Sünde

Das dritte Kapitel der Genesis ist eine Darlegung des Prozesses jeder Versuchung und Sünde. Die Schlange wendet sich – nicht zufällig – an die empfindsamere und redefreudigere Frau und zwar mit einer Übertreibung, welche das Gebot Gottes lächerlich machen soll: „Hat Gott wirklich gesagt: Ihr dürft von keinem Baum des Gartens essen?" Die Frau kann es sich nicht verkneifen, die Sache richtig zu stellen. Desungeachtet wird nun Gott selbst als egoistisch und neidisch verdächtigt: „Gott weiß...: Sobald ihr davon eßt, gehen euch die Augen auf; ihr werdet wie Gott und erkennt Gut und Böse."

Diese Urversuchung übt bis heute ihren unverminderten Reiz auf den Menschen aus: „Da sah die Frau, daß es köstlich wäre, von dem Baum zu essen, daß der Baum ein Augenweide war und dazu verlockte, klug zu werden." – Und dann erleben die Menschen den Doppelsinn des Schlangenwortes: „Da gingen beiden die Augen auf und sie erkannten, daß sie nackt waren."

Nach der Verkehrung der Schöpfungsordnung wird von Gott das ursprüngliche Abhängigkeitsverhältnis wiederhergestellt. Nicht die Frau, die verführt wurde und verführt hat, sondern der Mann wird zur Rechenschaft gerufen, weil er nicht als Verantwortlicher geführt hat, sondern sich verführen ließ. Die Frau wird wieder der Verantwortung des Mannes unterstellt.

Durch die Ursünde der Stammeltern wurde die ursprüngliche Harmonie zerstört und in den Menschen eine folgenschwere Veränderung bewirkt. Ihre Erkenntnis ist verdunkelt: sie verstecken sich vor Gott; ihre Unbefangenheit ist geschwunden: sie schämen sich; ihr Wille ist geschwächt: sie sind zu feige, die Schuld auf sich zu nehmen; auch das Verhältnis zur Natur ist gestört: der Ackerboden ist verflucht; die Arbeit wird zur Mühsal und das Leben endet im Tod. Die schlimmste Folge aber ist der Verlust des Kindschaftsverhältnisses zu Gott, den die Vertreibung aus dem Paradies symbolisiert.

An die Erzählung vom Sündenfall schließt sich sofort jene vom Brudermord an. *Nachdem die Menschen gegen Gott gefehlt, kehrt sich ihre Mißgunst gegen den Mitmenschen*. Der Bruch des Bundes mit Gott hat schließlich die Zerstörung jeder menschlichen Gemeinschaft zur Folge, ja selbst die egoistische Zerstörung der Natur.

Und nun strahlt die Urschuld auf die gesamte Menschheitsgeschichte aus. Die Erzählungen von der Flut und vom babylonischen Turmbau weisen auf eine Unheilssituation der gesamten Menschheit hin. Das Wort *Erbsünde*, das dafür erst seit der Reformation in Gebrauch ist, kann leicht mißverstanden werden. Es handelt sich ja um keine eigentliche Sünde, welche personale Entscheidung voraussetzt; auch die „Vererbung" ist keinesfalls biologisch gemeint. Der Mensch wird in die Unheilssituation der Gottesferne hineingeboren; „denn das Trachten des Menschen ist böse von Jugend an" (Gen 8,21). Er findet also die Unheilssituation in sich und in seiner Umgebung vor und vertieft sie noch durch persönliche Schuld. Der Römerbrief schildert diese Menschheitssituation so:

> „Denn sie haben Gott erkannt, ihn aber nicht als Gott geehrt und ihm nicht gedankt. Sie verfielen in ihrem Denken der Nichtigkeit, und ihr unverständiges Herz wurde verfinstert. Sie behaupteten, weise zu sein, und wurden zu Toren. Sie vertauschten die Herrlichkeit des unvergänglichen Gottes mit Bildern, die einen vergänglichen Menschen und fliegende, vierfüßige und kriechende Tiere darstellen (Röm 1,21 ff).

> „...ich begreife mein Handeln nicht: Ich tue nicht das, was ich will, sondern das, was ich hasse...ich sehe ein anderes Gesetz in meinen Gliedern, das mit dem Gesetz meiner Vernunft im Streit liegt..." (Röm 7,15 ff).

Nach dem Sündenfall verwirft Gott jedoch den Menschen nicht für immer, sondern gibt ihm die Verheißung, daß die Macht der Schlange durch einen Nachkommen des Weibes gebrochen werden wird (Gen 3,15).

IV. Befreiung und Vollendung des Menschen in Christus

„Wenn Gott für mich ein Mensch würde, dann würde ich ihn lieben – ihn ganz allein. Dann wären Bande zwischen ihm und mir, und für das Danken reichten alle Wege meines Lebens nicht. Ein Gott, der Mensch würde, gebildet aus unserem liebenswert elenden Fleisch – ein Gott, der erfahren wollte, wie der Salzgeschmack auf unserer Zunge schmeckt, wenn alles uns verlassen hat, ein Gott, der das Leid auf sich nähme, das ich heute leide – wenn Gott für mich ein Mensch würde, dann würde ich ihn lieben" (Jean-Paul Sartre).

„Erschienen ist die Güte und Menschenfreundlichkeit Gottes, unseres Befreiers" (Tit 3,4).

Wenn auch dieses Ereignis am Rande des römischen Imperiums und zunächst unbeachtet von der großen Welt geschah, so bedeutet es doch den Angelpunkt der Menschheitsentwicklung. Mit Recht hat man daher die Menschheitsgeschichte nach dieser „Zeitenwende" datiert. Auch in den Schriften bedeutender Dichter und Denker findet sich diese Erkenntnis.

Hermann Hesse (1877-1962):

„Es hat im Lauf der Jahrhunderte tausend Gesinnungen gegeben und Parteiungen und Programme...Keines hat die Zeit überdauert. Die Bilder und Worte einiger echter Künstler und auch die Worte einiger echter Weiser und Liebender und Sichopfernder haben die Zeiten überdauert, und tausendmal hat ein Wort Jesu...nach Jahrhunderten noch Menschen getroffen und aufgeweckt und ihnen den Blick für das Leid und Wunder des Menschentums geöffnet." (Briefe)

Johann Wolfgang von Goethe (1749-1832):

„Mag die geistige Kultur nur immer fortschreiten, mögen die Naturwissenschaften in immer breiterer Ausdehnung und Tiefe wachsen und der menschliche Geist sich erweitern, wie er will, – über die Hoheit und sittliche Kultur des Christentums...wird er nicht hinauskommen."

Das Evangelium faßt die Christusbotschaft in dem einfachen Satz zusammen:

„Und das Wort ist Fleisch geworden und hat unter uns gewohnt, und wir haben seine Herrlichkeit gesehen, die Herrlichkeit des einzigen Sohnes vom Vater, voll Gnade und Wahrheit" (Joh 1,14).

Diese Worte bergen in sich ein ungeheures Geschehen, das jenes der Weltschöpfung noch übertrifft: *im Gott-Menschen Jesus ereignen sich Umbruch und Zukunft der Menschheit.*

In diesem Menschen ist Gott in die Welt hereingebrochen. Gewiß, Gott hat die Welt nie verlassen; sein Wirken und seine Weisheit leuchten aus der Ordnung und Schönheit der Natur und aus den Schöpfungen des Menschengeistes. Aber in Jesus wird Gott sprechend, handelnd, leidend gegenwärtig und solidarisiert sich mit uns Menschen:

Dies ist *der Mensch für andere*. In einer Welt, in der sich jeder selbst der Nächste ist und der Mensch dem Menschen ein Wolf, tritt ein Mensch auf, dessen Lebensgrundsatz Dienen ist und dessen Lebensaufgabe in der Hingabe für andere besteht, die im Opfertod ihre Vollendung findet. Diese Revolution der eigenen Preisgabe wird das Menschheitsprogramm des Friedens:

> „Er entäußerte sich und wurde wie ein Sklave und den Menschen gleich. Sein Leben war das eines Menschen; er erniedrigte sich und war gehorsam bis zum Tod, bis zum Tod am Kreuz" (Phil 2,7f).

> „Denn Gott wollte mit seiner ganzen Fülle in ihm wohnen, um durch ihn alles zu versöhnen." (Kol 1,19).

Dieser Mensch bedeutet die *Zukunft der Menschheit*. Während die Welt auf den Tod hin orientiert ist und die Menschen dahingehen wie das Gras des Feldes, bricht in diesem Menschen eine ungeahnte Zukunft für alle auf: eine Zukunft durch Wandlung im Geist der Liebe, eine ewige Zukunft, die dem Leben des einzelnen erst Sinn verleiht, eine Zukunft durch die Verwandlung des Kosmos in einen „neuen Himmel und eine neue Erde" (Offb 21,1).

1. Die Erlösung der Menschheit

Von der Unheilssituation der Menschen und deren Erlösungssehnsucht war bereits mehrfach die Rede; desgleichen von den Selbsterlösungsversuchen. All diese Versuche waren und sind erfahrungsgemäß zum Scheitern verurteilt. Auch nach der Bibel ist eine Rückkehr des Menschen in einen paradiesischen Zustand unmöglich:

> „Er vertrieb den Menschen und stellte östlich des Gartens von Eden die Cherubim auf und das lodernde Flammenschwert, damit sie den Weg zum Baum des Lebens bewachten." (Gen 3, 24)

Selbst wenn Wissenschaft, Technik und Organisation erfolgreich sind, versagt der Mensch. Die Bibel gibt dafür ein anschauliches Beispiel: Beim Turmbau zu Babel (Gen 11) waren Erfindung und Material erfolgreich, jedoch der Mensch versagte: die Überheblichkeit gegenüber Gott führte zum Streit der Menschen untereinander, so daß sie sich „nicht mehr verstanden" und ihr Werk scheiterte. Nicht die Änderung äußerer Verhältnisse und Strukturen kann die Unheilssituation der Menschen beseitigen, denn ihre Ursache liegt im Menschen selbst – in seinem Egoismus.

Tiefer denkende Menschen aller Zeiten haben daher die Wurzel von Streit und vielfachem Leid im Bereich des Metaphysischen gesucht: *Ursache der meisten Unheilssituationen ist das gestörte Verhältnis der Menschen zu Gott, die Sünde. Daher wurden als Zeichen der Abkehr von der Sünde und der Versöhnung mit Gott Opfer dargebracht.*

Das Bewußtsein einer nicht nur biologischen, sondern auch geistigen Verbundenheit der Menschen in Schuld und Sühne ist in vielen Religionen vorhanden und findet seinen schockierendsten Ausdruck in Menschenopfern, die stellvertretend für alle dargebracht wurden.

Im Alten Bund erfährt Abraham, daß Gott keine Menschenopfer will, sondern daß das eigentliche Opfer in der Gottesfurcht besteht, d. h. der persönlichen Hingabe im Gehorsam, die durch die Opfergabe symbolisiert wird (Gen 22,12).

Das Opfer zur Tilgung der Sünden ist Mittelpunkt israelitischer Frömmigkeit. Auch das religiöse Grunderlebnis der Befreiung aus ägyptischer Knechtschaft beginnt mit dem Opfer des Paschalammes (Ex 12). Dies wiederum dient dem Propheten Isaias als Vorbild in seiner Vorhersage der Menschheitserlösung von der Knechtschaft der Sünde durch die stellvertretende Opferhingabe des Gottesknechtes:

> „... er hat unsere Krankheit getragen und unsere Schmerzen auf sich geladen. Wir meinten, er sei von Gott geschlagen, von ihm getroffen und gebeugt. Doch er wurde durchbohrt wegen unserer Verbrechen, wegen unserer Sünden zermalmt: Zu unserem Heil lag die Strafe auf ihm, durch seine Wunden sind wir geheilt. Wir hatten uns alle verirrt wie Schafe, jeder ging für sich seinen Weg. Doch der Herr lud auf ihn die Schuld von uns allen." (Jes 53,1-12).

Johannes der Täufer hat das Wesentliche der Sendung Christi prägnant ausgesprochen: „Seht das Lamm Gottes, das die Sünde der Welt hinwegnimmt" (Joh 1,29). Und Jesus selbst:

„Wie Mose die Schlange in der Wüste erhöht hat, so muß der Menschensohn erhöht werden, damit jeder, der (an ihn) glaubt, in ihm das ewige Leben hat. Denn Gott hat die Welt so sehr geliebt, daß er seinen einzigen Sohn hingab, damit jeder der an ihn glaubt, nicht zugrunde geht, sondern das ewige Leben hat " (Joh 3,14ff).[1]

Paulus spricht von der Verbundenheit der Menschen in Schuld und Rechtfertigung, wenn er die Sünde Adams samt ihren Folgen mit der Erlösung durch Christus vergleicht:

„Sind durch die Übertretung des einen die vielen dem Tod anheimgefallen, so ist erst recht die Gnade Gottes und die Gabe, die durch die Gnadentat des einen Menschen Jesus Christus bewirkt worden ist, den vielen reichlich zuteil geworden... Wie durch den Ungehorsam des einen Menschen die vielen zu Sündern wurden, so werden auch durch den Gehorsam des einen die vielen zu Gerechten gemacht werden." Röm 5,17-19)

Nach diesen grundsätzlichen Erwägungen über die Erlösungstat Christi ergibt sich von selbst die Frage: *Was schenkt nun die Erlösung den einzelnen Menschen, worin besteht die Rechtfertigung?*

Die Erlösung durch Christus ist nicht in erster Linie eine Beseitigung von Elend, Hunger, Krankheit, Krieg und Tod, d. h. eine Beseitigung der äußeren Symptome menschlicher Versklavung; Erlösung bedeutet zunächst eine Beseitigung der Letztursache menschlicher Knechtung, eine Befreiung von seiner inneren seelischen Versklavung, eine Befreiung von der Sünde. Es bleiben zwar Anfechtungen, Leid und Tod; es bleibt die natürliche Angst vor Schmerz und Vernichtung des Irdischen; weggenommen aber wird die metaphysische Angst, d. h. die Angst vor dem, was jenseits ist und nachher kommt. Der Erlöste lebt eben nicht mehr nur im rein Menschlichen und oft allzu Menschlichen, oder wie das Paulus nennt: im „Fleisch"; er ist in eine völlig neue Seinssphäre einbezogen: in Gott. Von dieser Warte aus gesehen erscheinen alle Dinge in einem ganz neuen Licht, in einem völlig anderen Sinnzusammenhang: Besitz und Armut, Arbeit und Muße, Freude und Leid, Leben und Tod. Der in Christus Be-

---

1 Der Einwand, man könne nicht an einen Gott glauben, der seinen Sohn auf so unmenschliche Weise geopfert habe, beruht auf einem grob vermenschlichenden Verständnis, nach dem die drei göttlichen Personen mit einer Familie gleichgesetzt werden und die Einheit in Gott außer acht gelassen wird. Die Erlösungstat geschieht aus Liebe des einen Gottes, der sich in der Menschwerdung und freiwilligen Hingabe des Sohnes mit der durch die Sünde versklavten Menschheit solidarisiert

freite ist gelöst von der ausschließlichen Bindung an das Vergängliche und hineingenommen in das Ewige. In Christus befreit zu sein heißt nicht nur auf menschliche Kräfte bauen, sondern mitgetragen werden von der Kraft des Gottesgeistes, von der Gnade.

> „Das Gesetz des Geistes und des Lebens in Christus Jesus hat dich frei gemacht vom Gesetz der Sünde und des Todes... Denn alle, die vom Fleisch[1] bestimmt sind, trachten nach dem, was dem Fleisch entspricht; alle, die vom Geist bestimmt sind, nach dem, was dem Geist entspricht. Das Trachten des Fleisches führt zum Tod, das Trachten des Geistes aber zu Leben und Frieden.
>
> Alle, die sich vom Geist Gottes leiten lassen, sind Söhne Gottes. Denn ihr habt nicht einen Geist empfangen, der euch zu Sklaven macht, so daß ihr euch immer noch fürchten müßtet, sondern ihr habt den Geist empfangen, der euch zu Söhnen macht, den Geist, in dem wir rufen: Abba, Vater!“ (Röm 8)

Obwohl Erlösung zunächst eine Versöhnung des Menschen mit Gott und eine neue Gesinnung der einzelnen Christen bedeutet, übt sie doch eine befreiende Wirkung auf alle Bereiche irdischen Lebens aus. Sie ist auch nicht auf die Zeit nach Christus begrenzt, sondern durchwirkt die gesamte Menschheitsgeschichte.

2. *Die Erlösung des Menschen*

Während die Erschaffung der Menschen eine reine Tat Gottes war und das irdische Leben eines jeden einzelnen ein Geschenk ist, geschieht Erlösung nicht ohne Mitwirkung des Menschen. Der Erlöste ist nämlich Freund und Partner Gottes. Und das setzt die persönliche Entscheidung für Gott voraus: „Der dich erschaffen ohne dich, erlöst dich nicht ohne dich.“ Wer sich aber für Gott entschieden hat und immer wieder entscheidet, dem wird eine dreifache Erlösungsgabe zuteil: ein neues Leben, eine neue Freiheit und eine neue Sittlichkeit.

a) Das göttliche Leben

„Ich bin gekommen, damit sie das Leben haben und es in Fülle haben“ (Joh 10,10). Wenn Jesus vom Leben spricht, dann meint er

1 „Fleisch“ hier: das allzu Menschliche

nicht die irdische Existenz. Diese ist für ihn nur die Voraussetzung für „das Leben“, welches uns durch die Erlösung zuteil wird.

aa) Die Gnade der Kindschaft Gottes.

Dieses Leben ist ein *Hineingenommensein in die Lebensfülle des ewigen, dreifaltigen Gottes*. Wer dieses Leben besitzt, ist „eine neue Schöpfung“ (2 Kor 5,17), ist „aus Gott geboren“ (Joh 1,13) und hat daher die „Macht, Kind Gottes zu sein“ (Joh 1,12). Er ist „der göttlichen Natur teilhaftig“ (2 Petr 1,4), mit Christus lebendig verbunden wie die Rebe mit dem Weinstock (Joh 15); er ist ein „Tempel Gottes“, in dem der Geist Gottes wohnt (1 Kor 3,16).

Wer dieses Leben besitzt, ist *über Altern und Tod erhaben*: „Wenn auch unser äußerer Mensch aufgerieben wird, der innere wird Tag für Tag erneuert.“ (2 Kor 4,16) Ja, der in Gott Existierende „wird leben, auch wenn er stirbt“ (Joh 11,25).

Für den Erlösten ist der irdische Tod ein „Schlaf“ (Mt 9,24; Joh 11,11). Tot sind nur jene, die durch eigene schwere Schuld das ewige Leben preisgegeben haben. An die Gemeinde von Sardes schreibt Johannes in der geheimen Offenbarung: „Dem Namen nach lebst du, aber du bist tot“ (Offb 3,1).

Das ewige Leben ist zwar verborgen wie das Öl in den Lampen der Jungfrauen (Mt 25), jedoch *kostbar wie ein vergrabener Schatz im Acker*: Der Mann, der ihn entdeckte, „verkaufte in seiner Freude alles, was er besaß und kaufte den Acker.“ (Mt 13,44)

Die Kindschaft Gottes bedeutet zudem *eine neue Gemeinsamkeit* der Menschen untereinander, die nicht nur von Zweckmäßigkeit, sondern von Liebe bestimmt wird. Wenn alle Kinder eines Vaters sind, dann müssen auch alle zu Brüdern und Schwestern in Christus werden:

> „Wenn darum ein Glied leidet, leiden alle Glieder mit; wenn ein Glied geehrt wird, freuen sich alle mit ihm. Ihr aber seid der Leib Christi, und jeder einzelne ist ein Glied an ihm.“ (1 Kor 12,26f)

Diese Gemeinsamkeit ist ein Grundanliegen Christi. Er bezieht unser Verhalten gegen die Mitmenschen unmittelbar auf sich: „Was ihr für einen meiner geringsten Brüder getan habt, das habt ihr mir getan“ (Mt 25,40). Darum gibt es auch keine göttliche Vergebung ohne menschliches Verzeihen: „Erlaß uns unsere Schulden, wie auch wir sie unseren Schuldnern erlassen haben“ (Mt 6,12). Ja selbst der Feind darf aus der Gottesfamilie nicht ausgeschlossen werden:

> „Ich aber sage euch: Liebt eure Feinde und betet für die, die euch verfolgen, damit ihr Söhne eures Vaters im Himmel werdet; denn er läßt seine Sonne aufgehen über Bösen und Guten, und er läßt regnen über Gerechte und Ungerechte“ (Mt 5,44f).

bb) Die Taufe als zweite Geburt

> „Wenn jemand nicht aus Wasser und Geist geboren wird, kann er nicht in das Reich Gottes kommen.“ (Joh 3,5)

Mit diesen Worten an Nikodemus spricht Christus von der Notwendigkeit der Taufe als Aufnahme in das Reich Gottes: in seinen Abschiedsworten gibt er dann den Jüngern den Auftrag zu taufen:

> „Mir ist alle Macht gegeben im Himmel und auf der Erde. Darum geht zu allen Völkern und macht alle Menschen zu meinen Jüngern; tauft sie auf den Namen des Vaters und des Sohnes und des Heiligen Geistes und lehret sie, alles zu befolgen, was ich euch geboten habe“ (Mt 28,18ff).

Bereits Johannes der Täufer, rief zur Buße auf und taufte jene, welche ihre Sünden bekannten. Zugleich wies er auf die Taufe Jesu hin.

> „Ich taufe euch nur mit Wasser der Umkehr. Der aber, der nach mir kommt ... wird euch mit dem Heiligen Geist ... taufen“ (Mt 3,11).

Das Wasser, in das der Täufling getaucht wurde, stellte symbolisch das Grab für den sündigen Menschen dar und zugleich den Mutterschoß, aus dem der wiedergeborene Christ – von Sünde gereinigt und durch den Hl. Geist mit göttlichem Leben begabt – auftaucht.

Diese Aufnahme in die Kirche erfolgte ursprünglich nach einem Katechumenat, einem Unterricht, durch den der Taufbewerber in den Glauben und das religiöse Leben der Kirche eingeführt wurde. Unmittelbar vor der Taufe bekannte dann der Katechumene seine Abwendung vom Bösen und seine Entscheidung für Christus. In der Frühzeit der Kirche wurden mit den Familien auch Kleinkinder in die Kirche aufgenommen und durch Übergießen mit Wasser getauft.

Deren Entscheidung für den Glauben erfolgte – und erfolgt noch – im Verlauf der christlichen Erziehung durch das Leben aus dem Glauben.

Wegen der Bedeutung des Taufsakramentes, das die Voraussetzung für den gültigen Empfang aller übrigen Sakramente ist, *kann jeder Mensch gültig taufen*. Trotzdem wird nur ein verhältnismäßig kleiner Teil der Menschheit getauft. Selbst in christlichen Ländern gibt es viele, die auf Grund ihrer Erziehung oder von Vorurteilen sich nicht von der Wahrheit des Christentums überzeugen können, ganz zu schweigen von den Millionen gemordeter Ungeborener.

Weil aber Gott will, „daß alle Menschen gerettet werden" (1 Tim 2,4), muß es auch für diese Menschen eine Möglichkeit der Erlösung geben. Im Zusammenhang mit der Lehre von der „alleinseligmachenden Kirche" war bereits davon die Rede, daß auch jene, die nach bestem Wissen und Gewissen leben, das Heil Gottes erlangen. Falls diese Menschen Gelegenheit hätten, sich von der Notwendigkeit der Taufe zu überzeugen, würden sie auch die Taufe begehren. Diese *Begierdetaufe* kann daher die Wassertaufe ersetzen. Über Kinder, die unmündig ohne Taufe sterben, haben wir keine Offenbarung. Wir können aber vermuten, daß der gerechte und gütige Gott auch ihnen die Möglichkeit einer Entscheidung gibt.

Die Behauptung, daß die als Kinder Getauften zu einer bestimmten Religion gezwungen würden, ist ein dummes Vorurteil. Das Gegenteil ist der Fall. Wer nicht getauft ist, ist in der Regel zum Unglauben gezwungen. Erst durch Religionsunterricht und Einführung in das Leben aus dem Glauben verbunden mit der Gnadenhilfe Gottes wird ein Mensch zum Glauben befähigt. Durch die christliche Erziehung lernt das Kind die Grundlagen aller Religionen kennen und wird so frei für eine spätere definitive Entscheidung. Wer aber nichts kennenlernt, vermag sich auch nicht für oder gegen etwas zu entscheiden.

Auch die Verführung, der Kinder ohne religiöse Erziehung schutzlos ausgesetzt sind, wartet nicht bis zu deren Volljährigkeit. Im reiferen Alter fehlt in der Regel Wissen, Zeit und Kraft zur Entscheidung für den Glauben.

b) Die neue Freiheit

Neben der Übersteigerung des irdischen Lebens durch das göttliche Leben, die heiligmachende Gnade, erfahren wir eine ähnliche Überhöhung der menschlichen Freiheit durch die Erlösung:

aa) Die Freiheit der Kinder Gottes

Sie ist informiert durch göttliche Wahrheit, motiviert durch Hoffnung auf irdisches und ewiges Glück und unterstützt durch göttliche Hilfe.

Nicht im Halbdunkel menschlicher Meinungen, sondern *im Lichte der geoffenbarten Wahrheit* kann der Christ seine freien Entscheidungen treffen, wie der Apostel Paulus schreibt:

> „Bis heute liegt die Hülle auf ihrem Herzen... Sobald sich aber einer dem Herrn zuwendet, wird die Hülle entfernt... Wo der Geist des Herrn wirkt, da ist Freiheit." (2 Kor 3,15ff).

Dazu kommt *die Hoffnung* auf ein alles übertreffendes Ziel:

> „Wir verkündigen .. was kein Auge gesehen und kein Ohr gehört hat, was keinem Menschen in den Sinn gekommen ist: das Große, das Gott denen bereitet hat, die ihn lieben" (1 Kor 2,9)

> „Christus will ich erkennen und die Macht seiner Auferstehung und die Gemeinschaft mit seinem Leiden; ... So hoffe ich, auch zur Auferstehung von den Toten zu gelangen ... Das Ziel vor Augen, jage ich nach dem Siegespreis: der himmlischen Berufung, die Gott uns in Christus Jesus schenkt." (Phil 3,10ff)

Schließlich unterstützt Gott unsere Freiheit durch seine *helfende Gnade*. Dieses Wirken des Gottesgeistes zeigt sich im Pfingstereignis bildhaft als erleuchtendes und erwärmendes Feuer und als aufrüttelnder und mitreißender Sturm (Apg 2). Diesen erhellenden und ermunternden göttlichen Einfluß können wir zwar nicht von unserer eigenen Einsicht und Entschlußkraft unterscheiden, doch genügt es, wenn wir jeweils unserer besseren Einsicht folgen.

Da aber die göttliche Gnadenhilfe den Menschen nicht zwingt, bleibt ihm die Freiheit, diesen Anregungen zu folgen oder zu widerstehen.

bb) Sünde als Mißbrauch der Freiheit

Die Erlösung versetzt zwar den Menschen in den Stand der Kindschaft Gottes, sie unterstützt auch seine Freiheit, aber sie befreit ihn nicht von dem durch die Erbschuld bedingten Hang zum Bösen. Daher bedeutet Christsein einen lebenslangen Kampf gegen den jedem Menschen eingefleischten Egoismus.

Ist bereits die Neigung zum Bösen für den Menschen rätselhaft und beängstigend, so ist dies noch mehr die Sünde des einzelnen und das Böse in der Welt.

Jeder Mensch führt in seinem Gewissen gleichsam eine Skala von Persönlichkeitswerten, die er verwirklichen möchte. Er erlebt aber auch immer wieder sein eigenes Versagen. Er bleibt sich selbst etwas schuldig und empfindet dies als Demütigung seiner Freiheit, mit der er die Werte ergreifen könnte und sollte, dies aber aus irrationalen Gründen unterläßt. Sein eigenes Bewußtsein verurteilt ihn.

Weil das Böse eine irrationale Entscheidung gegen die eigene Vernunft und gegen die erkennbaren Gesetze der Naturharmonie darstellt, weil es eben unsinnig ist, kann es nicht rational erklärt werden. So ist das Problem des Bösen eines der dunkelsten und beängstigendsten Probleme der Menschheit, die große Frage, die sich alle Denkenden stellen, die sich durch alle Religionen zieht: Wie kommt es zu solcher Unheilssituation, zu Elend, Friedlosigkeit, Haß und Vernichtung?

Altes wie modernes Heidentum sehen hierin etwas Schicksalhaftes, eine dämonische Macht, der der Mensch ausgeliefert ist Dieser Gedanke findet sich bereits in dem babylonischen Gedicht „Enuma Elisch“:

> Unter die Götter ist Schuld geraten. Apsu und Mummu sind erschlagen worden, und dadurch ist der Tod ins Sein getreten. Kingu, der Anführer der göttlichen Rebellen wird gefesselt. Die Götterversammlung verurteilt ihn, dazu zu dienen, das Böse wieder aus dem Bereich der Götter herauszuleiten. Zu diesem Behufe wird er getötet, und aus seinem Blut wird die Menschheit geschaffen. So wird in der sterblichen und allem Bösen ausgelieferten Existenz des Menschen die im göttlichen Raum entstandene Schuld eingefangen und verewigt. Zugleich werden die Götter selbst dadurch von ihr befreit.

Nach einem Orakelspruch ist auch Ödipus schon vor seiner Geburt zum Mörder seines Vaters und zum Blutschänder seiner Mutter bestimmt.

Die Schicksalhaftigkeit des Bösen vertreten in unserer Zeit Pantheismus und Determinismus. Der Rationalismus nimmt das Böse überhaupt nicht zur Kenntnis; Nietzsche nennt es eine böswillige Erfindung und Sartre ist der Meinung, daß es keinen Maßstab für Gut und Böse gibt:

> „... und es war nicht mehr am Himmel weder Gut noch Böse, noch irgendeiner, um mir Befehle zu geben“ (in „Die Fliegen“).

In unserer Gesellschaft sind im Gegensatz zur tatsächlichen Situation die Begriffe *Sünde* und *Buße* verblaßt: „Wir kommen alle, alle in den Himmel, weil wir so brav sind“, heißt es in einem rheinischen Karnevalslied. Darum besitzen die meisten kein Sündenbewußtsein und sehen keinen Anlaß zur Buße.

Dagegen erscheint schon auf den ersten Seiten der Bibel das Böse als freie Entscheidung des Menschen gegen das Gesetz Gottes und das eigene Gewissen, als Ungehorsam und Mißbrauch der Freiheit. Die folgenden Ereignisse zeigen, wie das Böse überhand nimmt und den Untergang eines großen Teiles der Menschheit bewirkt. Der Zusammenhang von Sünde und Unheil durchzieht in der Folge die ganze Hl. Schrift bis zur Rede Jesu vom Weltgericht.

Die Brutstätte der Sünde ist nach den Worten Jesu das Herz des Menschen: „Aus dem Herzen kommen die bösen Gedanken, Mord, Ehebruch, Unzucht, Diebstahl, falsche Zeugenaussagen und Verleumdungen“ (Mt 15,19). Die Sünde geschieht also im „Herzen“. Sie ist der Entschluß zum Bösen, selbst wenn die Tat wegen äußerer Umstände nicht zur Ausführung kommt, oder wenn der Mensch etwas nur irrtümlich für Sünde hält.

Sünde im Vollsinn des Wortes begeht, wer ein Gebot Gottes in einer schwerwiegenden Sache mit klarem Wissen und freiem Wollen übertritt. Dadurch sagt sich der Mensch von Gott los und verliert das Göttliche Leben: hier spricht man von *Todsünde*.

Der erste Johannesbrief (5,16f) unterscheidet „Sünde, die zum Tode führt" und Sünde, die nicht zum Tode führt. Letztere nennen wir *läßliche Sünde*, weil sie leichter – z. B. durch Gebet und gute Werke – nachgelassen wird, während die Todsünde dem Bußgericht unterworfen werden muß. Läßliche Sünde liegt vor, wenn es sich entweder um Übertretungen von Geboten in geringerer Sache handelt, oder die Freiheit durch mangelnde Erkenntnis bzw. Zwang beeinträchtigt ist. Man darf jedoch die sogenannte läßliche Sünde für keine Kleinigkeit erachten, weil sie durch Wiederholung zur schweren Sünde führt – „Wer dem Teufel den kleinen Finger reicht, von dem nimmt er die ganze Hand" – oder ein Zeichen von Lauheit und Gleichgültigkeit gegenüber Gott ist.

Da die Folge der Todsünde – nämlich Verlust des ewigen Heiles – ungleich schwerwiegender ist als die Folgen der läßlichen Sünde, müssen beide nicht nur gradweise, sondern wesentlich verschieden sein: sie unterscheiden sich vor allem in der Grundeinstellung gegenüber Gott. Wer in seiner Lebensführung auf Gott hin orientiert ist, wird im allgemeinen aus Schwäche oder Nachlässigkeit sündigen. Im Gegensatz dazu schreckt der völlig egozentrische Mensch auch vor Verbrechen nicht zurück.

Dabei können Egoisten sich durchaus für „anständige Menschen" halten, die sich – aus Schläue – in normalen Zeiten keines groben Verstoßes gegen die öffentliche Ordnung schuldig machen. Jedoch in Zeiten der Rechtlosigkeit – wie im Dritten Reich – wurden solche als KZ-Bosse zu Menschenschindern und Mördern, um nachher wieder als biedere Bürger weiterzuleben. Solche durch den Schein des Biedermannes verdeckte Gottlosigkeit äußert sich in der *schuldhaften Unterlassung des Guten*. Darum trifft auch sie das Urteil des Weltenrichters:

> „Weg von mir, ihr Verfluchten... Was ihr für einen dieser Geringsten nicht getan habt, das habt ihr auch mir nicht getan." (Mt 25,31ff)

Sehr hart beurteilt Christus auch das *Ärgernis*, d. h. die Mitschuld an der Sünde anderer durch aktive Mitwirkung (Lob, Beihilfe, Befehl) oder passive Mitwirkung (wenn man das Böse nicht verhindert, obschon man dazu verpflichtet ist). Unter diesem Gesichtspunkt ist es erschreckend, wieviele Menschen sich einfach nach Mehrheiten richten, an sündhafte Befehle halten oder im Rahmen ihres Berufes drauflos arbeiten, ohne sich Rechenschaft darüber zu geben, was daraus wird. Das erste Buch Samuel erzählt vom Tod des persönlich untadeligen Hohenpriesters Heli, der bestraft wurde, weil er das sündhafte Treiben seiner Söhne nicht verhinderte, „seine Söhne mehr ehrte als Gott“ (1 Sam 2,29). Christus urteilt über das Ärgernis:

> „Wer einen von diesen Kleinen, die an mich glauben, zum Bösen verführt, für den wäre es besser, wenn er mit einem Mühlstein um den Hals im tiefen Meer versenkt würde. Wehe der Welt mit ihrer Verführung! Es muß zwar Verführung geben; doch weh dem Menschen, der sie verschuldet!“ (Mt 18,6)

Die Bibel spricht außerdem von der *Sünde gegen den Hl. Geist* und meint damit den dauernden bewußten Widerstand gegen dessen Gnadenhilfe: „Wer den Hl. Geist lästert, der findet in Ewigkeit keine Vergebung“ (Mk 3,29), d.h. wer wider besseres Wissen in der Todsünde verharrt und die Bekehrung immer wieder aufschiebt. Erst wenn diese verstockte Haltung aufgegeben wird, ist die Vergebung möglich.

Papst Johannes Paul II. beklagt in seinen Rundschreiben und Ansprachen „skrupelloses Streben nach oben“, „Jagd nach dem leichtverdienten Geld“, „Begünstigung des Betrugs“, „Ablehnung der persönlichen Verantwortung“, „Unaufrichtigkeit, Duckmäusertum, Falschheit, Günstlingswesen“ und „das Gesetz des Schweigens“. So entstehen *Strukturen oder Situationen der Sünde*, die der Papst auch *soziale Sünde* nennt. Er meint damit die durch persönliche Sünden verursachten Verhältnisse in der Gesellschaft, die ein christliches Leben erschweren und eine christliche Erziehung der Jugend fast unmöglich machen.

cc) Buße – Rückweg in die Freiheit

In unserer Gesellschaft wird zwar das Böse unablässig bejammert und verurteilt – man beklagt die öffentliche Unsicherheit, ruft nach härterer Bestrafung von Verbrechern, seufzt über Armut und soziale

Ungerechtigkeit, jammert über die Zerstörung der Umwelt – aber niemand ist schuld. Die persönliche Schuld wird verdrängt und die einzelnen verschanzen sich hinter der Allgemeinheit: „Was kann ich dafür?“, „Die andern tun das ja auch“, „Der Staat soll ...“. Und dabei vergißt man, daß der Staat nur die Gesinnung und Einstellung seiner Bürger widerspiegelt, weil die Parlamentarier sich so verhalten, wie ihre Wähler das wünschen.

Auch in der Kirche wird der unübersehbare Niedergang beklagt und nicht wenige erstreben eine Erneuerung durch Dialog, d.h. durch Synodenbeschlüsse. Angeblich veraltete und verkrustete Strukturen, wie Zölibat und Jurisdiktionsprimat des Papstes sollen beseitigt und durch neue Strukturen wie Frauenpriestertum und eine demokratisierte Nationalkirche ersetzt werden. Eine solche Strukturänderung würde aber auch gar nichts verändern, denn der Wurm sitzt nicht in der Struktur, sondern im Herzen der Taufscheinchristen.

Christus selbst begann seine Mission nicht mit einer Strukturänderung, sondern mit der Aufforderung zur Umkehr.

> „Die Zeit ist erfüllt, das Reich Gottes ist nahe. Kehr um und glaubt an das Evangelium“, d.h. an die Botschaft der Freude (Mk 1,15).

Papst Johannes Paul II. sagte in seiner Neujahrsansprache zum 1.1.1984:

> „Wenn die gegenwärtigen Systeme, die das ‘Herz’ des Menschen hervorgebracht hat, sich als unfähig für die Erhaltung des Friedens erweisen, dann muß eben dieses ‘Herz’ des Menschen erneuert werden, um die Systeme, Institutionen und Methoden erneuern zu können. Der christliche Glaube kennt ein Wort, um diese grundlegende Änderung des Herzens zu bezeichnen: es ist die ‘Bekehrung’.“

Christus schildert diese Rückkehr im Gleichnis vom verlorenen Sohn (Lk 15,11ff): Der Ordnung des Vaterhauses überdrüssig und geblendet von einer Scheinfreiheit der Zügellosigkeit, verläßt der jüngere Sohn das Vaterhaus und vergeudet sein Vermögen mit verdorbenen Kumpanen und Dirnen, bis er von allen vermeintlichen Freunden verlassen sein Leben als Schweinehirt fristet. Nun kommt er zur *Einsicht*, bereut seinen Irrweg und beschließt: „Ich will aufbrechen und zu meinem Vater gehen und zu ihm sagen: ‘Vater, ich habe mich gegen den Himmel und gegen dich versündigt. Ich bin nicht mehr wert, dein Sohn zu sein'." (Lk 15,18f)

Reue ist nicht irgendein „Schmerz der Seele", sondern der ernsthafte Entschluß, mit der Sünde zu brechen und zu Gott zurückzukehren. Dies kann auf unterschiedlichste Weise bekundet werden:

„Der Zöllner ... schlug sich an die Brust und betete: Gott sei mir Sünder gnädig!" (Lk 18,13)

Der Schächer am Kreuz: „Jesus, denk an mich, wenn du in dein Reich kommst!" (Lk 23,43)

> „Als nun eine Sünderin, die in der Stadt lebte, erfuhr, daß er im Hause des Pharisäers zu Tisch war, kam sie mit einem Alabastergefäß voll wohlriechendem Öl und trat von hinten an ihn heran. Dabei weinte sie und ihre Tränen fielen auf seine Füße. Sie trocknete seine Füße mit ihrem Haar, küßte sie und salbte sie mit dem Öl" (Lk 7,37f).

Ernsthafte Reue führt zu einem klar umrissenen *Vorsatz*: Der Oberzöllner Zachäus:

> „Herr, die Hälfte meines Vermögens will ich den Armen geben und wenn ich von jemand zuviel gefordert habe, gebe ich ihm das Vierfache zurück" (Lk 19,9).

Die *gewöhnliche Form der Buße* ist die Gewissenserforschung über den Tag mit Dank, Reue und Vorsatz im Rahmen des Abendgebetes.

Das *Bußsakrament ist die Intensivform der Bekehrung*, weil die innere Umkehr durch Sündenbekenntnis, Beichtgespräch und Lossprechung unterstützt wird.

Bei Todsünden kann der Mensch nicht „seine Sache mit dem Herrgott allein ausmachen" wollen, sondern muß sich an die Anordnung Christi halten, der seinen Aposteln eine doppelte Gewalt verliehen hat, nämlich Sünden zu vergeben und die Vergebung zu verweigern (Joh 20,23), wenn der Sünder sich nicht bekehren will. Daher muß sich der Beichtvater auf Grund des Sündenbekenntnisses darüber ein Urteil bilden, ob er die Lossprechung erteilen darf.

Für schwere Vergehen wurde früher öffentliche Buße gefordert, da jede Sünde auch ein Verstoß gegen die Gemeinschaft darstellt. Ein Rest von Öffentlichkeit hat sich in der Privatbeichte durch das Bekenntnis vor dem Vertreter Gottes sowie der Gemeinde erhalten.

Die *Privatbeichte* (Ohrenbeichte) ist die mildeste Form des Sündenbekenntnisses: man bekennt vor einem Priester seiner eigenen Wahl, der zudem noch durch das Beichtgeheimnis zum Schweigen verpflichtet ist.

Sogenannte *Bußandachten* sind lediglich Einstimmung und Vorbereitung für die persönliche Beichte, keinesfalls deren Ersatz.

Besondere Aufmerksamkeit sollte man dem *Beichtvorsatz* schenken. Nicht „alle Sünden meiden", sondern einen Fehler ins Visier nehmen. Nicht sich abstrakt vornehmen, „besser zu beten", sondern beispielsweise täglich das Abendgebet stehend verrichten. – Die Ursachen der Sünde meiden: z.B. ein sündhaftes Verhältnis beenden.

Das *Bekenntnis* soll einen gerafften Einblick in die seelische Situation des Beichtenden geben. Dabei können nicht nur große Verfehlungen, sondern auch vermeintliche „läßliche Sünden" und schuldhafte Unterlassungen des Guten für die Beurteilung der Gesamthaltung von Bedeutung sein.

Im *Beichtgespräch* sollte man Rechenschaft über die Einhaltung des letzten Vorsatzes geben und den neuen Vorsatz besprechen.

Es ist sinnvoll, regelmäßig und wegen der Prüfung des Vorsatzes in überschaubarer Zeit und beim selben Priester zu beichten, weil dieser – dem Hausarzt vergleichbar – besser beraten kann, wenn er den Beichtenden kennt.

Das Bußsakrament dient nicht nur der Tilgung schwerer Schuld, es vermittelt auch Klärung und Gnade, besonders in den Schwierigkeiten und Zweifeln des geistigen Reifungsprozesses. Gerade in diesem Lebensabschnitt sollte es daher regelmäßig als Chance zur Persönlichkeitsbildung genutzt werden.

Auch aus psychologischer Sicht erschließt sich der Wert der Beichte: sie erfordert sorgfältigere Auseinandersetzung mit sich selbst als das Gebet, bietet Möglichkeit zu Aussprache und Orientierung, schenkt innere Befreiung und durch die Absolution die Gewißheit göttlicher Verzeihung.

Der Großmut Gottes entspricht es, daß er dem reuigen Büßer nichts nachträgt; der Vater nimmt den verlorenen Sohn vorbehaltlos herzlich wieder auf, denn im Himmel wird „mehr Freude herrschen über einen einzigen Sünder, der umkehrt, als über neunundneunzig Gerechte, die es – vermeintlich – nicht nötig haben umzukehren." (Lk 15,7) Daher ist die Frucht wahrer Buße Freiheit des Geistes und Freude.

Angesichts solcher Wirkung des Bußsakramentes ist es doch recht verwunderlich, daß es auch unter Christen weithin verpönt ist. Ist Buße doch die edelste Äußerung jener Fähigkeit, die den Menschen über das Tier erhebt, seiner Freiheit. Nur der Mensch kann sein Leben überdenken und vermag umzudenken. Hier ist übrigens auch der entscheidende Ansatz tatsächlicher Veränderung des einzelnen und der Gesellschaft auf Freiheit hin zu finden.

Die wichtigsten Gründe für die Ablehnung der Buße sind letztlich menschliche Eitelkeit, Stolz undWehleidigkeit. Man will sich nicht eingestehen, daß man Sünder ist und meidet die harte Auseinandersetzung, die zu einem Sich-losreißen von der Sünde führt.

Vielsagend ist auch folgendes: Je weniger gebeichtet wird, um so mehr nehmen Kriminalität, Verhaltensstörungen, seelische Depressionen und Neurosen zu. Die modernen Seelsorger sind die Psychiater, und ihre Patienten müssen – Ironie des Schicksals – „beichten", nämlich ihre seelischen Zustände offenbaren – manche sogar unter Zwang der Hypnose. Der Psychiater kann gut zureden, beraten und Beruhigungsmittel verschreiben – von der eigentlichen Ursache der seelischen Störung, der Sünde und der damit verbundenen Gewissensangst, kann er jedoch nicht befreien.

c) Die neue Sittlichkeit

Die Freiheit der Kinder Gottes bewirkt auch eine neue Sittlichkeit. Alle diesseits-orientierten Moralsysteme kapitalistischer, sozialistischer und liberalistischer Prägung bleiben letztlich im Nützlichkeitsdenken stecken. Sie werden auch der Vielfalt menschlicher Situationen – denken wir nur an Krankheit und Tod – nicht gerecht und enden in einer Sackgasse. Der marxistische Philosoph Milan

Machovec (*1925) spricht davon in seinem Buch „Jesus für Atheisten“:

> „In keiner Wissenschaft stecken direkte Gründe dafür, daß ein Mensch moralischer, wahrhafter, anspruchsvoller handeln oder sogar persönliche Opfer bringen sollte“ und „auf dem Totenbett möchte kein Marxist 'Das Kapital' lesen“.

Die atheistischen Systeme können also keine Antwort geben auf die Fragen: Was ist eigentlich gut und was böse? – Warum ist das so? – Und warum soll ich das Böse nicht tun, obwohl es mir nützen würde und mich keine menschliche Macht kontrollieren oder belangen kann?

Die Antwort gläubiger Menschen – nicht nur der Christen – ist: Gut ist nicht, was der einzelne für nützlich hält, sondern was Gott will und weil er es will.

aa) Das Gesetz in christlicher Sicht

Im Alten Bund wird bei der Berufung Abrahams die Grundlage des Sittengesetzes wie folgt formuliert: „Gehe deinen Weg vor mir und sei rechtschaffen!“ (Gen 17,1), d. h. habe Gott vor Augen und tue das Gute! Beim Bundesschluß am Sinai wird dieses Gesetz in zehn Geboten entfaltet. Entscheidend ist, daß die Bibel das Gesetz als Gottes Willen betrachtet: „Ich bin Jahwe, dein Gott... Du sollst...“ (Ex 20,2 ff). Daß der Wille Gottes für den Menschen kein fremdes Gesetz ist, versteht sich für den Gläubigen von selbst. Ist doch derselbe Gott Schöpfer und Freund des alttestamentlichen Menschen. Daher werden göttliches Gesetz und menschliche Natur in Harmonie gesehen. In der Befolgung der Schöpfungsordnung liegt die alleinige und naturgemäße Möglichkeit der Selbstentfaltung. So ist das göttliche Gesetz zugleich ureigenstes menschliches Lebensgesetz, gleichsam eine Gebrauchsanleitung des Schöpfers zu einem glücklichen Leben und gedeihlichen Zusammenleben.

In der Bibel wird vorausgesetzt, daß die „Sprecher Gottes“ im Namen Gottes den göttlichen Willen auf die jeweilige Situation anwenden. Damit erscheint jedes Gesetz als Ausdruck göttlichen Willens, allerdings in einer hierarchischen Ordnung, d. h. die menschlichen Gesetze müssen sich den göttlichen unterordnen und dürfen diesen nicht widersprechen.

Wie die Naturgesetze mit der Erschaffung festgelegt sind, so ist auch das natürliche Sittengesetz, welches das geordnete Leben der Menschen regelt, bereits mit der Natur des Menschen gegeben und von der Vernunft erkennbar; seine wesentlichen Bestimmungen sind in den zehn Geboten, im Dekalog, enthalten.

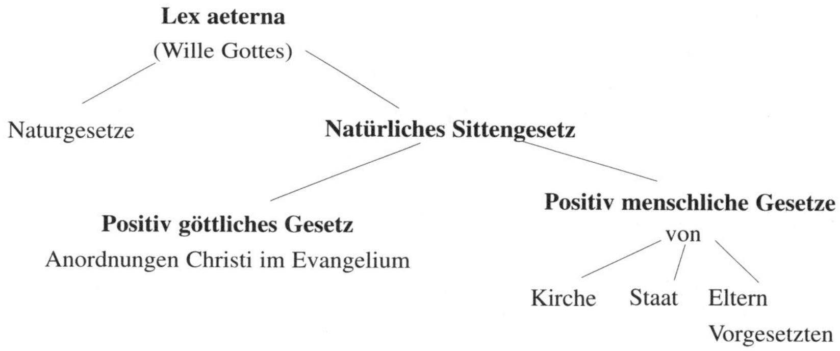

Bleibt die Frage: *Woher nehmen die menschlichen Verkündiger ihre Autorität und Beglaubigung?* – Moses und die Propheten berufen sich auf das Wort oder den Geist des Herrn. Christus bestätigt die Geltung des alttestamentlichen Sittengesetzes und damit die Lehrautorität seiner Verkündiger:

> „Die Schriftgelehrten und Pharisäer haben sich auf den Stuhl des Mose gesetzt. Tut und befolgt also alles, was sie euch sagen, aber richtet euch nicht nach dem, was sie tun" (Mt 23,2 f).

Ferner stellt er die Gesetze seiner Kirche den göttlichen Gesetzen gleich: „Alles, was ihr auf Erden binden werdet, wird auch im Himmel gebunden sein" (Mt 18,18).

Er bejaht auch die staatliche Autorität, die „von oben gegeben" ist (Joh 19,11).

Dasselbe betont auch 1 Petr 2,13ff:

> „Unterwerft euch um des Herrn willen jeder menschlichen Ordnung: dem Kaiser, weil er über allem steht, den Statthaltern, weil sie von ihm entsandt sind, um die zu betrafen, die Böses tun, und die auszuzeichnen, die Gutes tun."

Christus schafft also das Gesetzt des Alten Bundes nicht ab, sondern vollendet es:

> „Denkt nicht, ich sei gekommen, um das Gesetz und die Propheten aufzuheben. Ich bin nicht gekommen, um aufzuheben, sondern um zu erfüllen" (Mt 5,17).

Diese Vollendung besteht einerseits in einer Verinnerlichung und Vertiefung des sittlichen Bewußtseins, andererseits in einer neuen Akzentsetzung. Während die alttestamentliche Partnerschaft mit Gott Gesetzesgerechtigkeit aus Bundestreue betont, liegt der Schwerpunkt der Lehre Jesu auf einer Partnerschaft der Liebe. Das Gesetz bleibt, aber es wird mit dem Geist der Liebe erfüllt, aus dem es hervorgeht und in dem es befolgt werden soll.

> „Einer von ihnen, ein Gesetzeslehrer, wollte ihn auf die Probe stellen und fragte ihn: Meister, welches Gebot im Gesetz ist das wichtigste? Er antwortet ihm: Du sollst den Herrn, deinen Gott, lieben mit ganzem Herzen, mit ganzer Seele und mit all deinen Gedanken. Ebenso wichtig ist das zweite: Du sollst deinen Nächsten lieben wie dich selbst. An diesen beiden Geboten hängt das ganze Gesetz samt den Propheten" (Mt 22,35-40).

Das *Hauptgebot* ist nicht – wie immer wieder zu hören ist – die Nächstenliebe, sondern die Gottesliebe, und zwar „über alles". Sie ist das Maß für die Selbstliebe und die Begründung der Nächstenliebe.

Die Selbstliebe muß sich also an der Gottesliebe orientieren, d. h. ich muß mich so lieben, wie Gott es will, sonst gleitet die Selbstliebe in den Egoismus und Narzismus ab.

Den Nächsten sollen wir nicht nur lieben wegen seiner Vorzüge, aus Mitleid oder gar aus eigennützigen Erwägungen, sondern weil Gott es will. Maßstab für die Nächstenliebe ist die recht verstandene Selbstliebe: „Also, was ihr von anderen erwartet, das tut auch ihnen!" (Mt 7,12). Das heißt nicht, daß wir alles tun sollen, was andere wollen, sondern daß wir uns an die Stelle des anderen versetzen und seinem wahren, gottgewollten Heil entsprechend handeln.

Das *große Gebot* gab es bereits im Alten Bund:

> „Höre Israel! Jahwe, unser Gott, Jahwe ist einzig. Darum sollst du den Herrn, deinem Gott, lieben mit ganzem Herzen, mit ganzer Seele und mit ganzer Kraft. Diese Worte, auf die ich dich heute verpflichte, sollen auf deinem Herzen geschrieben stehen“ (Deut 6,4 ff).

Christus aber erhebt dieses Gebot zur letzten Orientierungsnorm der Sittlichkeit: „An diesen beiden Geboten hängt das ganze Gesetz samt den Propheten.“ Das bedeutet eine Vereinheitlichung des Gesetzes der zehn Worte, welche nunmehr nur eine Interpretation des einen Wortes „Liebe“ darstellen. *Durch diesen obersten Grundsatz erfährt der Dekalog im Gegensatz zur Gesetzesmoral der Schriftgelehrten und Pharisäer eine völlig neue Auslegung*:

> „An einem Sabbat ging er durch die Kornfelder, und unterwegs rissen seine Jünger Ähren ab. Da sagten die Pharisäer zu ihm: ‚Sieh dir an, was sie tun! Das ist doch am Sabbat verboten,‘ – Er antwortete:‚... Der Sabbat ist für den Menschen da, nicht der Mensch für den Sabbat!“ (Mk 2,23 ff).

Augustinus kennzeichnet diese Interpretation des Gesetzes mit den Worten: „Liebe und tue, was du willst.“

Das *mandatum magnum* bedeutet ferner eine *Verinnerlichung des Gesetzes*. Darauf weist Christus hin, wenn er sagt:

> „ Der Geist ist es, der lebendig macht, das Fleisch nützt nichts. Die Worte, die ich zu euch gesprochen habe, sind Geist und Leben“ (Joh 6,63).

Vor allem in der Bergpredigt stellt Christus die neue Sittlichkeit heraus:

> „Wenn eure Gerechtigkeit nicht weit größer ist als die der Schriftgelehrten und Pharisäer, werdet ihr nicht in das Himmelreich kommen... Ihr habt gehört, daß zu den Alten gesagt worden ist: ‘Du sollst nicht töten!’ ... Ich aber sage euch: Jeder, der seinem Bruder auch nur zürnt, soll dem Gericht verfallen sein... Wenn du dein Opfergabe zum Altar bringst und dir dabei einfällt, daß dein Bruder etwas gegen dich hat, so laß deine Gabe liegen; geh und versöhne dich zuerst mit deinem Bruder, dann komm und opfere deine Gabe...“ (Mt 5,20 ff).

Das Hauptgebot besagt eine *Ausweitung des Gesetzes*: der alttestamentliche Fromme sah den Nächsten nur im Volksgenossen; der Fremdling oder gar der Feind waren von der Nächstenliebe ausgeschlossen. Nach Auffassung Christi ist der Nächste ausnahmslos jeder Mensch, und zwar immer der, mit dem wir gerade zu tun haben, oder mit dessen Not wir konfrontiert werden:

> „Ihr habt gehört, daß gesagt worden ist: Du sollst deinen Nächsten lieben und deinen Feind hassen. Ich aber sage euch: Liebet eure Feinde und betet für alle, die euch verfolgen...“ (Mt 5,43ff).

Am Beispiel vom barmherzigen Samariter (Lk 10,30ff) illustriert Christus diese alle Menschen umfassende Liebe. Die Samariter waren ein Mischvolk und wichen auch in religiöser Hinsicht vom Glauben der Juden ab. Diese verachteten sie deshalb und sahen sie gewissermaßen als Feinde an. Der Mann, der nach Jericho geht und überfallen wird, ist offensichtlich ein Jude. Sein Volksgenosse, sein „Nächster", der zudem noch gesetzeskundiger Priester ist, „sah ihn und ging weiter". Ausgerechnet ein Samariter hilft dem Unglücklichen tatkräftig ohne Rücksicht auf eigene Gefahr und Kosten.

Schließlich gibt das Gebot der Liebe der Gesamtheit der Gesetze *einen völlig neuen Rahmen*: der Gesetzgeber wird hier nicht nur als Schöpfer gesehen, dessen Schöpfungsordnung für den Menschen sinnvoll ist, sondern auch als Vater, dessen Anordnungen Ausdruck der Liebe zu seinen Kindern sind. Dieses Vorbild des göttlichen Gesetzgebers ist zugleich maßgebend für jede menschliche Gesetzgebung: sie darf nicht aus Herrschsucht oder Parteiinteresse geschehen, sondern muß letztlich Ausdruck liebender Verantwortung sein, eine Interpretation des göttlichen Willens für konkrete menschliche Situationen.

bb) Handeln nach christlichem Gewissen

Im Lichte einer Partnerschaft der Liebe *erfährt auch der Begriff Gewissen eine wesentliche Vertiefung*. Es ist kein Schwamm, der die fremdbestimmten Normen der Gesellschaft aufsaugt, auch nicht selbstgefälliger Imperativ eigener Einsicht, sondern Organ der Liebe eines Kindes, das durch die Gesetze hindurch auf die Liebe des Vaters hört und die göttliche Ordnung mit der persönlichen Situation in Einklang zu bringen sucht.

Dieser Begriff des Gewissens wird der Freiheit des Menschen als Partner Gottes voll gerecht. Die eigene Überzeugung ist letztlich maßgebende Norm das sittlichen Handelns. Der einzelne selbst ist – gestellt auf das Wahrheitszentrum seines Gewissens – verantwortlich für seine Entscheidungen, die er sowohl im Hinblick auf das Gesetz als auch im Hinblick auf seine Situation trifft. Eine ehrliche Entscheidung aus gewichtigen Gründen gegen das Gesetz ist also subjektiv nicht schlechter als eine ehrliche Entscheidung im Sinne des Gesetzes.

Nach seinem eigenen Gewissen wird jeder Mensch auch von Gott beurteilt: „Alles, was nicht aus Glauben geschieht, ist Sünde“ (Röm 14,23) Das klingt erinnert zwar sehr an die kantianische Auffassung , ist aber doch davon verschieden: als Christ vollbringe ich das Gute nicht, weil ich es einsehe, sondern weil ich einsehe, daß Gott es will.

Die *Grenzen des Gehorsams* gegenüber einer rechtmäßigen Autorität liegen also nicht in der eigenen Einsicht in die Zweckmäßigkeit einer Anordnung, sondern dort, wo nach ehrlicher Gewissensüberzeugung das menschliche Gesetz dem göttlichen widerspricht. Daher antwortet Petrus auf das Verbot des Hohen Rates: „Man muß Gott mehr gehorchen als den Menschen“ (Apg 5,29). Der Christ verinnerlicht demnach nicht kritiklos irgendwelche Normen einer Gesellschaft; er mißt sie kritisch an seiner Einsicht in das Evangelium.

Die Auffassung vom Gewissen als Organ der Liebe führt auch weit über den Legalismus einer bloßen Erfüllung des Gesetzesbuchstabens hinaus. Wenn Johannes sagt: „Die Liebe zu Gott besteht darin, daß wir seine Gebote halten“ (1 Joh 5,3), so meint er damit natürlich eine Erfüllung des Geistes der Gesetze. Aus solcher Sicht des Gewissens erfährt man auch das Gesetz Gottes nicht als einen Zaun von Verboten, sondern gleichsam als Leitplanke auf dem Weg zur Befreiung des Menschen und der Menschheit. Christus schärft nicht Verbote ein, sondern zeigt große Ziele, nach denen die Liebe der Menschen ausgreifen soll: „Ihr seid das Salz der Erde... Ihr seid das Licht der Welt...“ (Mt 5,13ff). „Wenn ihr nämlich nur die liebt, die euch lieben, welchen Lohn könnt ihr dafür erwarten? Tun das nicht auch die Zöllner?... Ihr sollt also vollkommen sein, wie es auch euer himmlische Vater ist“ (Mt 5,46ff).

Auch Christus wußte, daß wir solche Ziele nie vollends erreichen; aber er mahnte die Menschen, sich nie mit dem Erreichten zufrieden zu geben, nie „satt“ zu sein (Lk 6,25), sondern zu „hungern und dürsten nach der Gerechtigkeit“ (Mt 5,6).

Für die *Gewissensentscheidung im Alltag* sind folgende Begriffe und Regeln hilfreich:

Das *aktuelle Gewissen* ist der Gewissensausspruch im Einzelfall; er kann sicher oder zweifelhaft sein. Dem *sicheren Gewissen* muß man folgen, selbst wenn es irrig wäre; im *Gewissenszweifel* darf man nicht einfach darauflos handeln nach dem Motto „Wenn es Sünde ist, beichte ich es halt wieder", sondern muß alles daran setzen, ein sicheres Gewissen zu bilden. Falls dazu keine anderweitige vernünftige Möglichkeit besteht, kann man sich nach folgenden Grundregeln richten:

Handelt es sich um das irdische oder das ewige Leben oder das Recht, so muß man den sichereren Weg wählen (Tutiorismus). Ein Richter darf nicht auf Verdacht hin urteilen (in dubio pro reo – im Zweifel für den Angeklagten); ein Katholik darf seine Kinder – auch wenn das für ihn ein Zweifelsfall wäre – nicht in einer anderen Religion erziehen lassen.

In den übrigen Fällen darf man den Probabilismus anwenden, der besagt: Im Zweifel ist man in der Wahl seiner Entscheidung frei, wenn gute Gründe für und gegen die Sache sprechen („in dubio libertas"). Für den aktuellen Einzelfall besitzt man so ein sicheres Gewissen, selbst wenn das so gebildete Urteil irrig wäre.

cc) Sittlichkeit als Nachfolge Christi

Weil der Sohn Gottes Mensch geworden ist, erscheint christliche Ethik nicht nur als Lehre, sondern als gelebte Norm. Christus sagt: „Ich bin der Weg und die Wahrheit und das Leben; niemand kommt zum Vater außer durch mich" (Joh 14,6). Sittlich handeln bedeutet somit „Nachfolge Christi".

Jesu Leben ist maßgebendes Beispiel für alle Lebenslagen. Das bewahrt seine Ethik vor Einseitigkeit und überzogene Strenge im Gegensatz zu einer bloßen Lehrbuchmoral.

In diesem Zusammenhang muß auf eine Schwierigkeit hingewiesen werden, die immer wieder von jungen Leuten vorgetragen wird: „Wenn ich mich in diesem Sinne nun wirklich bekehre, dann dürfte ich mir keine Party, keinen Kinobesuch, überhaupt kein Vergnügen mehr erlauben, denn ich müßte mir sagen: Die Hungernden haben das, was ich für mein Vergnügen ausgebe, nötiger."

Christus war kein finsterer Asket, sondern ein lebensfroher Mensch und in keiner Weise kleinlich. Man braucht also nicht ängstlich abwägen: Darf ich mir das noch leisten oder nicht? Wichtig ist, nicht gedankenlos sein Geld zu verpulvern, sondern seine Ansprüche in den Rahmen des Ganzen einzuordnen, verantwortungsbewußt in seinem Denken, Sprechen und Handeln zu sein, nicht an seinem Gewissen vorbeizuleben, sondern aus dem Gewissen zu leben wie ein Verwalter eines gerechten, aber auch großzügigen Herrn (vgl. Lk 16,1-13).

Christus ist aber nicht nur Beispiel persönlicher Lebensführung, sein Verhalten zeigt auch die maßgebende Methode zur Veränderung der Gesellschaft. Er wendet sich nicht frontal gegen bestehende Gesellschaftsstrukturen, die zwar zum Teil aus dem Bösen entstanden sind, aber auch wegen eben dieses Bösen nicht ohne größeren Schaden abrupt abgeschafft werden können. Er propagiert keinen Befreiungskampf gegen die Römer, keinen Klassenkampf gegen die Reichen, auch nicht einen Aufstand der Sklaven. Er weiß, daß durch äußere Revolution nicht die eigentlichen Übel beseitigt werden. Christus setzt seine Revolution in einer tieferen Schicht des Menschen an: in seiner inneren Einstellung. Unterdrückung, Ausbeutung und Armut sind nur äußere Symptome des einen eigentlichen Übels, der Sünde. Wo und insoweit der Glaube den Egoismus überwindet, endet auch das Unheil der Menschen, werden ungerechte Strukturen unterlaufen, bis die Zeit dafür reif ist, sie abzuschaffen.

d) Lebensgestaltung in Christus

Zweifellos wünscht sich jeder das Glück, das die Erlösung im Diesseits verleiht und für das Jenseits verheißt – doch viele nur zum Nulltarif. Dabei ist allen die Redensart geläufig: „Was nichts kostet, ist nichts wert". Das gilt auch für die Religion: Christentum ohne Einsatz ist nicht nur ohne Wirkung, sondern sogar eine Last. Darum mahnt der Apostel:

> „Wißt ihr nicht, daß die Läufer im Stadion zwar alle laufen, aber daß nur einer den Siegespreis gewinnt? Lauft so, daß ihr ihn gewinnt! – Jeder Wettkämpfer lebt aber völlig enthaltsam; jene tun dies, um einen vergänglichen, wir aber um einen unvergänglichen Siegeskranz zu gewinnen. Darum laufe ich nicht, wie einer, der ziellos läuft und kämpfe mit der Faust nicht wie einer, der in die Luft schlägt; vielmehr züchtige und unterwerfe ich meinen Leib, damit ich nicht anderen predige und selbst verworfen werde" (1 Kor 9,24 ff).

Wer demnach sein Leben als Christ gestalten will, muß sich auf eine zweifache Anfechtung einstellen: auf diejenige, die sein eigener Egoismus und jene, die die mit den Strukturen des Bösen durchsetzte Umwelt mit sich bringen. Daher:

> „Legt die Rüstung Gottes an, damit ihr am Tag des Unheils standhalten... und den Kampf bestehen könnt... Gürtet euch mit der Wahrheit, zieht als Panzer die Gerechtigkeit an und als Schuhe die Bereitschaft, für das Evangelium vom Frieden zu kämpfen. Vor allem greift zum Schild des Glaubens! Mit ihm könnt ihr alle feurigen Geschosse des Bösen auslöschen. Nehmt den Helm des Heils und das Schwert des Geistes, das ist das Wort Gottes ... Betet jederzeit im Geist; seid wachsam, harrt aus!" (Eph 6,13ff).

aa) Das Gebet – Grundlage christlicher Lebensgestaltung

Gebet ist kein Sprechen ins Leere, kein bloßes Aufsagen von Gebetsformeln, keine wortreiche Information des ohnehin Allwissenden über unsere Nöte und Anliegen, auch nicht der Versuch, Gott unseren Wünschen geneigt zu stimmen, sondern eine persönliche Auseinandersetzung, in der man seine Situation mit dem Willen Gottes konfrontiert.

Am Ölberg mahnt Christus die Jünger: „Wachet und betet, damit ihr nicht in Versuchung geratet! Der Geist ist willig, aber das Fleisch ist schwach" (Mt 26,41). Er ringt sich zum Einverständnis mit dem Willen des Vaters durch, indem er unter Angstschweiß die Worte wiederholt: „Mein Vater, wenn es möglich ist, gehe dieser Kelch an mir vorüber. Aber nicht wie ich will, sondern wie du willst." Und sein Gebet wird erhört: nicht so, daß ihm das Leiden erspart wird, sondern so, daß Gott ihm die Kraft zum Leiden schenkt (vgl. Lk 22,43) und damit die Menschheit erlöst.

Das *Gebet soll also nicht Gott umstimmen, sondern uns bereit machen, den Willen Gottes* anzunehmen und zu *erfüllen.* In diesem Sinn ist auch das Versprechen Christi gemeint: „Was ihr vom Vater erbitten werdet, das wird er euch in meinem Namen geben" (Joh 16,23). Die Voraussetzung ist natürlich, daß wir Gott nicht den eigenen Willen aufdrängen wollen, sondern uns wie Jesus in den Willen Gottes hineinbeten; dann „wird der Vater im Himmel den Heiligen Geist denen geben, die ihn bitten" (Lk 11,13). Die Antwort Gottes in diesem „Gespräch mit Gott" ist sein Geist. In seinem Licht klärt sich vieles von unserer bislang egoistisch einseitigen Sehweise, und seine Gnadenkraft befähigt uns, dem so erkannten Willen Gottes Folge zu leisten.

Die Grundlage des Betens ist die tägliche *stille Zeit*, in der Regel vor dem Schlafengehen: in ihr bespricht man gleichsam den Tag mit Gott, erinnert sich an den letzten Beichtvorsatz, bedankt sich für das, was mit Hilfe der Gnade gelungen ist und bereut das Versagen. Ausklang der stillen Zeit sollte ein klarer Vorsatz für den kommenden Tag, verbunden mit persönlichen Bitten, sein. – Im Morgengebet kann dann dieser Vorsatz in die Tagesplanung einbezogen werden.

Bereichert wird die stille Zeit durch eine *kurze Lesung der Hl. Schrift*, die man betrachtend überdenkt und mit einem persönlichen Gebet beschließt. Die Frucht solcher Lesung ist zunächst kein Erfolgserlebnis, sondern Offenheit auf Gott hin, die durch Beständigkeit dieser Übung – gerade auch in Zeiten seelischer Müdigkeit und Enttäuschung – zur Gewohnheit im besten Sinn des Wortes wird. Manche Schriftworte sind wie Samen, die vielleicht jahrelang unbeachtet bleiben; bei gegebenem Anlaß gehen sie dann gleichsam auf und bekommen eine lebensentscheidende Bedeutung. Für einen Menschen, der sein Leben regelmäßig so vor Gott überdenkt, wird das Gebet nicht mehr nur zu einem Akt, sondern zu einer geistigen Haltung, in der alle Widerfahrnisse des Lebens nicht mehr egoistisch beurteilt, sondern im Lichte Gottes gesehen werden. Die Gebetshaltung, die man auch „Wandel in der Gegenwart Gottes“ nennt, meint Christus, wenn er fordert, „allezeit (zu) beten und darin nicht nach(zu)lassen“ (Lk 18,1). Dieses *immerwährende Gebet* geschieht nicht ausdrücklich mit Worten, sondern durch das Leben.

bb) Eucharistie – Mitte christlicher Lebensgestaltung

In der Liturgie der Eucharistiefeier folgen auf die Wandlung von Brot und Wein die Worte „Geheimnis des Glaubens“. Sie bringen zum Ausdruck, daß hierin das *Zentrum christlicher Gläubigkeit* und christlicher Lebensgestaltung liegt.

Der älteste Bericht darüber findet sich bei Paulus:

> „Denn ich habe vom Herrn empfangen, was ich euch dann überliefert habe: Jesus, der Herr, nahm in der Nacht, in der er ausgeliefert wurde, Brot, sprach das Dankgebet, brach das Brot uns sagte: Das ist mein Leib für euch. Tut dies zu meinem Gedächtnis! Ebenso nahm er nach dem Mahl den Kelch und sprach: Dieser Kelch ist der Neue Bund in meinem Blut. Tut dies, so oft ihr daraus trinkt, zu meinem Gedächtnis! Sooft ihr von diesem Brot eßt und aus dem Kelch trinkt, verkündet ihr den Tod des Herrn, bis er kommt.“ (1 Kor 11,23 ff)

Die Eucharistie, d.h. Danksagung, ist das *Testament Christi*. Anknüpfend an ein Johanneswort sagt das IV. Hochgebet:

> „Da er die Seinen liebte, die in der Welt waren, liebte er sie bis zur Vollendung. Und als die Stunde kam, daß er von Dir verherrlicht werde, nahm er beim Mahl das Brot und sprach den Segen...“

An diesem Sakrament scheiden sich die Geister in Gläubige und Ungläubige, in solche, die das Leben haben und in solche, die im biblischen Sinne tot sind:

> „Amen, amen, ich sage euch: Wer glaubt, hat das ewige Leben. Ich bin das Brot des Lebens...Wer von diesem Brot ißt, wird in Ewigkeit leben. Das Brot, das ich geben werde, ist mein Fleisch, (ich gebe es hin) für das Leben der Welt“ (Joh 6, 47-51).

Die Wirkung seiner Worte ist Unglaube und Entrüstung bei den Juden. Christus gibt ihnen keine Erklärung. Er fordert ohne Wenn und Aber diesen menschlich unmöglich scheinenden Glauben:

„Amen, amen, das sage ich euch: Wenn ihr das Fleisch des Menschensohnes nicht eßt und sein Blut nicht trinkt, habt ihr das Leben nicht in euch. Wer mein Fleisch ißt und mein Blut trinkt, hat das ewige Leben, und ich werde ihn auferwecken am Letzten Tag. Denn mein Fleisch ist wirklich ein Speise, und mein Blut ist wirklich ein Trank. Wer mein Fleisch ißt und mein Blut trinkt, der bleibt in mir, und ich bleibe in ihm" (Joh 6,53-56).

Als ihn daraufhin alle seine Jünger bis auf die Zwölf verlassen, stellt er diese nochmals vor die Entscheidung: „Wollt auch ihr weggehen?" Und selbst nach dem Glaubensbekenntnis des Petrus ist Christus nicht zufrieden mit einem nur äußeren Bekenntnis, er fordert auch die innere Glaubenszustimmung:

„Habe ich nicht euch, die Zwölf, erwählt? Und doch ist einer von euch ein Teufel. Er sprach von Judas, dem Sohn des Simon Iskariot; denn dieser sollte ihn verraten: einer der Zwölf" (Joh 6,70f).

Ebenso wichtig ist die Notwendigkeit der inneren Entscheidung für Christus beim Empfang der Kommunion, wie Paulus sagt:

„Wer also unwürdig von dem Brot ißt und aus dem Kelch des Herrn trinkt, macht sich schuldig am Leib und am Blut des Herrn. Jeder soll sich selbst prüfen; erst dann soll er von dem Brot essen und aus dem Kelch trinken. Denn wer davon ißt und trinkt, ohne zu bedenken, daß es der Leib des Herrn ist, der zieht sich das Gericht zu, indem er ißt und trinkt." (1 Kor 11,27)

Dies verurteilt sowohl gedankenloses Kommunizieren wie auch gedankenloses Fernbleiben von der Kommunion, denn „Wenn ihr nicht eßt...habt ihr das Leben nicht in euch" und „Wer davon ißt, ohne zu bedenken..." Wer sich keiner schweren Schuld bewußt ist, darf und soll – auch ohne Beichte – am eucharistischen Mahl teilnehmen.

Eucharistie ist das *Opferzentrum der Erlösung*. In der Feier der Hl. Messe wird das Opfer Christi nicht wiederholt, sondern vergegenwärtigt, d.h. hereingeholt in die Gemeinde, damit wir als Glieder des geheimnisvollen Leibes unser Lebensopfer einbringen in das Opfer Christi, der das Haupt ist. In der *Opferung* bringen wir Brot und Wein dar, Gaben, die unsere Lebenshingabe – in Arbeit, Freude und Leid – symbolisieren. Im Bewußtsein der Unvollkommenheit unserer Hingabe beten wir: „Herr, wir kommen zu dir mit reumütigem Herzen und demütigem Sinn. Nimm uns an und gib, daß unser Opfer dir gefalle."

In der *Wandlung* wird Christus in unseren Gaben gegenwärtig und vereinigt damit unsere Hingabe mit seinem Opfer.

Eucharistie ist *Vertiefung unserer Gemeinschaft mit Gott und untereinander*. Nachdem im Opfer des mystischen Christus der Bund mit Gott erneuert worden ist, wird dies im Opfermahl – der *Kommunion* – besiegelt. Schon die Opfer des Alten Bundes endeten häufig mit einem Opfermahl. Der Grundgedanke entspricht ganz unserer Sitte des Schenkens und Einladens: Menschen zeigen ihre Verbundenheit und Liebe dadurch, daß sie sich beschenken. Das eigentliche Geschenk ist jedoch nicht die Gabe, sondern die persönliche Hingabe, die Freundschaft. Der Beschenkte wiederum erwidert das Freundschaftszeichen durch eine Freundschaftsgeste seinerseits, nämlich die Einladung zu einem Mahl. Auf das Verhältnis zu Gott übertragen bedeutet Kommunion Freundschaftsmahl mit Gott und zugleich Gemeinschaftsmahl der Kinder Gottes.

Sich mit der Entschuldigung „Ich bin nicht würdig" auf eine sogenannte „geistige Kommunion" zurückzuziehen, verstößt also gegen den Sinn der Eucharistiefeier. Die „geistige Kommunion" hat in extremen Notfällen gewiß ihre Berechtigung, normalerweise soll der Gläubige aber durch Reue und notfalls durch das Sakrament der Buße fähig sein, die Eucharistie ganz mitzufeiern.

Der *äußere Aufbau des Meßopfers* ist gegliedert in eine Kommunikation des Wortes: Ich spreche Gott an – Gott spricht zu mir, und die Kommunikation des Schenkens: Ich gebe mich in Christus Gott hin – Gott lädt mich zum Freundschaftsmahl. In diesem Rhythmus der Kommunikation fügen sich die einzelnen Gebete und Kulthandlungen harmonisch ein.

Nun läßt sich auch eine Antwort geben auf den Einwand: *„Mir bringt die Messe nichts?"* Das Meßopfer ist kein genüßliches Happening, bei dem Pfarrer und Kirchenchor für spritzige Darbietungen zu sorgen hätten, sondern ein persönliches Opfer, bei dem man sich mit Christus, der sich für jeden einzelnen opfert, solidarisiert: zu Beginn bereut man sein Versagen während der letzten Woche; beim Wortgottesdienst orientiert man sich an der Botschaft Christi und faßt seine Vorsätze für die kommende Woche. Auf diese Weise wird die Messe kein ständiges Einerlei, sondern ist je nach der momentanen

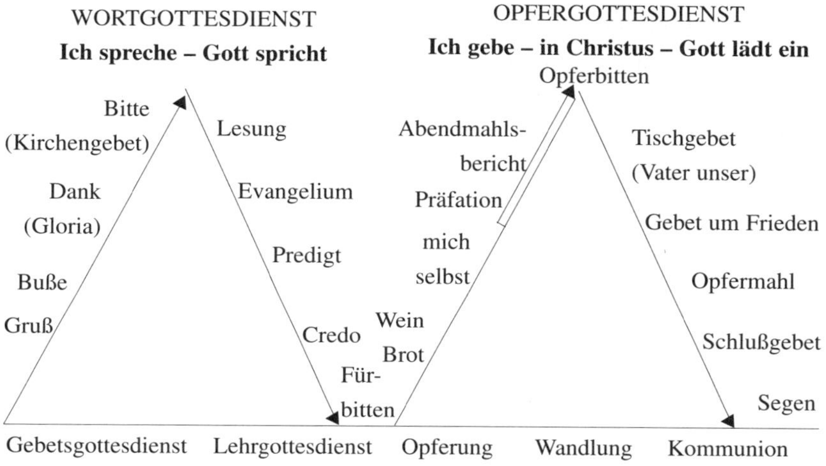

Situation jedes einzelnen Gläubigen mehr auf Dank, Bitte, Sühne usw. angelegt.

Im Opfergottesdienst bringt der Christ mit dem Priester seine Mühen und Arbeiten unter dem Symbol des Brotes, sowie Freude und Leid unter dem Symbol des Weines dar. In der Wandlung vereinigt er dann sein Opfer mit dem des gegenwärtigen Christus und stellt sich darauf ein, das Leben der kommenden Woche nicht in gedankenlosem Egoismus, sondern in der Aufgeschlossenheit für den Anruf Gottes in seinem Gewissen zu verbringen. Dazu gibt ihm das Freundschaftsmahl der Kommunion die Gnadenkraft.

Und nun zur Frage: *„Was habe ich davon?“* – Der einzelne wird nach dem Bild und in der Kraft Christi gewandelt in einen Menschen, der über sein kleinkariertes Ego hinauswächst zu einem sinnerfüllten, charakterklaren und gemeinschaftsfähigen Christen. Ohne regelmäßige Mitfeier der Eucharistie – wenigstens an allen Sonn- und Feiertagen – verflacht und erstirbt das religiöse Leben. Darum sagt man nicht ohne Grund: „Wie dein Sonntag, so dein Sterbetag.“

Wer diesen Zusammenhang von Symbol und geistiger Wirklichkeit, von Buße und Freiheit, von persönlicher Hingabe und Gemeinschaft, von Opfer und Freude auch nur einigermaßen erfaßt hat, wird die regelmäßige Teilnahme am sakramentalen Leben der Kirche als Selbstverständlichkeit erachten.

D. CHRISTLICHE LEBENS- UND WELTGESTALTUNG

I. Die gesellschaftsverändernde Kraft des Christentums

Ausgehend vom Gesinnungswandel des einzelnen durch Gebet und sakramentales Leben soll die Bekehrung gleichsam ausstrahlen in alle Lebensbereiche und die Gesellschaft im Sinne Christi verwandeln. In den folgenden Kapiteln sollen nun einige Bereiche menschlichen Gemeinschaftslebens – gewissermaßen die „heißen Eisen“ – angesprochen und Möglichkeiten christlicher Lebens- und Gesellschaftsgestaltung erhellt werden.

1. Ehe und Familie

Obwohl fast alle Brautleute von ihrer Ehe Geborgenheit und Glück erwarten, erfüllt sich diese Hoffnung für viele nicht. Mehr als ein Drittel der Ehen wird geschieden und nicht wenige, die wegen des guten Rufes oder ihrer Kinder beisammen bleiben, leben in Streit oder Ehebruch. Aber wer ist sich schon der Notwendigkeit bewußt, sich nicht nur auf den Beruf, sondern auch auf die Ehe von Jugend an vorzubereiten?

a) Die Situation

Die westliche Gesellschaft ist weithin befangen im Wohlstandsdenken. Man glaubt an die Demokratisierbarkeit sittlicher Normen sowie die technische Machbarkeit menschlichen Glückes. Letzter Lebenssinn liegt für viele in der Erlangung eines möglichst vielseitigen und ungetrübten Lebensgenusses; die sittlichen Normen werden diesem Begehren angepaßt. Gesellschaft und Staat sollen die Verantwortung für möglichst lücken- und reibungslose Bedürfnisbefriedigung übernehmen. Folge ist maßlose Steigerung der Ansprüche und erschreckendes Schwinden der Eigenverantwortung. Auch viele Christen sind verunsichert.

Der Arzt und Psychotherapeut Dr. Manfred Lütz kennzeichnet diesen Tatbestand im Hinblick auf die Sexualität:[1]

> „Der heutige Zeitgeist ist davon überzeugt, daß Sex wahnsinnig wichtig ist', daß das Ausleben der Sexualität zu den Menschenrechten und möglicherweise zu den Menschenpflichten zählt, so daß ein zölibatärer Priester schon irgendwie absurd, wenn nicht gar krank sein muß. Man gewinnt bisweilen den Eindruck, daß bei der angestrebten Selbstverwirklichung das Selbst im wesentlichen aus den Geschlechtsorganen besteht. Solche Auffassungen treten heute mit der zwingenden Kraft dogmatischer Glaubensüberzeugungen auf. Wer diesen widerspricht, steht geradezu außerhalb der zivilisierten Gesellschaft."

Die Folgen der Sexualisierung unserer Gesellschaft sind allgemein bekannt: Kinderpornographie, Mißbrauch von Kindern bis zum Sexualmord, Ehestreit und Ehebruch, Sextourismus, erschreckend steigende Zahlen von Scheidungen, Hunderttausende Abtreibungen, rapide Zunahmen von Geschlechtskrankheiten, Aids.

Wenn die Sexualität aus dem Gesamt personaler ehelicher Liebe herausgebrochen wird, verkommt sie zum Konsumartikel, zum „Fastfood-Sex".

b) Das Ideal

In dieser Situation ist es natürlich, daß viele Jugendliche verunsichert und irregeleitet durch den ständig wiederholten Slogan von der „leibfeindlichen Kirche" und ihrer „lustfeindlichen Sexualmoral" gar nicht erfahren, daß gerade diese Kirche als einzige im allgemeinen Konsumtaumel den Weg zu einer angstfreien und dauerhaften Liebe weist.

Wie positiv unsere Kirche die Sexualität bewertet, schreibt Papst Johannes Paul II. in seinem Buch „Liebe und Verantwortung":

> „Es gibt eine Freude, die der Natur des Sexualtriebes und gleichzeitig der Würde der Person entspricht; im weiten Bereich der Liebe zwischen Mann und Frau kommt sie aus der gemeinsamen Betätigung, dem gegenseitigen Verständnis und der harmonischen Erreichung der Ziele, die man miteinander gewählt hat. Diese Freude, dieses frui[2], kann auch

---

1 Aus: "Die Saat geht auf"...

2 lat. = genießen

aus dem mannigfaltigen Vergnügen stammen, das durch den Unterschied der Geschlechter und die sexuelle Lust, die der eheliche Verkehr verschafft, entsteht. Der Schöpfer hat diese Freude vorgesehen und sie mit der Liebe zwischen Mann und Frau verbunden unter der Bedingung, daß sich ihre Liebe, vom Sexualtrieb ausgehend, richtig entwickelt; das heißt, auf eine Weise, die der Würde der Person gerecht wird."

c) Der Weg

Erwägt man die Einschätzung der Sexualität nach den Worten des Papstes, so müßte es doch einsichtig sein, daß Eheglück mehr als unreifer Sexgenuß bedeutet. Die Chance zu einer gelungenen Ehe vertun demnach viele bereits in der Jugend. Einige Überlegungen sollen das erläutern:

Wie das Tier besitzt auch der Mensch Triebe, die ihn dazu anspornen, sowohl das leibliche Leben durch Nahrung zu erhalten, als auch das Menschengeschlecht durch Fortpflanzung. Als Anreiz ist mit der Befriedigung der Triebe Lust verbunden. Während nun bei den Tieren die Triebe nur bis zur Erfüllung ihres Zweckes drängen – „Jeder Ochs hört zu saufen auf, wenn er genug hat" – fehlt beim Menschen diese natürliche Selbstbeschränkung. *Der Mensch muß durch seine Freiheit die Triebe im Rahmen ihres Zweckes halten*; er kann den jeweiligen Zweck seiner Triebe erkennen und diese durch seine Willenskraft beherrschen.

Wer den Nahrungstrieb nicht in Schranken hält und der Genußsucht nachgibt, der schadet seiner Gesundheit und verkürzt sein Leben. Dieses Gesetz gilt entsprechend auch für den Geschlechtstrieb. Dieser dient einem zweifachen Zweck: der Fortpflanzung und der gegenseitigen Hilfe (Gen 2,18), d.h. der Freude aneinander, die über Eheschwierigkeiten hinwegträgt. Wer nun gleichsam die sexuelle Befriedigung aus diesem großen Lebenszusammenhang herausreißt und verantwortungslos zum bloßen Genußmittel zweckentfremdet, der verspielt wertvolle Chancen für sein künftiges Eheglück, weil er die für eine Ehe unerläßliche Beherrschung und Opferbereitschaft in der Jugend nicht einübt:

„Niemand kann etwas geben, was er nicht besitzt: wenn der Mensch nicht Herr seiner selbst ist .. – dann gehört er nicht sich selbst und kann sich mithin auch nicht verschenken. Die Keuschheit ist die geistige Kraft, die die Liebe von Egoismus und Aggressivität befreit."[1]

Es ist leicht einzusehen, warum ein zügelloses Sichausleben in der Jugend eine denkbar schlechte Ausgangsbasis für die Ehe darstellt. Weil der Mensch Körper und Geist ist, hat auch die menschliche Liebe im Gegensatz zur reinen Triebhaftigkeit des Tieres eine körperliche und eine geistige Komponente: die eine ist gekennzeichnet durch die Begriffe Eros und Sex, die geistige durch Verantwortung, Rücksichtnahme, Opferbereitschaft und Treue.

Jeder Heranwachsende hat bereits erfahren, daß der sogenannte Sex-Appeal die Variable, d.h. die Veränderliche, in der Liebe ist, Verantwortung und Treue hingegen die Konstante. Durch die voreheliche Unkeuschheit der Jugendlichen geschieht eine Akzentverschiebung: Nicht mehr Verantwortung beherrscht den Trieb, sondern der Trieb dominiert. Daher kommt es zu keiner reifen Liebe, die in der Ehe ein Leben lang zusammenhält und beglückt. Die Liebe bleibt in ihrer Entwicklung gewissermaßen im Tierischen stecken. Solche Jugendliche kommen zu keiner durchgeistigten Sexualität, sie bleiben gleichsam sexuell unterbelichtet. Sie treffen ihre Partnerwahl nach der unbeständigen Zuneigung und schließen voreilig eine Ehe, die zudem nur Pflichten bringt, weil sie die „Freuden" schon vorweggenommen haben. Schwindet oder wechselt dann die Zuneigung, ist die Ehe zu Ende. Sogenannte zerrüttete Ehen sind deshalb kein Zufall oder Schicksal, sondern zumeist Folgen der Jugendsünden.

Aus dieser Erkenntnis ergibt sich folgerichtig, daß sowohl bei der Erziehung als auch bei der Brautwahl der Akzent auf der Fähigkeit zur vergeistigten Liebe liegen muß:

Von großer Bedeutung ist bereits die Liebe des Kindes zu den Eltern. Sie ist in erster Linie geistiger Natur, weil sie vorrangig durch Dankbarkeit motiviert ist und sich im Gehorsam zeigt. Hier werden schon Motive und Verhaltensweisen eingeübt, die für die geistige Liebe der Ehegatten grundlegend sind. Nicht umsonst lautet das vier-

---

1 Päpstlicher Rat für die Familie: "Menschliche Sexualität"

te Gebot: „Ehre deinen Vater und deine Mutter, damit du lange lebst in dem Land, das der Herr, dein Gott, dir gibt" (Ex 20, 12).

Weitere Stufen zur Einübung reifer Liebe sind Kameradschaft und Freundschaft. Auch in diesen Beziehungen soll der Jugendliche lernen, seine egoistischen Wünsche und Launen zurückzustellen und Rücksicht zu nehmen auf die Erfordernisse einer Gemeinschaft oder das wahre Wohl des anderen.

Mit dem Erwachen der Sympathie zum andersgeschlechtlichen Partner müßte die Erfahrung der wechselnden und der bleibenden Bindungskräfte einer menschlichen Beziehung und die Einübung einer vergeistigten Liebe als Voraussetzung für die Dauer einer Partnerschaft Hand in Hand gehen. Mit anderen Worten: Man muß sich der Vorläufigkeit der nur auf Sympathie gegründeten Beziehungen bewußt bleiben und von vornherein klare Grenzen setzen. Nur dann werden Gemeinschaften und Freundschaften von Dauer sein und ohne den bitteren Beigeschmack von Enttäuschung und Schuld.

Die Meinung, man müsse den Partner „vorher ausprobieren", verrät eine primitive Auffassung von Liebe und eine infantile Vorstellung von Ehe. Zudem ist dies eine fatale Täuschung: Haben etwa all jene, deren Ehe in die Brüche ging, sie nicht schon „vorher ausprobiert" ?

Auch auf der Stufe der Brautzeit, wenn man glaubt, seine endgültige Partnerwahl getroffen zu haben, muß man sich ernsthaft die Frage stellen, ob der voreheliche Geschlechtsverkehr selbst in diesem Stadium der Liebe nicht unverantwortlich ist. Der Einwand: „Warum soll etwas schlecht sein, was eine Stunde später – nämlich nach der kirchlichen Trauung – recht ist?" sticht nicht. Dazwischen liegt nämlich die endgültige und ausschließliche personale Bindung vor Gott, die – der Priesterweihe vergleichbar – einen völlig neuen Status begründet: Die Ehe.

Wer den Geschlechtsverkehr vorwegnimmt, setzt verfrüht den Akt der Endgültigkeit. Das Wartenkönnen auf die letzte Erfüllung der Liebe ist von enormer Bedeutung für das künftige Eheglück. Wer nicht warten kann, der verbaut sich die Möglichkeit einer ernsthaften

Prüfung und Wahl; der kauft die Katze im Sack der Variablen, ohne die Konstanten einer Partnerschaft auf Dauer ernsthaft geprüft zu haben; der trifft eine Entscheidung für sein ganzes Leben im Liebesrausch – und das kann eine böse Ernüchterung geben.

Diese Überlegung zeigt auch den Zusammenhang mit dem sechsten Gebot. Wer die Selbstbeherrschung nicht vor der Ehe übt, der setzt seine Ehe leichtsinnig aufs Spiel. Wie im fünfte Gebot nicht nur der Mord verboten ist, sondern auch alles, was zum Mord führt, so im sechsten Gebot natürlich auch alles, was zum Ehebruch führt: Schon die ungezügelte Begierde bedeutet Ehebruch „im Herzen" (vgl. Mt 5,21–28).

Zweifellos fordert die katholische Morallehre das Bemühen um ein hohes Ideal, das zudem unsere degenerierte Genußgesellschaft lächerlich macht. Wer sich aber ernsthaft mit dieser Problematik auseinandersetzt, wird erkennen, daß die Kirche als letzte Bastion der Wahrheit gegen den Zeitgeist den Menschen nicht verlogen schmeichelt, sondern ein Naturgesetz vertritt, das schon die Alten kannten: *Per aspera ad astra*[1] und das Christus gleichnishaft ausspricht:

> „Geht durch das enge Tor! Denn das Tor ist weit, das ins Verderben führt, und der Weg dahin ist breit, und viele gehen auf ihm. Aber das Tor, das zum Leben führt, ist eng, und der Weg dahin ist schmal, und nur wenige finden ihn." (Mt 7,13-14)

Ist es nicht sonderbar, bei der Ehevorbereitung an alles mögliche zu denken: an jahrelange Berufsausbildung, an die körperliche Gesundheit, an ein schönes Heim und an wirtschaftliche Sicherungen – nur an das Wesentlichste, an die Kultur der Liebe und des Charakters denken viele nicht. Eine Ehe baut aber nicht auf unreifen Liebeleien auf, sondern nur auf eine durch Selbstverzicht gereifte Liebe, die über die Schwankungen des Gefühls erhaben ist und über Durststrecken, die jede Ehe kennt, hinwegträgt. Viele Ehen scheitern auch daran, daß die Gatten aufgrund schlechter Erfahrungen die Achtung voreinander verlieren. Nur eine verantwortungsvolle und gereifte Liebe bietet Sicherheit und Geborgenheit, bewirkt Achtung und Dankbarkeit.

---

1 Nur durch harte Anstrengung gelangt man zu den Sternen des Glücks

Stellen wir auch in unserer Gesellschaft einen – vor allem durch die Medien geförderten – beispiellosen Sittenverfall, der schönfärbend als „Wertewandel“ bezeichnet wird, fest, so bleibt uns doch die Hoffnung des verlorenen Sohnes, der bis zu den Schweinen herabsteigen mußte, um zur Besinnung zu gelangen. Es mehren sich bereits die warnenden Stimmen der Einsichtigen. Auch in der Jugend wird eine Gegenbewegung erkennbar: Unter der Losung „Wahre Liebe wartet“ geben Jugendliche Zeugnis dafür, daß sie aufgeschlossen sind für christliche Ideale und fähig zu einem sittlichen Heroismus, mit dem sie die Probleme ihrer Geschlechtlichkeit ohne Manipulation und Prothesen in Freiheit meistern wollen.

d) Verantwortete Elternschaft

So wichtig das Sexualleben auch für die Ehe sein mag, es macht doch nur einen Teil der ehelichen Lebensgemeinschaft aus und muß sinnvoll in das Ganze eingeordnet werden. Der Bibel zufolge verdankt die Ehe ihren Ursprung dem Schöpferwillen Gottes, der die Menschen teilhaben lassen wollte an seiner Liebe und Schöpferkraft. Nach den Worten der Genesis hat die eheliche Gemeinschaft einen doppelten Zweck: gegenseitige Hilfe sowie die Erzeugung und Erziehung der Nachkommenschaft.

„Es ist nicht gut, daß der Mensch allein bleibt. Ich will ihm eine Hilfe machen, die ihm entspricht.“ (Gen 2,18) — „Seid fruchtbar, und vermehrt euch, bevölkert die Erde.“ (Gen 1,28)

Es besteht eben ein *fundamentaler Unterschied zwischen der Paarung der Tiere und der ehelichen Partnerschaft der Menschen.*

Das Tier braucht nur seinen Trieben zu folgen, um naturgemäß zu leben. Der Mensch aber ist Körper und Geist. Er handelt naturgerecht, wenn der Geist das Triebleben ordnet. Das Tier hat seine Brunftzeiten. Beim Menschen ist der Geschlechtstrieb immer wach. Das Tier trägt keine Verantwortung für die Nachkommenschaft auf Dauer. Das menschliche Kind braucht dagegen Schutz und Fürsorge der Eltern, die Geborgenheit der Familie über zwei Jahrzehnte hinweg: ein Jahrzehnt für die körperliche Unabhängigkeit und ein zweites für die geistige Reife. Und weil der Mensch nicht nur Körper ist, darum erwartet er von seinem Ehepartner auch geistige Werte: Rücksicht, Dankbarkeit, Treue. Daher ist Ehe auf Dauer angelegt, auf Lebensdauer: „Bis der Tod sie scheidet."

> „Drum prüfe, wer sich ewig bindet... Der Wahn ist kurz, die Reu' ist lang." (Schiller)

In der Enzyklika „Humanae vitae" legt Papst Paul VI. die Eigenschaften ehelicher Liebe dar:

> „In erster Linie ist eheliche Liebe im Vollsinn menschliche Liebe, das heißt gleichzeitig sinnenhafte und geistige Liebe. Sie ist nicht einfach Trieb und Gefühlsrausch, sondern und in erster Linie freier Willensakt, der die Bestimmung hat, sich durch Freuden und Schmerzen des täglichen Lebens zu bewähren und zu wachsen, und zwar derart, daß die Eheleute ein Herz und eine Seele werden und miteinander ihre menschliche Vollendung erlangen.
>
> Eheliche Liebe ist ganzheitliche Liebe, das heißt eine ganz eigene Form personaler Freundschaft, in der die Eheleute alles miteinander teilen, ohne ungebührliche Vorbehalte und selbstsüchtige Berechnung. Wer seinen Ehegatten wirklich liebt, liebt ihn um seiner selbst willen, in der Freude, ihn durch sein Sichschenken reicher machen zu können.
>
> Weiterhin ist eheliche Liebe treue und ausschließliche Liebe bis zum Tode… eine Treue, die zuweilen schwer werden kann, die aber immer möglich ist, immer edel und verdienstvoll ist... Das Beispiel, das so viele Ehepaare im Laufe der Jahrhunderte gegeben haben, beweist nicht nur, daß die Treue dem Wesen der Ehe entspricht, sondern daß sie außerdem die Quelle tiefen und dauerhaften Glückes ist.
>
> Schließlich ist eheliche Liebe mit Fruchtbarkeit gesegnete Liebe, die sich nicht in der Gemeinschaft der Eheleute erschöpft, sondern dazu bestimmt ist, sich fortzusetzen, indem sie ein neues Leben hervorruft. ... Die Kinder sind gewiß die vorzüglichste Gabe für die Ehe und tragen zum Glück der Eltern sehr viel bei."

Verantwortete Elternschaft besagt daher sinnvolle Geburtenplanung, welche durch einen rücksichtsvollen zeitweisen Verzicht auf die volle Geschlechtshingabe verwirklicht wird. Damit ist sowohl verantwortungslose Zeugung als auch verantwortungslose Empfängnisverhütung abgelehnt. Diese Moral ist weder leib- noch lustfeindlich. Sie verweist auf eine Vielfalt von Möglichkeiten menschlicher Liebesbezeugung und stellt die Lust – wie das übrigens auch in allen anderen Bereichen der Fall sein soll – in einen höheren Verantwortungszusammenhang. Aus solch verantwortungsbewußter Beherrschtheit erwächst erst die Fähigkeit zur Ehe als Hort der Sicherheit, Geborgenheit und Treue.

Darüber schreibt Papst Johannes Paul II. in seiner Enzyklika „Familiaris consortio“ (32):

„...die Lehre der Kirche beruht auf der untrennbaren Verbindung der zweifachen Bedeutung des ehelichen Aktes, die von Gott gewollt ist und die der Mensch nicht eigenmächtig aufheben kann, nämlich die liebende Vereinigung und die Fortpflanzung ... Wenn die Ehegatten durch Empfängnisverhütung diese beiden Sinngehalte, die der Schöpfergott dem Wesen von Mann und Frau und der Dynamik ihrer sexuellen Vereinigung eingeschrieben hat, auseinanderreißen, liefern sie den Plan Gottes ihrer Willkür aus; sie ‚manipulieren‘ und erniedrigen die menschliche Sexualität – und damit sich und den Ehepartner – ... Wenn dagegen die Ehegatten durch die Zeitwahl[1] den untrennbaren Zusammenhang von Begegnung und Zeugung in der menschlichen Sexualität respektieren, stellen sie sich unter Gottes Plan und vollziehen die Sexualität in ihrer ursprünglichen Dynamik der Ganzhingabe, ohne Manipulation und Verfälschungen. ... Die Entscheidung für den natürlichen Rhythmus beinhaltet ein Annehmen des Dialoges der gegenseitigen Achtung, der gemeinsamen Verantwortung, der Selbstbeherrschung. ... In diesem Zusammenhang macht das Ehepaar die Erfahrung, daß die eheliche Vereinigung um jene Werte der Zärtlichkeit und Affektivität bereichert wird, die die Seele der menschlichen Geschlechtlichkeit bilden“.

Ich gebe zu, daß viele eine solche Argumentation nicht begreifen oder nicht begreifen wollen. Sie wittern dahinter eine Verkürzung ihrer erotischen Freude und sexuellen Befriedigung. Das Gegenteil ist der Fall: Wer ohne vernünftigen Aufschub drauflos ißt und trinkt, verdirbt sich Appetit und Gesundheit. Das Prinzip der Stauung gilt in biologischer, psychologischer und ethischer Hinsicht: Durch Aufschub wird sowohl die sexuelle als auch die erotische und humane Appetenz (das Verlangen) gesteigert. Der eheliche Akt wird aus der Sphäre des nur Triebhaften herausgehoben, er wird zu einer wahrhaft menschlichen leib-seelischen Hingabe der Liebenden und vertieft die gegenseitige Achtung, Verantwortung und Treue.

e) Gewissensentscheidung im Sexualbereich

Das Gebot. Ein Gebot muß immer den Idealfall anpeilen, auch wenn dieser offensichtlich von der Mehrheit nicht erreicht werden kann. Für das Hauptgebot heißt das: „Du sollst deinen Nächsten lieben wie dich selbst!“ Jede Minderung würde das Gebot sinnlos machen. Auch wenn nicht jeder diesem Ideal vollkommen gerecht

1 auch „Naturmethode“

werden kann, so muß er doch versuchen, in der gegebenen Situation unter Berücksichtigung sich bisweilen widerstreitender Pflichten dem Gebot möglichst gerecht zu werden. Für das sechste Gebot gilt: Der Mensch soll seine Geschlechtlichkeit in Freiheit meistern. Damit werden alle mechanischen und chemischen Mittel der Empfängnisverhütung (desgleichen natürlich auch Sterilisation) als Verstöße gegen die Schöpfungsordnung gekennzeichnet. Alle diese „Krücken" bergen teils physische, sicher aber psychische und sittliche Gefahren in sich.

Beurteilung von Verfehlungen: Masturbation oder Selbstbefriedigung Jugendlicher ist bei ehrlichem Bemühen um Keuschheit keine – zumindest keine schwere – Sünde. Empfängnisverhütung ist bei Eheleuten anders zu beurteilen als verantwortungsloser Geschlechtsverkehr Jugendlicher oder Ehebruch. Bei der Geburtenplanung kann es zu erheblichen Pflichtenkollisionen kommen, wenn z.B. eine Frau nach ernsthafter Prüfung ihrer Situation zu einem Verhütungsmittel greift, weil sie keinen anderen Ausweg sieht, um dauernden Ehestreit oder Ehebruch zu vermeiden. Sie handelt dann zwar gegen das Gebot, aber im Sinne ihres Gewissens. Das gleiche Gewissen mahnt aber beim Wegfall der Notsituation wieder zur Einhaltung der Schöpfungsordnung. Auf diese Weise kann bei jedem ernsthaften Gewissenskonflikt eine gangbare Lösung gefunden werden. Für verantwortungslose Befriedigung bloßer Leidenschaften aber gibt es keinen Gewissensgrund.

Völlig anders ist dagegen die Sachlage bei Abtreibung. Wie die Embryonenforschung Dr. Blechschmidts gezeigt hat, ist der Mensch *Mensch von Anfang an*. Daher ist Tötung der Leibesfrucht Mord und zwar an einem völlig unschuldigen und gänzlich wehrlosen Menschen, ja, an dem eigenen Kind. Weil aber diese Tatsache durch Gesetzgebung und Propaganda vertuscht wird, sieht sich die Kirche gezwungen, diesen Mord als besonders schweres Verbrechen zu kennzeichnen. Sie belegt daher die Abtreibung für alle, die aktiv daran beteiligt sind mit der Kirchenstrafe der Exkommunikation, d.h. des Ausschlusses von den Sakramenten. Die einzige Ausnahme davon besteht im Fall einer medizinischen Indikation im strikten Sinne, wenn nämlich das Leben von Mutter und Kind in Gefahr sind und nur eines gerettet werden kann. Diese Situation ergibt sich nicht schon bei irgendwelchen körperlichen Beschwerden während der Schwangerschaft oder bei seelischen Depressionen der Mutter, sondern dann, wenn das Leben der Mutter nur durch die Abtreibung des erwarteten Kindes erhalten werden kann, bzw. wenn die Mutter ihr Leben für das des Kindes opfern müßte. In solcher Pflichtenkollision wäre die Entscheidung zur Abtreibung zwar eine Gesetzesübertretung, aber subjektiv keine Sünde.

Es ist jedoch verantwortungslos, bei jeder Schwierigkeit zum scheinbar billigsten und bequemsten Mittel zu greifen. Notstände bei sozialer Indikation (wirtschaftliche Gründe) können und müssen mit sozialen Hilfen bewältigt werden, gegebenenfalls durch Freigabe des Kindes zur Adoption. Am schwierigsten erscheint die Gewissensentscheidung bei kriminologischer (Vergewaltigung) und eugenischer Indikation (Befürchtung von Mißbildungen und Schwachsinn). Aber selbst wenn in einem frühen Schwangerschaftsstadium eine sichere Prognose möglich wäre, ist das Leben eines geschädigten Kindes vor der Geburt ebenso unantastbar wie nach der Geburt. So verständlich und so groß in diesen beiden Fällen das Leid der Betroffenen auch sein mag – der Mensch darf sich nicht zum Richter über „lebenswertes“ und „lebensunwertes“ Leben aufspielen. Übrigens gibt es viele „Sorgenkinder“, welche fröhlicher und dankbarer sind als gesunde.

Nicht unerwähnt bleiben darf in diesem Zusammenhang das Problem der Schuld und der seelischen Depressionen, welche häufig als Spätfolgen einer Abtreibung auftreten.[1] Auch wenn es verfehlt ist, eine schuldig gewordene Frau zu verurteilen, so ist es ebenso falsch, die Schuld herunterzuspielen oder wegpsychologisieren zu wollen.

---

1 Darüber schreibt die Schriftstellerin Karin Struck, welche die Abtreibung eines Kindes bitter bereut hat: "Ich sehe mein Kind im Traum", Ullsteinbuch Nr. 35358

Es ist richtig, daß man ein Kind nicht ohne die Mutter schützen kann. Daher ist der beste Schutz: Gottesfurcht und Ehrfurcht vor dem Wunder des Lebens:

„Wer je einen kleinen menschlichen Embryo gesehen hat, erkennt: Die Einmaligkeit, Individualspezifität und Zartheit der ungeborenen kleinen Menschenkinder ist so groß, daß man sie als unantastbar erlebt und bezeichnen muß. Ihre Schönheit beruht auf ihrer Ursprünglichkeit, das heißt auf ihrer Erscheinung als Leib-Seele-Einheit von Anfang an. Sie beruht ferner darauf, daß der Mensch nicht eine Summe von Teilen ist, sondern von Anfang an ein Ganzes. Hier paßt alles zusammen: die Händchen zum Gesicht, das Näschen zum kleinen Mund; alle Organe, auch die inneren sind aufeinander abgestimmt. ...ein Geheimnis göttlichen Wirkens." (Dr. E. Blechschmidt)

f) *Ehe als Gnadengemeinschaft*

„Wie nämlich Gott einst durch den Bund der Liebe und Treue seinem Volk entgegen kam, so begegnet nun der Erlöser der Menschen und der Bräutigam der Kirche durch das Sakrament der Ehe den christlichen Gatten. Er bleibt fernerhin bei ihnen, damit die Gatten sich in gegenseitiger Hingabe und ständiger Treue lieben, so wie er selbst die Kirche geliebt und sich für sie hingegeben hat. Echte eheliche Liebe wird in die göttliche Liebe aufgenommen und durch die erlösende Kraft Christi und die Heilsvermittlung der Kirche gelenkt und bereichert, damit die Ehegatten wirksam zu Gott hingeführt und in ihrer hohen Aufgabe als Vater und Mutter unterstützt und gefestigt werden. So sind die christlichen Gatten in den Pflichten und der Würde ihres Standes durch ein eigenes Sakrament gestärkt und gleichsam geweiht. In der Kraft dieses Sakramentes erfüllen sie ihre Aufgabe in Ehe und Familie. Im Geist Christi, durch den ihr ganzes Leben mit Glaube, Hoffnung und Liebe durchdrungen wird, gelangen sie mehr und mehr zu ihrer eigenen Vervollkommnung, zur gegenseitigen Heiligung und so gemeinsam zur Verherrlichung Gottes.

Wenn somit die Eltern durch ihr Beispiel und ihr gemeinsames Gebet auf dem Weg vorausgehen, werden auch die Kinder ..., leichter diesen Weg des echten Menschentums, des Heils und der Heiligkeit finden."[1]

Für den Katholiken ist die Ehe nicht nur „ein weltlich Ding", wie Martin Luther sagt, sondern ein Sakrament, durch welches die Ehepartner in den universalen Heilszusammenhang hineingenommen werden, den wir Gnade nennen.

Das Sakrament der Ehe spenden sich die Partner selbst durch ihre endgültige Entscheidung füreinander im Wort und im Vollzug des ehelichen Aktes. Für Leute mit Scheuklappensexualität mag das sonderbar klingen. Es ist aber bezeichnend für die positive Auffassung

---

1 Vaticanum II: Gaudium et spes, 48

der Kirche vom Geschlechtsleben, das sogar als Gnadenmittel gilt, wenn es von christlichen Eheleuten im Sinne der Naturordnung vollzogen wird.

Die Ehepartner sind somit nicht nur auf ihre menschliche Kraft gestellt; sie erhalten in ihrem Mühen um das christliche Eheideal auch jene Gnadenhilfe, die zur Verwirklichung dieses Ideals notwendig ist. Durch die Zeugung neuen Lebens nehmen sie nicht nur teil an der Schöpfermacht Gottes; sie und ihre Kinder werden auch hineingenommen in den Erlösungszusammenhang des ewigen Lebens. Damit erhält die Ehe eine unendliche Tiefendimension für Zeit und Ewigkeit. Daraus ergibt sich aber auch eine ungewöhnliche Verantwortung der Gatten füreinander und für ihre Kinder, eine Verantwortung für das irdische und für das göttliche Leben.

So wird verständlich, warum die Kirche die Verschiedenheit von Religion oder Konfession als Ehehindernis bzw. Eheerschwernis betrachtet. Sie dispensiert zwar, weist aber mit aller Deutlichkeit darauhin, welche Gefahren dadurch entstehen, daß die Ehepartner in der entscheidenden Bindung nicht eins sind:

Dies betrifft bereits das Verständnis von Ehe, die Katholiken für unauflöslich halten. Ein Ehepartner, der diese Auffassung nicht teilt, kann sich trennen und wieder verheiraten, während der Katholik durch seine Ehe gebunden bleibt.

Eine weitere Gefahr besteht darin, daß man aus rücksichtsvoller Liebe all das in den Hintergrund drängt, worin man nicht eins ist. So ist in vielen Mischehen Religion ein Tabu. Wo aber die Religion aus der Mitte des Lebens verdrängt wird, stirbt sie ab.

Die schwerwiegendsten Probleme der Mischehe aber liegen in der religiösen Erziehung der Kinder. Wie sollen sie in den Glauben und das sakramentale Leben der Kirche hineinwachsen, wenn ein Elternteil dem verständnislos gegenübersteht? Man denke hier beispielsweise nur an den Tag der Erstkommunion. Zumeist werden dann solche Kinder im Glauben verunsichert und lau. Dabei will ich nicht in Abrede stellen, daß es auch erfreuliche Ausnahmen von dieser Regel gibt.

Nun hat die Kirche sicher Verständnis für die Liebe junger Menschen, die trotz unterschiedlicher religiöser Auffassung heiraten wollen. Sie kommt ihnen auch in der Form der Eheschließung weitgehend entgegen. Das steht in ihrer Kompetenz. Keine Kompetenz zum Dispens aber hat die Kirche bezüglich der Taufe und der religiösen Erziehung der Kinder. Das ist Gewissenssache der Eltern. Wenn ein Katholik von seinem Glauben überzeugt ist, darf er seinen Kindern nicht wesentliche Glaubensbezüge vorenthalten: die unverkürzte Glaubenswahrheit, die nur das kirchliche Lehramt verbürgt, das Meßopfer als Zentrum des religiösen Lebens, das Sakrament der Buße usw. Der Katholik befindet sich hier in einer anderen Gewissenssituation als beispielsweise der evangelische Christ, der seinen Kindern keine Heilsmöglichkeiten vorenthält, wenn er sie katholisch taufen läßt.

Das alles begreift freilich nur, wer in seinem Glauben unterrichtet und verwurzelt ist. Wer aus den Quellen des Glaubens lebt, der wird auch seine Ehe mit all ihren Höhen und Tiefen ganz anders einschätzen und erfahren als jener, der darin nur eine Episode auf Zeit sieht.

> „Der sakramentale Ehebund ist nicht mehr ausschließlich das Produkt menschlich günstiger oder harmonisch sich ergänzender Naturanlagen oder gleichlaufender Neigungen oder gar irdischer Nützlichkeitserwägungen, mögen diese Umstände auch noch so sehr den Anstoß zum Zustandekommen des Eheschlusses gegeben haben. Christliche Ehe ist, ebenso wie das Priestertum, zutiefst ein auf Taufe und Firmung aufbauender, neuer Grad der Christusverwirklichung in der Welt."[1]

2. *Der ungeteilte Dienst*

Der Zölibat oder die Ehelosigkeit katholischer Priester ist immer wieder Gegenstand der Diskussion vor allem der Unzufriedenen unter den Gläubigen, die persönlich gar nicht betroffen sind. Da ereifert man sich über einen angeblichen Zwangszölibat. Niemand aber wird zum Priestertum gezwungen! Im Gegenteil, die Kirche bestraft

1 Heinrich Rösseler: Christlicher Glaube. Vgl. auch Mk 10,2-9 und Eph 5,29-33

sogar die Nötigung zum Priesterstand mit Exkommunikation. Übrigens stellen auch eine Reihe anderer Berufe Anforderungen, denen nicht jeder gewachsen ist.

Auch das Gerede von Priesterskandalen, von unglücklichen oder gar neurotischen Priestern auf Grund der Ehelosigkeit schöpft gewöhnlich mehr aus der Phantasie als aus seriösen Quellen.

Jedenfalls sind gescheiterte Ehen – auch proportional – häufiger als am Zölibat gescheiterte Priester. Zudem gäbe es ohne Zölibatsgesetz dann eben geschiedene Priester, von ihren Frauen verlassene Priester, geschiedene und wiederverheiratete Priester und Ärgernis erregende Priesterkinder.

Es ist richtig, daß Christus das Priestertum nicht ausdrücklich an den Verzicht auf Ehe gebunden hat, daß die mit Rom unierten Ostkirchen nur von den Bischöfen den Zölibat verlangen und auch die römische Kirche in gewissen Fällen Ausnahmen zuläßt. Sie könnte also das Zölibatsgesetz aufheben. Aber sie wird es kaum tun,

- weil die Ehelosigkeit der Priester auf Christus zurückgeht: Er hat selbst ehelos gelebt und die Ehelosigkeit „um des Himmelreiches willen“ empfohlen: „Wer das erfassen kann, der erfasse es!“ (Mt 19,12) Er hat den Ehelosen eine Verheißung gegeben: „Und jeder, der um meines Namens willen Häuser oder Brüder, Schwestern, Vater, Mutter, Kinder oder Acker verlassen hat, wird dafür das Hundertfache erhalten und das ewige Leben gewinnen“ (Mt 19,29).
- weil Jesus selbst nicht jeden, der wollte, als Apostel aufnahm (Mk 5,19), sondern seine Auswahl traf: „Er rief die zu sich, die er wollte“ (Mk 3,13). „Nicht ihr habt mich erwählt, sondern ich habe euch erwählt” (Joh 15,16). Mit anderen Worten: Nicht der einzelne kann selbst bestimmen, ob er Priester werden will – ein Recht auf das Priestertum gibt es nicht.
- weil Christus das Apostolat mit einem noch größeren Opfer verbunden hat als die Kirche: „Wenn du vollkommen sein willst, geh, verkauf deinen Besitz, und gib das Geld den Armen; ... dann komm und folge mir nach!” (Mt 19,21) Jesus

selbst hat also gewissermaßen einen „numerus clausus" vor diese besondere Art der Nachfolge gesetzt. Das Priestertum darf man eben nicht ergreifen wie irgendeinen Job, sondern in opferbereiter Entscheidung „um des Himmelreiches willen" (Mt 19,12).

- weil der Priester in unserer versexualisierten Gesellschaft – auch für Eheleute – ein Zeichen dafür setzen soll, daß Sexualität nicht übermächtig, sondern beherrschbar ist.
- weil Kultur aus „Triebverzicht" erwächst. Nicht nur die Missionare, sondern fast alle großen Persönlichkeiten der Kirchengeschichte, die Bedeutendes, ja Übermenschliches geleistet haben, lebten ehelos.

Aber warum läßt die Kirche ihren Priestern nicht die freie Wahl zwischen Ehe und Ehelosigkeit? Weil das de facto die Abschaffung des Zölibats bedeuten würde. Um das zu verdeutlichen, muß ich aus meiner persönlichen Erfahrung sprechen:

Ohne Zölibatsverpflichtung hätte ich vermutlich geheiratet, weil ich als 24jähriger die Angemessenheit der Ehelosigkeit für den Priester noch nicht richtig einschätzen konnte. Erst im Laufe des Priesterlebens haben sich die Weisheit und Voraussicht der Kirche in dieser Hinsicht gezeigt:

- Ich habe die Wahrheit des Pauluswortes erfahren: „Der Ehelose kümmert sich um die Sache des Herrn ...; der Verheiratete hingegen hat Sorge um die Dinge der Welt ... und ist geteilt" (1 Kor 32f). Ich konnte mich „ungeteilt" für das Reich Gottes und für meine Mitmenschen einsetzen.
- Bei meiner – im Dritten Reich verbotenen – Jugendarbeit, die schließlich zur Anzeige bei der Gestapo führte, brauchte ich nicht Rücksicht auf eine Familie zu nehmen. Viele evangelische Pastoren haben uns um diese Freiheit beneidet.
- Ich konnte meine Zeit, meine Fähigkeiten, Beziehungen und auch mein Geld ungehindert für die Jugendseelsorge verwenden. Nicht nur im Mittelalter wurden praktisch alle sozialen und kulturellen Einrichtungen von Klöstern gegründet und er-

halten; auch heute noch verdanken viele Jugendheime, Waisenhäuser, Schulungszentren für Behinderte usw. ihre Existenz ehelos lebenden Männern und Frauen, die Zeit und Geld für solche Stiftungen einsetzen.

- Ich habe den Eindruck, daß gerade durch die Ehelosigkeit meine Kontakte zur Jugend persönlicher und enger waren und ich dadurch – unbeabsichtigt – Einblick in Hunderte von Familien erhielt.
- Ich habe auch wiederholt erfahren, daß der Priester „nicht zwei Herren dienen kann". Wie oft hat meine Mutter, wenn ich spät nach Hause kam, geseufzt: „Sei froh, daß du keine Frau hast; die wäre mit dir nicht zufrieden." Und kann man nicht immer wieder hören, daß Ehen daran scheitern, daß der Mann ganz in seinem Beruf aufgeht. Doch gerade das soll der katholische Priester ja tun! Vielleicht ist das einer der Gründe dafür, daß die evangelischen Pastorenehen eine so hohe Scheidungsrate aufweisen. Die „Evangelischen Kommentare" vom Dezember 1990 berichteten, daß in Deutschland jede dritte evangelische Pastorenehe geschieden wird.
- Und noch etwas erlebe ich heute: Während viele Verheiratete im Alter – von ihren Kindern verlassen – einsam leben, stehe ich mit über 80 Jahren noch mitten im Leben und habe eine Vielzahl von „Kindern".

Das alles aber konnte ich als junger Priester nicht wissen – das alles habe ich erst im Lauf eines langen Priesterlebens erfahren können. Zu denken sollte auch folgende Bemerkung des evangelischen Pfarrers Jochen Hartwig geben:

> „Erfüllt die Tatsache, daß gerade die Feinde des Christentums die Ehelosigkeit der Priester bekämpfen, die erwähnten Katholiken nicht mit etwas Mißtrauen im Blick auf ihr angestrebtes Ziel? ... Glauben die Bekämpfer des Zölibats tatsächlich, daß es unter verheirateten Priestern weniger Ehescheidungen als in der Gesellschaft geben wird?"

3. *Der Christ und die Politik*

Solange die Kirche besteht, steht sie in einem gewissen Gegensatz zu allen anderen politischen Mächten. Es ist sogar ein Charakteristikum der Kirche, daß sie zu allen Zeiten verfolgt wird. Aber nicht nur die Staatsgewalt gerät häufig in Widerstreit mit dem Christentum, auch der einzelne Christ kommt nicht selten in Gewissenskonflikt zwischen Bürgerpflicht und Christenpflicht. Daher erscheint eine klärende Auseinandersetzung mit dieser Problematik geboten.

a) *Die politische Tendenz des Christentums*

Christus gab den Auftrag, das Evangelium in alle Welt zu verbreiten. Über den Gesinnungswandel des einzelnen hinaus soll die ganze Menschheit samt ihren Institutionen im Sinne Christi gewandelt werden. Damit wird die Kirche zum Politikum.

Weil aber „der Fürst dieser Welt" (Joh 12,31) im Gegensatz zum Evangelium Christi steht, kommt es überall und jederzeit zu Auseinandersetzungen zwischen den Herrschenden und der Kirche.

> „Seht, ich sende euch wie Schafe mitten unter die Wölfe; seid daher klug wie die Schlangen und arglos wie die Tauben! Nehmt euch aber vor den Menschen in acht! Denn sie werden euch vor die Gerichte bringen und in ihren Synagogen auspeitschen. Ihr werdet um meinetwillen vor Statthalter und Könige geführt, damit ihr vor ihnen und den Heiden Zeugnis ablegt. Brüder werden einander dem Tod ausliefern und Väter ihre Kinder, und die Kinder werden sich gegen ihre Eltern auflehnen und sie in den Tod schicken. Und ihr werdet um meines Namens willen von allen gehaßt werden" (Mt 10,16 ff).

> „Wenn die Welt euch haßt, dann wißt, daß sie mich schon vor euch gehaßt hat. Wenn ihr von der Welt stammen würdet, würde die Welt euch als ihr Eigentum lieben. Aber weil ihr nicht von der Welt stammt, sondern weil ich euch aus der Welt erwählt habe, darum haßt euch die Welt ... Es kommt die Stunde, in der jeder, der euch tötet, meint, Gott einen heiligen Dienst zu leisten" (Joh 15,18-16,2)

Diese Auseinandersetzung beginnt bereits mit der Verfolgung der Propheten (Mt 23,34 ff) und setzt sich im Neuen Testament fort. Johannes der Täufer wird das Opfer seines Freimutes vor Herodes (Mt 14,1ff). Jesus greift in seiner Rede öffentlich die Führer des Volkes an (Mt 23,1-33); unter dem Vorwand der Volksverhetzung und Vorbereitung eines politischen Umsturzes wird er gekreuzigt (Lk 23,2; Joh 19,12).

Jesu Einstellung zum Staat an sich ist durchaus positiv. Er erkennt die Staatsgewalt als von Gott gegeben an (Joh 19,11), grenzt jedoch den Anspruch des Staates klar gegen den Anspruch Gottes ab: „Gebt dem Kaiser, was dem Kaiser gehört, und Gott, was Gott gehört" (Mt 22,21). Die gleiche Einstellung finden wir in der Urkirche:

> „Jeder leiste den Trägern der staatlichen Gewalt den schuldigen Gehorsam. Denn es gibt keine staatliche Gewalt, die nicht von Gott stammt ... Deshalb ist es notwendig, Gehorsam zu leisten, nicht allein aus Furcht vor der Strafe, sondern vor allem um des Gewissens willen. Das ist auch der Grund, weshalb ihr Steuern zahlt; denn in Gottes Auftrag handeln jene, die Steuern einzuziehen haben. Gebt allen, was ihr ihnen schuldig seid, sei es Steuer oder Zoll, Furcht oder Ehre." (Röm 13,1ff)

Somit ist der Christ verpflichtet, dem Staate zu geben, was des Staates ist. Dazu gehört auch die verantwortliche Mitgestaltung des öffentlichen Lebens. Es ist daher Gewissenssache, von seinen Bürgerrechten Gebrauch zu machen, weil jeder Christ nach Maßgabe seiner Möglichkeiten bestrebt sein muß, christliche Grundsätze auch in der Öffentlichkeit zum Tragen zu bringen; mit anderen Worten: seine Meinung frei äußern, vom Wahlrecht Gebrauch machen, Einfluß nehmen auf Abgeordnete und Massenmedien. Dabei darf man sich nicht einschüchtern lassen durch Schlagworte, Pöbeleien oder Diffamierungen.

Andererseits muß der Christ aber auch Gott geben, was Gottes ist. Gesetzen, die gegen die göttliche Ordnung verstoßen, muß er passiven Widerstand entgegensetzen, d.h. Ungehorsam um eines höheren Gehorsams willen. So widersetzten sich im Dritten Reich viele Christen sittenwidrigen Befehlen und nahmen Verfolgung und KZ in Kauf. Graf Stauffenberg und seine Freunde gingen mit dem Attentat auf Hitler zum aktiven Widerstand über. Dessen objektive Erlaubtheit als letzte Notwehr eines Volkes unter bestimmten Bedingungen ist allerdings bei den Moralisten umstritten. An der subjektiven Lauterkeit der Männer des 20. Juli ist jedoch nicht zu zweifeln.

b) Der christliche Politiker

Wer besondere Fähigkeiten und Möglichkeiten der Einflußnahme auf die Öffentlichkeit hat, muß diese – nicht aus Prestige- oder Gewinnstreben, sondern aus christlicher Verantwortung – wahrnehmen. Das gilt auch für die Übernahme politischer Verantwortung.

Wenn die Kirche ihre Priester von gehobenen politischen Ämtern fernhält, dann geschieht dies nicht, weil sie Politik für ein „garstig Lied" hält: auch nicht deshalb, weil sie die Bedeutung solcher Ämter unterschätzt oder weil der Priester als solcher in der Politik nichts zu suchen hätte – er hat dieselben Bürgerrechte wie jeder andere; nein, sie tut das mit Rücksicht auf ihre Gläubigen, die nicht in die Lage gebracht werden sollen, Parteiressentiments auf die Religion zu übertragen.

Wer ein politisches Amt übernimmt, bürdet sich eine harte Arbeit und eine belastende Verantwortung auf. Durch die Wahl bekommt der Politiker den Auftrag, das zu tun, was dem Volksganzen zum Wohle dient. Damit stellt sich ihm die Frage: „Was kann und darf zum Gesetz erhoben werden?" oder das Problem der Normenfindung. Daß Gesetze nicht unter dem Gesichtswinkel von Privat- und Parteiinteressen formuliert werden dürfen, versteht sich von selbst. Aber auch von einer „normativen Kraft des Faktischen" (d.h. des Bestehenden) kann keine Rede sein; auf einem Kinsey-Report beispielsweise darf man keine Moralgesetze aufbauen, ebensowenig wie auf eine Diebstahlstatistik das Eigentumsrecht. Die Geschichte hat uns gelehrt, daß keineswegs immer gut ist, was nach Meinung eines „Führers" dem Volke nützt, noch das, was eine demokratische Mehrheit beschließt.

Für den Christen und erst recht für den christlichen Politiker kann staatliche Gesetzgebung nur Interpretation der Schöpfungsordnung für die jeweils aktuelle Situation seines Volkes bedeuten.

Die eigentliche Schwierigkeit für die Gesetzgebung liegt aber nicht so sehr im Grundsätzlichen als vielmehr im Detail. Auch aus christlicher Sicht kann es für ein und denselben Fall entgegengesetzte mögliche Entscheidungen geben. Nehmen wir z.B. die immer wieder aufflammende Diskussion über die Todesstrafe. Verständlich, daß

Von Rechtspositivismus, Situationsethik, kantianischer Willensautonomie und vom sittlichen Selbstentwurf des atheistischen Existentialismus war bereits die Rede.

sie die einen angesichts bestialischer Verbrechen oder Geiselnahmen zur Befreiung von Verbrechern fordern, die anderen jedoch hinweisen auf Justizirrtum und Justizmord. Das fünfte Gebot: „Du sollst nicht morden!" (Ex 20,13) schützt nämlich nur das Leben Unschuldiger, denn zur Zeit des Moses gab es die Todesstrafe in Israel. Der Papst mahnt allerdings die Regierenden zur Abschaffung der Todesstrafe, um Verbrechern Zeit zur Bekehrung zu geben.

Zum Problem der Normenfindung tritt noch das Problem des Normenwandels. Die Gesetzesnormen sind nämlich nicht überall und zu allen Zeiten gleich. Vieles hat sich auch hier im Laufe der Geschichte geändert. Es wäre aber falsch, im Sinne der Situationsethik zu meinen, die gesamte Moral sei nur relativ. Ihre bleibenden Grundlagen sind mit der Schöpfungsordnung, wie sie im Gesetz vom Sinai vorliegt, gegeben. In seinem Wesen bleibt auch der Mensch gleich, nur die Verhältnisse ändern sich. Daher erfordern veränderte Verhältnisse auch eine veränderte Anwendung der Grundnormen:

- So hat sich mit der Entwicklung der Geldwirtschaft das Zinsverbot erledigt, Übervorteilung und Ausnützung der Not anderer werden aber immer Verbrechen bleiben.
- Die Gesellschaftsentwicklung hat zur – wenigstens theoretischen – Anerkennung der Religionsfreiheit geführt. Die Gewissenspflicht, nach der Wahrheit zu streben und zu leben, aber bleibt.
- Biologische Erkenntnisse haben zu einer .teilweise gewandelten Beurteilung der Sexualität geführt; sexuelle Zügellosigkeit aber ist immer Sünde.
- Aufgrund psychologischer Einsichten macht man sich heute Gedanken darüber, ob manche Partner sogenannter „Kinderehen" überhaupt zu einem für das ganze Leben bindenden Entschluß fähig sind; an der grundsätzlichen Unauflöslichkeit der Ehe wird sich jedoch nichts ändern.

So ist es denn gar nicht leicht, im Parlament einen christlichen Kurs zu steuern. Hinzu kommt, daß auch gewissenhafte christliche Politiker in einer pluralistischen Gesellschaft ihre Moralauffassungen selten voll zur Geltung bringen können, sondern meist Kompromisse schließen müssen, denn „Politik ist die Kunst des Möglichen“ (Otto von Bismarck, 1815-1898).

Trotz all dieser Schwierigkeiten ist das Einbringen christlicher Wertvorstellungen in die Politik nicht nur ein Auftrag Christi, sondern auch eine Chance für mehr Freiheit.

c) *Die „Außenpolitik“ der Kirche*

Wenn auch die Kirche nicht von dieser Welt ist, so ist sie doch in der Welt. Und wenn sie sich auch vorrangig um die geistigen Güter der Menschen sorgt, so sind diese doch unlösbar mit den materiellen verbunden. Schließlich sind die gleichen Christen Bürger einer weltlichen Gemeinschaft und Gläubige des Gottesreiches. Dies bringt naturgemäß Interessenüberschneidungen und Spannungen zwischen Staat und Kirche mit sich. Das Bemühen der Kirche um einen Ausgleich dieser Spannungen könnte man ihre Außenpolitik nennen.

Die biblische Herodesgeschichte (Mt 2) zeigt, daß dieses Ineinander und Gegeneinander von Gottesreich und weltlicher Macht schon mit dem Eintritt des Gottmenschen in diese Welt gegeben war. Während das römische Reich die Kulturen und Religionen der besiegten Völker in sich aufnahm, ja sogar für alle Götter ein Pantheon errichtete, blieb der Gott der Christen wegen seines Absolutheitsanspruches ausgeschlossen. Die Christen wurden als Staatsfeinde und Atheisten verfolgt.

Die Kirche identifiziert sich mit keiner Staatsform und gerät, weil sie den Anspruch des Gottesreiches vertritt, mit allen Mächten in Konflikt, die einen Absolutheitsanspruch erheben, d.h. die beanspruchen, „was Gottes ist“ – oder mit anderen Worten: welche die Freiheit unterdrücken.

Die Kirche kann sich auch mit keiner Partei identifizieren. Sie war vor den Parteien und steht über den Parteien. Sie ergreift nicht Partei für eine Partei, sondern für die Sache Christi, für die Freiheit der Unterdrückten. Sie gilt in kapitalistischen und liberalistischen Ländern als konservativ, weil sie für das Naturrecht z.B. der Ungeborenen eintritt; in kommunistischen Staaten nennt man sie reaktionär, weil sie die Menschenrechte verficht; und in lateinamerikanischen Diktaturen wird sie als revolutionär und kommunistisch verschrieen, weil sie Partei für die Armen ergreift.

Ebenso wenig kann sich eine Partei mit der Kirche identifizieren. Eine Partei muß Kompromisse schließen; die Kirche aber muß ihre Ideale ohne Abstriche verkünden. Die Kirche vertritt bei allen Völkern und zu allen Zeiten das Gesetz Gottes. Es ist daher nicht ihre Sache, sich nach einem Parteiprogramm zu richten; es ist Sache der Parteien, ihr Programm möglichst im Sinne der christlichen Wertvorstellungen zu gestalten. Und in dem Maße, in dem eine Partei dies tut – nicht nur theoretisch –, wird sie für einen Christen wählbar. Kein Wähler kann sich nämlich der Mitverantwortung für die vorhersehbaren Entscheidungen der von ihm gewählten Abgeordneten entziehen. – Sogenannte Wahlhirtenbriefe sind nur eine Aufforderung zur Erfüllung der Bürgerpflicht und ein Hinweis auf aktuelle Forderungen der Schöpfungsordnung.

Es steht der Kirche nicht frei, zu reden oder zu schweigen. Durch Schweigen zum Unrecht würde sie ihre ureigenste Pflicht verletzen.

Die Kirche ist das Gewissen der Welt, die Stimme der Freiheit in einer Zeit voll Unrecht und Unterdrückung. Sie muß beispielsweise zum Frieden mahnen und das allgemeine Wettrüsten verurteilen. Sie ist jedoch nicht kompetent, den Politikern vorzuschreiben, wie diese sich um die Sicherung des Friedens bemühen sollen.

Dazu nur zwei Beispiele aus der neueren Geschichte: Wahrscheinlich hätte es den letzten Weltkrieg nicht gegeben, wenn die deutschen Katholiken ihren Bischöfen mehr geglaubt und gehorcht hätten. Schon bevor Hitler an die Macht kam, hatten deutsche Bischöfe vor seiner Ideologie gewarnt und die aktive Unterstützung der NSDAP mit der Strafe der Exkommunikation belegt. Als später Hitler legal die Regierung übernommen hatte, bot er dem Papst einen Vertrag an, das Reichskonkordat. Obschon man damals bereits an der

Ehrlichkeit der Absichten Hitlers zweifeln mußte, blieb der Kurie doch nichts anderes übrig, als diesen Vertrag zu unterzeichnen, der der Kirche formal alle ihr zustehenden Rechte sicherte. Sie hätte sonst auch bei Katholiken als stur und unversöhnlich gegolten. Außerdem war es immerhin möglich, daß den Nationalsozialisten nach der Machtübernahme auch an der Zustimmung der gläubigen Katholiken gelegen war. Als dann das Konkordat in all seinen Teilen gebrochen wurde, erließ der Papst 1937 das Rundschreiben „Mit brennender Sorge", das insgeheim verbreitet und von allen katholischen Kanzeln Deutschlands verlesen wurde; es heißt darin:

> „Wer die Rasse oder das Volk oder den Staat oder die Staatsform, die Träger der Staatsgewalt oder andere Grundwerte menschlicher Gemeinschaftsgestaltung – die innerhalb der menschlichen Ordnung einen wesentlichen und ehrengebietenen Platz behaupten – aus dieser irdischen Wertskala herauslöst, sie zur höchsten Norm aller, auch der religiösen Wertskala macht, und sie mit Götzenkult vergöttert, der verkehrt und fälscht die gottgeschaffene und gottbefohlene Ordnung der Dinge.
>
> Wer in sakrilegischer[1] Verkennung der zwischen Gott und Geschöpf, zwischen dem Gottmenschen und den Menschenkindern klaffenden Wesensunterschiede irgend einen Sterblichen, und wäre es der größte aller Zeiten, neben Christus zu stellen wagt, oder gar über ihn und gegen ihn, der muß sich sagen lassen, daß er ein Wahnprophet ist, auf den das Schriftwort erschütternde Anwendung findet: ‚Der im Himmel wohnt, lacht ihrer' (Ps 2,4). Auf dem wahren und rein bewahrten Gottesglauben ruht die Sittlichkeit der Menschheit. Alle Versuche, die Sittlichkeit und die sittliche Ordnung vom Felsboden des Glaubens abzuheben und auf den wehenden Flugsand menschlicher Normen aufzubauen, führen früher oder später einzelne und Gemeinschaften in moralischen Niedergang."

Bei der Konferenz von Jalta 1945 kam die Rede auch auf Einfluß und Anspruch der Kirche; Stalin soll gefragt haben: „Wieviele Divisionen hat der Papst?" – Der Papst besitzt keine Divisionen und doch ist die Kirche eine politische Macht, die in ihrer Wirksamkeit allerdings abhängig ist von der Treue ihrer Glieder. Wann und wo aber die Katholiken zu ihrer Kirche stehen, besitzen sie auch ohne militärische Macht eine politische Sprengkraft zur Freiheit hin.

Den wohl überzeugendsten Beweis dafür bietet die Geschichte der letzten Jahrzehnte: Der atomwaffenstarrende kommunistische Ostblock wurde nicht mit Waffengewalt besiegt, sondern durch die

1 Sakrileg: Gotteslästerung

Idee der Freiheit, die nicht zuletzt durch Papst Johannes Paul II. – ausgehend von seiner Heimat Polen – entfacht wurde.

d) Kirchliche „Innenpolitik"

Keine menschliche Gemeinschaft kommt ohne Ordnung oder Rechtsnormen aus, sonst gäbe es nie endende Streitigkeiten über Besitzrechte oder Kompetenzen. Der Staat hat sein Grundgesetz, die Gymnasien haben ihre Schulordnung, die Vereine ihre Satzungen; selbst die primitiven Horden oder Banden haben ihre – wenn auch ungeschriebenen – Gesetze. Man kann über die Zweckmäßigkeit einzelner Verordnungen streiten – doch daß es eine Ordnung geben muß, ist unbestritten.

Daher hat auch Christus seiner Kirche eine Ordnung gegeben und mit der Erteilung der Binde- und Lösegewalt (vgl. Mt 18,18) dafür gesorgt, daß sein Grundgesetz durch eine von ihm bevollmächtigte Autorität den jeweiligen Zeitverhältnissen gemäß dargelegt und ergänzt wird.

Man hört oft Zweifel darüber, ob denn Christus die heutige Form der Kirche gewollt habe und träumt von einer rechtsfreien Liebeskirche der ersten Christenheit. Die hat es nie gegeben. Schon das Gottesvolk des Alten Bundes kannte in Fortführung der zehn Gebote schriftlich niedergelegte Normen für alle Bereiche des Lebens. Auch in der Urkirche gab es die Ämter der Apostel und des Petrus als normengebende Autoritäten: Paulus wandte sich an die „maßgebenden Männer" (vgl. Gal 2,2); das Apostelkonzil regelte die Aufnahme von Heiden in die Kirche (vgl. Apg 15); die Zwölf teilten ihren Aufgabenbereich und setzten sieben Diakone ein (vgl. Apg 6). Die Stellung des Petrus als Oberhaupt der Kirche tritt im Neuen Testament deutlich zutage. Selbst die Strafe der Exkommunikation wurde bereits durch Paulus verhängt (vgl. 1 Kor 5,2ff).

Natürlich hat sich mit der Entwicklung der Urgemeinde zur Weltkirche auch die Notwendigkeit einer umfassenderen Rechtsordnung ergeben. Im Verlauf einer zweitausendjährigen Geschichte gibt es auch Änderungen und Fehlentwicklungen kirchlicher Normen. Das alles gehört zum menschlichen und zeitgebundenen Erscheinungsbild der Kirche und berührt nicht die unfehlbare Verkündigung der Glaubenssubstanz.

Die kirchliche Gesetzgebung ist aber nicht nur eine historische Tatsache und ein von Christus erteiltes Recht, sondern auch eine belastende und oft sehr leidvolle Pflicht. Schon der Prophet Ezechiel wird von Gott ermahnt:

> „Menschensohn, ich sende dich zu den abtrünnigen Söhnen Israels, die sich gegen mich aufgelehnt haben. Sie und ihre Väter sind immer wieder von mir abgefallen, bis zum heutigen Tag. Es sind Söhne mit trotzigem Gesicht und hartem Herzen. Zu ihnen sende ich dich. Du sollst zu ihnen sagen: So spricht Gott, der Herr. Ob sie dann hören oder nicht – denn sie sind ein widerspenstiges Volk –, sie werden erkennen müssen, daß mitten unter ihnen ein Prophet war" (Ez 2,3-6).

Auf seiner Reise als Gefangener nach Rom bestellt Paulus die Ältesten der Gemeinde von Ephesus nach Milet und gibt ihnen zum Abschied die eindringliche Mahnung:

> „Gebt acht auf euch und auf die ganze Herde, in der euch der Heilige Geist zu Bischöfen bestellt hat, damit ihr als Hirten für die Kirche Gottes sorgt, die er sich durch das Blut seines eigenen Sohnes erworben hat. Ich weiß: Nach meinem Weggang werden reißende Wölfe bei euch eindringen und die Herde nicht schonen. Und selbst aus eurer Mitte werden Männer auftreten, die mit ihren falschen Reden die Jünger auf ihre Seite ziehen. Seid also wachsam!" (Apg 20,28ff)

Betrachtet man die kirchlichen Gesetze im einzelnen, so erkennt man unschwer, daß sie im Grunde nichts anderes sind als Interpretationen oder sinngemäße Weiterführungen der göttlichen Gebote, ja vielfach nur eine pädagogische Hilfe:

Den Sonntag, den ersten Tag der Woche, an dem Christus von den Toten auferstanden ist, durch die Mitfeier des Meßopfers zu heiligen, ist für denkende Katholiken eine Selbstverständlichkeit.

Daß jemand, der sich von Gott durch schwere Schuld getrennt hat, wenigstens im Verlauf eines Jahres das Bußsakrament empfangen und an Ostern kommunizieren soll, sind für einen „Christen" beschämende Gebote.

Auch die kirchliche Fastenordnung ergibt sich aus der Natur des Menschen, der nur durch wiederholtes Training seiner Freiheit die Fähigkeit erwirbt oder behält, die Gebote Gottes zu befolgen.

Daß man nicht gleichzeitig Christ und Nationalsozialist oder Kommunist sein konnte, mußte für Menschen mit Verstand klar sein. Aber es gab auch solche, denen man dies unter Androhung von Exkommunikation noch ausdrücklich verbieten mußte.

Daß ein offizieller Lehrer der katholischen Religion sein Amt in Einklang mit dem kirchlichen Lehramt ausüben muß und dazu der Beauftragung durch den Bischof (missio canonica) bedarf, ist einleuchtend. Desgleichen, daß ihm diese entzogen werden muß, wenn seine Lehre nicht mehr mit dem Glauben der Kirche übereinstimmt. Das ist kein Lehrverbot, sondern bedeutet lediglich, daß er seine persönliche Meinung nicht mehr als Lehre der Kirche propagieren darf.

Unnachgiebigkeit wird der Kirche auch deshalb vorgeworfen, weil sie Frauen die Priesterweihe nicht erteilt. Nach kirchlichem Gesetz (can. 1024) gilt: „Die heilige Weihe empfängt gültig nur ein getaufter Mann". Der Einwand „Warum gibt es dann bei den Evangelischen Pastorinnen?" geht an der Sache vorbei, weil die Protestanten keine Priesterweihe und daher auch keine priesterlichen Vollmachten kennen. Im Prinzip kann jede katholische Frau die gleichen Funktionen ausüben wie eine evangelische Pastorin, am kirchlichen Lehramt sind Frauen von der Grundschule bis zur Universität beteiligt. Sie können gegebenenfalls auch die Taufe spenden und, da nach evangelischem Verständnis die Gegenwart Christi im Brot beim Abendmahl durch den Glauben des Empfängers erfolgt, bedarf es auch hierfür keiner priesterlichen Vollmacht.. Auf Grund ernsthafter und gründlicher Prüfung des Bibelbefundes lehnt der evangelische Theologe W. Neuer selbst das protestantische Pfarramt für Frauen ab:

> „Die biblische Sicht der Geschlechter ist die bleibend gültige Antwort der Christenheit auf die Verkehrung des Mannseins und Frauseins durch den unerlösten Menschen: sie ist ein Bußruf an beide Geschlechter und verurteilt die Unterdrückung und Minderbewertung der Frau ebenso wie die feministische Rebellion gegen Gottes Schöpfungsordnung. Eine unerläßliche Konsequenz der biblischen Zuordnung der Geschlechter ist die Ablehnung des Frauenpfarramtes."[1]

1 W. Neuer: Mann und Frau in christlicher Sicht

Entgegen allen ökumenischen Bestrebungen würde eine Priesterweihe von Frauen nicht nur zu einer weiteren Entfremdung unserer Kirche und den Orthodoxen führen, sondern auch eine neuerliche weltweite Kirchenspaltung zur Folge haben.

Angesichts der feministischen Propaganda vor allem in Österreich und Deutschland sowie der wankelmütigen Haltung einiger Bischöfe sah sich der Papst veranlaßt, in einem apostolischen Schreiben „Ordinatio sacerdotalis“ (1994) die diesbezügliche kirchliche Lehre unmißverständlich darzulegen:

> „Damit also jeder Zweifel bezüglich der bedeutenden Angelegenheit, die die göttliche Verfassung der Kirche selbst betrifft, beseitigt wird, erkläre ich kraft meines Amtes, die Brüder zu stärken (vgl. Lk 22,32), daß die Kirche keinerlei Vollmacht hat, Frauen die Priesterweihe zu spenden, und daß sich alle Gläubigen der Kirche endgültig an diese Entscheidung zu halten haben.“

Der Papst weist somit hin auf „die göttliche Verfassung der Kirche“, d.h. auf den Willen Christi, der die Kirche so und nicht anders gestiftet hat. Diese göttliche Verfassung wurde in der zweitausendjährigen kirchlichen Tradition aufrecht erhalten: „Die Apostel taten das Gleiche.“ Es ist durchaus nicht so, daß im christlichen Altertum das Frauenpriestertum unmöglich gewesen wäre: nicht nur in heidnischen Kulten und den Mysterienreligionen, sondern auch in christlichen Sekten gab es Priesterinnen, so daß bereits die Kirchenväter die göttliche Verfassung verteidigen mußten.

Des weiteren sagt der Papst, „daß die Kirche keinerlei Vollmacht hat, Frauen die Priesterweihe zu spenden“. Der Papst hat Auftrag und Vollmacht, die göttliche Verfassung der Kirche zu wahren, aber nicht zu ändern. Daher wäre eine vom Papst erlaubte Priesterweihe von Frauen gar nicht gültig. Und weil die Verfassung der Kirche auf deren Stifter zurückgeht, fällt der Vorwurf der Frauenfeindlichkeit auf Christus zurück.

Bis in die Gegenwart gaben gerade in Deutschland, dem Ursprungsland der reformatorischen Kirchenspaltung, Eigenbrötlerei und reformatorischer Übereifer Anlaß zu päpstlichen Klarstellungen. In einer vatikanischen „Instruktion über die Mitarbeit der Laien am Dienst der Priester" (August 1997) mußten die deutschen Bischöfe darauf hingewiesen werden, daß bei aller Würdigung des Einsatzes der Laien die von Konzil und Kirchenrecht bestimmten Zuständigkeiten der Priester in Verkündigung und Liturgie beachtet werden müssen.

Und schon Anfang 1998 mußte der Papst in einem persönlichen Schreiben an die deutschen Bischöfe „gemäß meiner Verantwortung als oberster Hirte“ mahnend darauf aufmerksam machen, daß die bischöflichen Schwangerenberatungsstellen „in den Vollzug eines Gesetzes verwickelt [werden], der zur Tötung unschuldiger Menschen führt und vielen zum Ärgernis gereicht.“

Schon aus diesen lokal begrenzten Beispielen ersieht man, wie notwendig für die Erhaltung des Glaubens und der kirchlichen Einheit das Wächteramt des Papstes ist. Die Ortsbischöfe bedürfen eben von Zeit zu Zeit der „Stärkung“, weil sie immer wieder in Gefahr geraten, dem Druck von Politikern, Medien und „fortschrittlichen“ Gläubigen nachzugeben.

Abschließend zu diesem Thema sollte man bedenken, daß es nicht dem Geist des Evangeliums entspricht, wenn der einzelne auf angemaßte Rechte pocht. Christus weist den Rangstreit seiner Jünger scharf zurück: „Der Menschensohn ist nicht gekommen, um sich bedienen zu lassen, sondern um zu dienen.” (Mt 10,35ff) Und: „Wer so klein sein kann, wie dieses Kind, der ist im Himmelreich der Größte” (Mt 18,4). Wer liebt, den bedrückt kein Kirchengesetz, der klagt auch nicht über eine „Sonntagspflicht”. Je mehr aber Glaube und Liebe schwinden, um so mehr Gesetze sind nötig.

4. Der Christ und die soziale Frage

Unter „sozialer Frage“ versteht man die Frage nach der Möglichkeit des Zusammenlebens und Zusammenwirkens verschiedenartiger Gesellschaftsschichten auf der Basis einer gerechten Ordnung. Daß das Sozialgefüge der Menschheit zu keiner Zeit in Ordnung war, bedarf keiner Begründung. Die Folgen sozialer Ungerechtigkeit waren zu allen Zeiten Haß und Neid, Unterdrückung und Krieg.

a) Stellenwert des Sozialen im Christentum

Wie schon erwähnt, gelten im Gegensatz zum Heidentum bereits im Alten Testament die Armen als besondere Freunde Gottes. Das Buch Tobit nennt als Grundregel für soziales Verhalten: „Was dir selbst verhaßt ist, das mute auch einem anderen nicht zu! … Gib dem Hungrigen von deinem Brot und dem Nackten von deinen Kleidern!" (Tob 4,15f)

Christus formuliert diese Regel positiv und erhebt sie zur zentralen Forderung des Gesetzes: „Alles, was ihr also von den anderen erwartet, das tut auch ihnen! Darin besteht das Gesetz und die Propheten" (Mt 7,12). Das heißt natürlich nicht, daß man alles tun soll, was andere wollen, sondern daß man sich an die Stelle des anderen versetzen und überlegen soll, was man für sein wahres Wohl tun kann. Das muß nicht immer nur eine leibliche Wohltat sein; auch eine Ermahnung oder Ermunterung, selbst eine notwendige Zurechtweisung oder Strafe können gegebenenfalls ein „geistliches Werk der Barmherzigkeit" sein. Das klassische Beispiel sozialen Handelns aus dem Geist Christi ist das Gleichnis vom barmherzigen Samariter (Lk 10,25ff). Die Nächsten sind grundsätzlich alle Menschen, insbesondere aber jene, die uns jeweils am nächsten sind: Eltern, Geschwister, Kameraden, Lehrer – vor allen aber solche, die unserer Hilfe am meisten bedürfen.

Besonderen Nachdruck legt Christus auf das gegenseitige Verzeihen. Er läßt die Seinen beten: „Erlaß uns unsere Schulden, wie auch wir sie unseren Schuldnern erlassen haben" (Mt 6,12); er fordert, daß wir „Nicht siebenmal, sondern siebennundsiebzigmal" (Mt 18,22) verzeihen und unterstreicht diese Forderung mit dem Gleichnis vom unbarmherzigen Knecht (Mt 18,23ff); ja, nicht einmal ein Opfer nimmt Gott von dem an, der nicht in Frieden mit seinem Nächsten lebt (Mt 5,23f).

Aber auch die materiellen Güter müssen gerecht geteilt und verteilt werden. Im Gleichnis vom reichen Prasser und dem armen Lazarus (Lk 16,19 ff) droht Jesus gedankenlosen Genießern jenseitige Strafe an. Darüber hinaus erklärt er das soziale Verhalten zum Maßstab für das Weltgericht und identifiziert sich selbst mit den Notleidenden und Verachteten: „Was ihr für einen meiner geringsten Brüder getan habt, das habt ihr mir getan" (Mt 25,31ff).

Dem Wort und Beispiel des Herrn folgend war sozialer Güterausgleich in der Urgemeinde selbstverständlich:

> „Alle, die gläubig geworden waren, bildeten eine Gemeinschaft und hatten alles gemeinsam. Sie verkauften Hab und Gut und gaben davon allen, jedem so viel, wie er nötig hatte." (Apg 2,44f)

Zur Versorgung der Armen wurden eigens sieben Diakone aufgestellt (Apg 6,1ff). Auch Paulus ließ Kollekten abhalten zur Unterstützung der in Not geratenen Gemeinde von Jerusalem (1 Kor 16,1-4). Die meisten sozialen Einrichtungen des Mittelalters und zum größten Teil auch der Neuzeit sind kirchliche Stiftungen: Spitäler, Schulen, Armen-, Pilger-, Leprosenhäuser usw. Für die Pflege Armer und Kranker wurde eine Reihe von Orden gegründet, die bis in unsere Zeit caritativ tätig sind. Seit dem 11. Jahrhundert hat man für Spenden zu gemeinnützigen Zwecken auch Ablässe erteilt. Auf diese Weise konnten zahlreiche Spitäler, Brücken, Straßen usw. gebaut werden.

b) Der „christliche Sozialismus"

Der marxistische Sozialismus hat es verstanden, sich propagandistisch als alleiniger Anwalt des Proletariats aufzuspielen, so daß selbst Katholiken die kommunistischen Parolen häufig besser kennen als die katholische Soziallehre. Und diese ist nicht erst von heute oder gestern, sondern reicht zurück bis ins Alte Testament und erhält durch Christus ihre tiefste Begründung und entscheidende Sanktion.

Von Anfang an hat die Kirche brennende Sozialprobleme aufgegriffen und eine Lösung aus dem Geiste Christi angestrebt. Zur Zeit der Urkirche war ein solches Anliegen die Sklavenfrage. Es wäre aber unsinnig und aussichtslos gewesen, wie Spartakus einen Sklavenaufstand zu entfachen. Christus und die Kirche beließen die äußeren Gesellschaftsstrukturen und unterliefen sie durch einen Gesinnungswandel. Beispiel dafür ist ein Brief, mit dem Paulus den entlaufenen Sklaven Onesimus seinem Herrn Philemon zurücksandte:

„Obwohl ich durch Christus volle Freiheit habe, dir zu befehlen, was du tun sollst, ziehe ich es um der Liebe willen vor, dich zu bitten. Ich, Paulus, ein alter Mann, der jetzt für Christus Jesus im Kerker liegt, ich bitte dich für mein Kind Onesimus, dem ich im Gefängnis zum Vater geworden bin ... Ich schicke ihn zu dir zurück, ihn, das bedeutet mein eigenes Herz. Ich würde ihn gerne bei mir behalten, damit er mir an deiner Stelle dient, solange ich um des Evangeliums willen im Gefängnis bin. Aber ohne deine Zustimmung wollte ich nichts tun. Deine gute Tat soll nicht erzwungen. sondern freiwillig sein. Denn vielleicht wurde er nur deshalb eine Weile von dir getrennt, damit du ihn für ewig zurückerhältst, nicht mehr als Sklaven, sondern als weit mehr: als geliebten Bruder“ (Phlm 8ff)

Der Epheserbrief mahnt:

„Ihr Sklaven ... dient freudig, als dientet ihr dem Herrn und nicht den Menschen ... Ihr Herrn, handelt in gleicher Weise gegen eure Sklaven! Droht ihnen nicht! Denn ihr wißt, daß ihr im Himmel einen gemeinsamen Herrn habt. Bei ihm gibt es kein Ansehen der Person" (Eph 6,5ff)

Wo immer Christen ihren Glauben wahrhaft lebten, war trotz sündhafter Strukturen die soziale Frage praktisch gelöst. Mit Beginn der apostolischen Zeit könnte man so durch die gesamte Kirchengeschichte bis in unsere Tage Beispiele anführen, die zeigen, wie jede soziale Notlage eine tatkräftige Resonanz bei verantwortungsbewußten Christen gefunden hat.

Auch die Arbeiterfrage wurde von Katholiken lange vor dem kommunistischen Manifest aufgegriffen. Der katholische Politiker Franz Josef v. Buß brachte bereits 1837 ein Sozialprogramm im Badischen Landtag ein. 1847 gründete Adolf Kolping den Gesellenverein, der vor allem jungen Handwerkern eine geistige Heimat und soziale Unterstützung gab und sie vor dem Abgleiten in den klassenkämpferischen Sozialismus bewahrte. Durch die Betonung der Verbundenheit von Meister und Gesellen wurde die geistige Grundlage des Handwerks erhalten. Ein unermüdlicher Vorkämpfer der Sozialreforrn war Bischof Wilhelm Emanuel von Ketteler (+1877), der bestrebt war, das soziale Gewissen der deutschen Katholiken zu schärfen. Durch Professor Franz Hitze wurden 1880 die katholischen Arbeitervereine gegründet, die durch Betonung der Berufsgemeinschaft von Arbeitgebern und Arbeitnehmern den sozialen Mißstände entgegentraten, u.a. Unternehmer wie der Großindustrielle Franz Brands. Professor Hitze wirkte zudem am Auf- und Ausbau der Sozialversicherungen mit.

In besonderer Weise nahm sich Papst Leo XIII. (1878-1903) der Arbeiterfrage an. In seinem Rundschreiben „Rerum novarum" (1891) weist er die Irrtümer des Marxismus zurück und fordert Anerkennung der Naturrechte der Arbeiter, insbesondere auf gerechten Lohn, Sonntagsruhe und freie Vereinigung. In der Folge haben die Päpste immer wieder in Enzykliken, Briefen und Ansprachen zu akuten Sozialproblemen Stellung genommen. So Pius XI. in seinem Rundschreiben „Quadragesimo anno" (1931), Johannes XXIII. in „Mater et Magistra" (1961) und „Pacem in terris" (1963). Das II. Vatikanische Konzil behandelt in der Pastoralkonstitution „Gaudium et spes" (1965) die wesentlichen Sozialprobleme unserer Zeit. Papst Paul VI. beschäftigt sich in seiner Enzyklika „Populorum progressio" (1967) und in seinem Brief „Octogesima adveniens" (1971) mit der sozialen Frage in ihrer weltweiten Dimension. Dazu kommen Entschließungen von Bischofssynoden, die Enzyklika „Laborem exercens" (1981) von Papst Johannes Paul II. und seine zahlreichen Ansprachen an die Arbeiter.

Aus der Fülle dieser kirchlichen Stellungnahmen wird ersichtlich, daß die Soziallehre der katholischen Kirche kein statischer Normenkatalog ist, sondern ein lebendiger Dialog mit den Sozialproblemen jeder Zeit, die aus christlicher Perspektive gesehen und möglichst gelöst werden sollen.

c) *Die katholische Soziallehre*

Die weitgespannte Problematik der sozialen Frage und die Vielzahl der kirchlichen Äußerungen darüber erlauben im Rahmen dieses Buches nur einen Einblick in die wichtigsten Prinzipien: Die Kirche weiß, daß der Mensch „nicht vom Brot allein" (Mt 4,4) lebt. Sie sieht den Arbeiter daher nicht als nur materielles Wesen im Rahmen seiner ökonomischen Verhältnisse und erst recht nicht als bloßes Rädchen im Getriebe der Wirtschaft, sondern in seiner leib-seelischen Ganzheit eingebunden in Familie und Gesellschaft. Daher hat die katholische Soziallehre ein zweifaches Ziel: *Reform der gesellschaftlichen Verhältnisse und Reform des Bewußtseins.* Nur wenn der Mensch das

Ganze sieht und nicht nur seinen materiellen Vorteil, wird er verantwortungsbewußt am Aufbau des Ganzen mitarbeiten und auch bereit sein, zum Wohl des Ganzen die nötigen Opfer auf sich zu nehmen.

Oberstes Prinzip der katholischen Soziallehre ist die *Wahrung der Würde des arbeitenden Menschen.* Der Mensch ist nicht Produktionsmittel, sondern Person. Daher ist die Wirtschaft für den Menschen da und nicht der Mensch für die Wirtschaft:

> „Bei der Arbeit steht der Mensch an erster Stelle. Mag er Künstler oder Handwerker sein, Unternehmer, Arbeiter oder Bauer, mag er Handarbeit verrichten oder geistig tätig sein, es ist immer der Mensch, der arbeitet. Damit hat es aber ein Ende mit dem Vorrang der Arbeit vor dem Arbeiter, mit der Überlegenheit der technischen und wirtschaftlichen Erfordernisse über die menschlichen Bedürfnisse. Niemals mehr die Arbeit über den Arbeiter, niemals mehr die Arbeit gegen den Arbeiter, jedoch stets die Arbeit für den Arbeiter, die Arbeit im Dienste des Menschen, jedes Menschen und des ganzen Menschen." (Ansprache Papst Paul VI. vor der Hauptversammlung der Internationalen Arbeiterorganisation, Genf 10.06.1969)

Dieser Einschätzung des Arbeiters entspricht die Forderung nach gerechtem Lohn im Rahmen des Gemeinwohles:

> „Schließlich ist die Arbeit so zu entlohnen, daß dem Arbeiter die Mittel zu Gebote stehen, um sein und der Seinigen materielles, kulturelles und spirituelles Dasein angemessen zu gestalten – gemäß der Funktion und Leistungsfähigkeit des einzelnen, der Lage des Unternehmens und unter Rücksicht auf das Gemeinwohl." (Vatikanum II: Gaudium et Spes, 67)

Auch für die Erhaltung des Arbeitsplatzes muß gesorgt werden durch entsprechende Investitionen.

Nach Möglichkeit sollen die Arbeiter Miteigentümer des Unternehmens sein und eine gewisse Mitbestimmung erhalten:

> „Es widerstreitet den Tatsachen, einem der beiden, dem Kapital oder der Arbeit, die Alleinursächlichkeit an dem Ertrag ihres Zusammenwirkens zuzuschreiben ... Um von anderen zu schweigen, ist heute besonders zu wünschen daß die Arbeiter in geeigneter Weise in Mitbesitz an ihrem Unternehmen hineinwachsen." (Johannes XXIII., 1961: Mater et magistra, 76f)

Auch die Mittel zur Erreichung sozialer Gerechtigkeit werden angesprochen: Berechtigung und Grenzen der Gewerkschaften und des Arbeitskampfes:

> „Zur Verteidigung dieser Rechte lassen demokratische Staaten grundsätzlich den gewerkschaftlichen Zusammenschluß zu, erweisen sich jedoch der praktischen Anwendung des Koalitionsrechtes manchmal wenig gewogen. Das ändert nichts an der großen Bedeutung der Gewerkschaften, haben sie doch die Aufgabe, die Interessen aller Gruppen der Arbeitnehmerschaft zu vertreten, ihrer aller Zusammenspiel zum wirtschaftlichen Aufstieg des Ganzen zu fördern und ihr Bewußtsein von ihrer Mitverantwortung für das Gemeinwohl

zu vertiefen. Allerdings verläuft ihre Wirksamkeit nicht reibungslos. Die Gewerkschaften können gelegentlich der Versuchung erliegen, eine günstige Machtkonstellation auszunutzen und namentlich durch Streik – der als äußerstes Mittel der Verteidigung unbestritten rechtmäßig ist – der gesamten Wirtschaft und damit der Gesellschaft im ganzen übermäßige Belastungen aufzuerlegen oder ausgesprochen politische Forderungen durchzusetzen. Vor allem, wenn es sich um öffentliche, für das tägliche Leben der Allgemeinheit unentbehrliche Dienstleistungen handelt, ist sorgfältig abzuwägen, wo die Grenze liegt, über die hinaus die der Gesamtheit (aus dem Streik) erwachsenden Schädigungen das Maß des Vertretbaren übersteigen.“ (Paul VI., 1971: Octogesima adveniens, 14)

Klassenhaß und Klassenkampf des Marxismus sowie Wettbewerb im Sinne des Liberalismus widersprechen der christlichen Lehre. Statt dessen fordert die katholische Soziallehre Solidarität innerhalb einer Berufsgemeinschaft, zu der sowohl Arbeitgeber wie auch Arbeitnehmer gehören:

„Endlich sollen Arbeiter und Arbeitgeber ihre Beziehungen zueinander regeln nach den Grundsätzen der menschlichen Solidarität und im Sinn der christlichen Brüderlichkeit: dagegen sind sowohl ein Wettbewerb, wie ihn die sogenannten Liberalen wollen, als auch der Klassenkampf im Sinne des Marxismus ganz und gar unvereinbar mit der christlichen Lehre, ja mit der menschlichen Natur.” (Johannes XXIII.: Mater et magistra, 23)

Pflichten und Ansprüche der Sozialpartner müssen in eine soziale Ordnung eingebettet sein.

„Wenn es die Aufgabe der Hierarchie ist, die für diesen Bereich geltenden sittlichen Grundsätze zu lehren und verbindlich zu interpretieren, dann ist es die Aufgabe der Laien, in freier Initiative ... das Denken und die Sitten, die Gesetze und die Lebensordnungen ihrer Gemeinschaft mit christlichem Geist zu durchdringen.“ (Paul VI., 1967: Populorum progressio, 81)

Dabei gilt das Prinzip der Subsidiarität, d.h. eine übergeordnete Instanz darf Rechte und Pflichten der untergeordneten nicht an sich reißen. Der Staat soll also nur dort eingreifen, wo beispielsweise die Familie aus eigenen Kräften nicht mehr weiterkommt:

„Wenn es nämlich auch zutrifft, ... daß unter den veränderten Verhältnissen manche Aufgaben, die früher leicht von kleineren Gemeinwesen geleistet wurden, nur mehr von großen bewältigt werden können, so muß doch allezeit unverrückbar jener höchst gewichtige sozialphilosophische Grundsatz festgehalten werden ... wie dasjenige, was der Einzelmensch aus eigener Initiative und mit seinen eigenen Kräften leisten kann, ihm nicht entzogen und der Gesellschaftstätigkeit zugewiesen werden darf, so verstößt es gegen die Gerechtigkeit, das, was die kleineren und untergeordneten Gemeinwesen leisten und zum guten Ende führen können für die weitere und übergeordnete Gemeinschaft in Anspruch zu nehmen”. (Pius XI., 1931: Quadragesimo anno, 78f)

Schließlich muß jedes Bemühen um soziale Gerechtigkeit die theoretische und praktische Anerkennung der Gleichheit der Personenwürde aller Menschen zum Ziel haben:

> „Gewiß, was die verschiedenen physischen Fähigkeiten und die unterschiedlichen geistigen und sittlichen Kräfte angeht, stehen nicht alle Menschen auf gleicher Stufe. Doch jede Form einer Diskriminierung in den gesellschaftlichen und kulturellen Grundrechten der Person, sei es wegen des Geschlechts oder der Rasse, der Farbe, der gesellschaftlichen Stellung, der Sprache oder der Religion, muß überwunden und beseitigt werden, da sie dem Plan Gottes widerspricht …
>
> Allzu große wirtschaftliche und gesellschaftliche Ungleichheiten zwischen den Gliedern oder Völkern in der einen Menschheitsfamilie erregen Ärgernis; sie widersprechen der sozialen Gerechtigkeit, der Billigkeit, der menschlichen Personenwürde und dem gesellschaftlichen und internationalen Frieden." (Vatikanum II: Gaudium et spes, 29)

5. *Die Friedensbotschaft der Kirche*

Christus unterscheidet seinen Frieden vom Frieden der Welt:

> „Frieden hinterlasse ich euch meinen Frieden gebe ich euch. Nicht wie die Welt ihn gibt, gebe ich ihn euch. Euer Herz bange nicht und zage nicht." (Joh 14,27)

Während der Friede „wie die Welt ihn gibt", in äußerer Ruhe besteht, die möglichst ungestörten Lebensgenuß ermöglicht, beginnt der Friede Christi im Herzen des Menschen durch ein reines Gewissen, das die Freundschaft mit Gott verbürgt. Dies ist die innere Basis jeden wahren Friedens.

Auf dieser Basis beruht der Friede mit sich selbst: die Zufriedenheit mit der eigenen Lebenssituation, die man als Gottes Fügung erkennt, aus der man nach dem Willen Gottes das Beste zu machen bestrebt ist, und die man in der Vorsehung Gottes geborgen weiß. Von solchen Menschen des Friedens strahlt dieser auf alle menschlichen Gemeinschaften aus: zunächst auf die Familien, dann auf Gruppen, Verbände, Parteien bis zu den Staaten. Dieser Friede ist sowohl Geschenk Gottes, als auch Frucht eigener Leistung:

> „Gerecht gemacht aus Glauben, haben wir Friede mit Gott durch Jesus Christus, unseren Herrn" (Röm 5,1)

Weil aber dieser Friede seinen Preis hat, ist er auch Frucht menschlicher Bemühung und menschlichen Opfers. Und darin, daß die wenigsten Menschen bereit sind, diesen Preis zu bezahlen, liegt der Grund für die Friedlosigkeit in der Welt bis hinein in die Familien und die Herzen der Menschen. Natürlich wollen sie in Frieden leben, und doch schließen sie keinen Frieden mit Gott; natürlich wollen sie Frieden in ihren Familien, doch sind sie häufig schon in der Jugend nicht bereit, sich für die Opfer zu stärken, die ein gesundes und glückliches Familienleben erfordert; natürlich wollen sie Frieden zwischen Parteien, Gewerkschaften und Unternehmern – aber niemand will sich mit dem begnügen, was ihm auf Grund der Sachlage zusteht; natürlich wollen sie Frieden mit der Schöpfung – doch niemand will Verzicht üben, den dieser Friede erfordert.

Und doch gibt es einen Frieden inmitten einer friedlosen Welt: Menschen, die den Frieden Christi in sich tragen, Familien als Oasen des Friedens inmitten einer Wüste von Streit. Und wenn es auch nicht möglich ist, wegen der erbsündlichen Gebrochenheit der Menschen einen wahren Weltfrieden auf Dauer zu erreichen, so sind doch solche Oasen des Friedens für den einzelnen Menschen Grundlagen eines glücklichen Lebens.

Der Staat steht zwar in dieser vom Herzen des Menschen ausgehenden Friedenskette als letztes Glied, ist jedoch zur Erhaltung eines wenigstens äußerlich friedlichen Zusammenlebens der Menschen notwendig. Er erfüllt gemäß des Subsidiaritätsprinzips die Aufgaben, deren Bewältigung kleineren Gemeinschaften nicht möglich ist. Er muß die Voraussetzungen für eine gedeihliche Entfaltung des Einzelnen und der Gesamtgesellschaft erbringen.

In diesem Rahmen ist es zu verstehen, daß neben dem Schutz der Menschenrechte: Recht auf Leben, Unversehrtheit des Leibes, angemessener Lebensunterhalt, Beistand im Fall von Krankheit, Alter u.a., der Schutz der Familie und der Freiheit ebenso zu den Aufgaben des Staates gehören wie die Gewährleistung geistiger Bildung und freier Religionsausübung. So soll der Staat dem Volk die Möglichkeit bieten, sein Schicksal möglichst unbehindert zu gestalten.

Damit ist bereits das Verhältnis zwischen den Staaten angesprochen, das „von der Norm der Wahrheit, der Gerechtigkeit der tatkräftigen Solidarität und der Freiheit" bestimmt werden soll. (Pacem in terris, 80)

Dieses Verständnis vom Staat und vom Verhältnis der Staaten untereinander ist zwar erstrebenswertes Ideal, aber keineswegs Realität. Viele Staaten sind durch Ungerechtigkeit gekennzeichnet, in vielen Ländern herrscht Hunger und Elend, häufig streben Regierungen nach Alleinherrschaft oder sind ideologisch blind. So werden elementare Verletzungen der Rechte einzelner und ganzer Völker die Ursache von neuer Gewalt und neuem Unrecht.

Vor diesem Hintergrund von Staatsideal und Staatswirklichkeit muß auch die staatliche Friedenspolitik beurteilt werden. Dem Staat muß ebenso wie dem einzelnen das Recht auf Notwehr zugestanden werden, d.h. wenn seine Existenz bedroht und die Erfüllung seiner Aufgaben unmöglich gemacht werden, darf er sich mit angemessenen Mitteln verteidigen. Ebenso ist aber von jedem Staat zu fordern, daß er sich unablässig um eine gedeihliche Entwicklung der zwischenstaatlichen Beziehungen bemüht. Die Regierenden müssen sich bewußt sein, daß „sozialer Fortschritt, Ordnung, Sicherheit und Ruhe jedes einzelnen Staates notwendig mit denselben Gegebenheiten in allen übrigen Nationen"[1] zusammenhängen.

So steht der Staat nun in der Spannung von Friedensförderung und Friedenssicherung. Friedensförderung setzt Vertrauen, Dialog und gegebenenfalls Hilfe voraus; Friedenssicherung ist die Vorbereitung auf einen eventuellen militärischen Konflikt, das bedeutet freilich auch prinzipielles Mißtrauen gegenüber den anderen Staaten. Dieses Dilemma wird auch nicht vereinfacht durch eine rein theoretische Definition von Angriffswaffen und defensiven Waffen oder durch eine „heroische" Entscheidung für „Frieden um jeden Preis".

In unserer Zeit kompliziert sich die Situation noch weiter durch die rasend voranschreitende Entwicklung der Technik. Denkbare militärische Auseinandersetzungen nehmen Ausmaße an, die den Rahmen angemessener Notwehr immer mehr in Frage stellen. Zum

1 Pacem in terris, 130

Schutz der Freiheit oder der Souveränität eines Staates werden fundamentale Werte, wie etwa das Überleben ganzer Völker, aufs Spiel gesetzt.

„Deshalb fordern Gerechtigkeit, gesunde Vernunft und Rücksicht auf die Menschenwürde dringend, daß der allgemeine *Rüstungswettlauf* aufhört; daß ferner die in verschiedenen Staaten bereits zur Verfügung stehenden Waffen auf beiden Seiten und gleichzeitig vermindert werden, daß *Atomwaffen* verboten werden; und daß endlich die auf Grund von Vereinbarungen zu einer entsprechenden Abrüstung mit wirksamer gegenseitiger Kontrolle gelangen" (Pacem in terris, 112)

Der Besitz von Kernwaffen wird vom Konzil nicht verurteilt, die sittliche Beurteilung der Abschreckung mit Kernwaffen wird offengelassen. Die entscheidende Aussage lautet:

„Viele halten dies [gemeint: die Abschreckung möglicher Gegner mit Kernwaffen] heute für das wirksamste Mittel, einen gewissen Frieden zwischen den Völkern zu sichern. – Wie man auch zu dieser Methode der Abschreckung stehen mag; die Menschen sollten überzeugt sein, daß der Rüstungswettlauf, zu dem nicht wenige ihre Zuflucht nehmen, kein sicherer Weg ist, den Frieden zu sichern, und daß das daraus sich ergebende sogenannte Gleichgewicht kein sicherer und wirklicher Friede ist". (Gaudium et spes, 81)

Die Bergpredigt darf nicht zur Rechtfertigung politischer Programme mißdeutet werden. Sie bietet Grundeinstellungen christlichen Lebens, aber keine Gesetze, die man blindlings anwenden kann. Der Christ muß mit der Realität des Bösen rechnen, doch Feindesliebe bewahrt ihn, in Feindseligkeit abzugleiten und ermutigt ihn, den ersten Schritt zum Frieden zu gehen.

Aus all diesen Erwägungen folgt, daß man als Christ bezüglich des Militärdienstes zu unterschiedlichen Gewissensentscheidungen kommen kann:

„Wer als Soldat im Dienst des Vaterlandes steht, betrachte sich als Diener der Sicherheit und Freiheit der Völker Indem er diese Aufgabe recht erfüllt, trägt er wahrhaft zur Festigung des Friedens bei." (Vatikanum II: Gaudium et spes, 79)

Aber auch:

„ … diejenigen, die angesichts des bei der Sicherung des Friedens auftretenden Dilemmas den Kriegsdienst aus Gewissensgründen verweigern und ihren Zivildienst leisten, fördern den Frieden, wenn von ihnen schöpferische Anstöße ausgehen, etwa durch ihren Dienst für Benachteiligte und Randgruppen."[1]

---

1 „Gerechtigkeit schafft Frieden", Wort der Deutschen Bischofskonferenz zum Frieden, 18.4.1983

6. *Macht und Ohnmacht der Kirche*

Nachdem wir uns mit der gesellschaftsverändernden Kraft der Kirche beschäftigt haben, fragen wir uns: Was hat nun die Kirche im Lauf ihrer Geschichte erreicht?

Nicht selten wird der Vorwurf erhoben: 2000 Jahre hatte die Kirche Zeit, die Welt zu verbessern und immer noch gibt es Kriege, verhungern Menschen und wird die Natur zerstört.

Ergebnisse von wissenschaftlicher und technischer Forschung werden von Generation zu Generation weitergegeben, vervollkommnet und erweitert; Glaube und Tugend sind jedoch nicht vererbbar, jeder muß sie von Grund auf erlernen. Und es hängt davon ab, wie Christen ihren Glauben leben oder nicht, ob die Gesellschaft verchristlicht oder entchristlicht wird.

Die Kirche hat weder Militär noch Polizei: ihre Lehre ist ein Angebot an die Freiheit eines jeden einzelnen Menschen. Dazu kommt, daß der Mensch in seiner erbsündlichen Verfassung vor den Opfern, die dieses Angebot mit sich bringt, zurückschreckt. Auch wirken die Klassenkampfparolen und vor allem die lustverheißenden Verlockungen der Wohlstandsgesellschaft weit anziehender als die Predigt Jesu:

> „Wer mein Jünger sein will. der verleugne sich selbst, nehme täglich sein Kreuz auf sich und folge mir nach. Denn wer sein Leben retten will, wird es verlieren; wer aber sein Leben um meinetwillen verliert, der wird es retten.“ (Lk 9,23f)

Um diese Schwierigkeiten wußte natürlich auch Christus. Darum verheißt er seiner Kirche – besonders für die Endzeit – keine rosige Zukunft:

> „Ihr werdet von allen Völkern um meines Namens willen gehaßt ... Viele falsche Propheten werden auftreten und sie werden viele irreführen. Und weil die Mißachtung von Gottes Gesetz überhand nimmt, wird die Liebe bei vielen erkalten. Wer jedoch bis zum Ende standhaft bleibt, der wird gerettet.” (Mt 24,9ff)

Nun ist es aber Tatsache, daß sich trotzdem immer wieder Menschen für Christus begeistern. Worin besteht also die faszinierende Macht der Kirche? Die Macht der Kirche ist die Wahrheit. Während die trügerischen Zukunftsprognosen der glückverheißenden Ideologien samt und sonders in Chaos und Enttäuschung enden, führt allein die Lehre Christi zu einem erfüllten Leben und trotz aller Widersprüche und Widerstände erweist sich die Wahrheit in der zweitausendjährigen Geschichte der Kirche als befreiend und überzeugend.

> „Der christliche Glaube begann in einer Gesellschaft, in der Härte und grundsätzliche Ungleichheit schlechthin akzeptiert wurden. Jesu Lehre hat dieser Einstellung die Grundlage entzogen: alle Menschen sind Kinder eines Vaters, Glieder eines Leibes, Tischgenossen eines Mahles. Diese Geisteshaltung Christi wurde gleichsam zum Sauerteig und durchwirkte nach und nach die gesamte Menschheit bis auf unsere Tage.
>
> Historische Tatsache ist, daß der Kampf gegen das Elend und die größere Gleichheit untereinander sich in dem Teil der Welt entwickelt haben, in dem die christliche Botschaft das Gewissen der Völker geformt hat.[1]

Wenn wir beobachten, daß im Abendland momentan der öffentliche Einfluß der Kirche zurückgeht, so bedeutet das keineswegs ein Altern oder Verschwinden des Christentums überhaupt, sondern nur einen Umbau äußerer Strukturen. Die Macht der Kirche liegt nicht in irdischen Positionen oder im Wohlwollen der Massen, sondern im Geist der Wahrheit. Diese eigentliche Macht des Christentums kann nicht gebrochen werden. Die Kirche hat die Irrlehren der Frühzeit und den Untergang des römischen Reiches überdauert, sie hat das germanische Heidentum überwunden und sich im „dunklen Jahrhundert" durch die Bewegung von Cluny und im Hochmittelalter durch die Bettelorden regeneriert. Sie hat die Verfallserscheinungen der Renaissance, die Stürme der Reformation, die Verfolgungen des Dritten Reiches und die Weltmacht des Bolschewismus überdauert. Oft schon wurde sie tot gesagt – doch folgte ihrer Passion immer wieder eine Auferstehung. Unter Christen gesagt: weil in ihr der Geist Christi fortwirkt; rein menschlich betrachtet: weil es letztlich doch keinen anderen Weg zur Rettung des einzelnen und der Gesellschaft gibt als die Wahrheit.

---

1 Vgl. Holländischer Katechismus.

E. DAS VOLK GOTTES UNTERWEGS

I. Im Milieu einer Kultur des Todes

In den zwanziger Jahren erregte das Buch Oswald Spenglers (1880-1936) „Der Untergang des Abendlandes" Aufsehen. Spengler vergleicht die Kulturen mit Organismen, die aufblühen und wieder absterben. Durch Vergleiche mit untergegangenen Kulturen glaubt er im Rationalismus und der Technik, in Demokratie und Pazifismus Verfallserscheinungen unserer Kultur zu erkennen. Dieser Kulturpessimismus entsprach dem Zeitgefühl nach der Katastrophe des ersten Weltkrieges. Auch heute findet sich in weiten Kreisen ein ähnlicher Pessimismus bezüglich der eigenen Zukunft und der Zukunft der Welt: „No future". Und man kann nicht sagen, daß solch ein Pessimismus unbegründet wäre. Nach einer Periode optimistischen Wiederaufbaus nach dem zweiten Weltkrieg, nach einer Zeit des wirtschaftlichen Aufschwungs, der Wissenschaftsgläubigkeit und der Triumphe der Technik geraten die Grenzen menschlicher Möglichkeiten ins Blickfeld.

Wenn Oswald Spengler Zeichen kulturellen Verfalls beschreibt, hat er recht; jedoch liegt die Ursache dieser Verfallserscheinungen nicht in einer naturnotwendigen Entwicklung, sondern in der erbsündlichen Verfaßtheit der Menschen. Nur übersehen die in unserer Gesellschaft einflußreichen Weltanschauungen des Rationalismus, Liberalismus, Sozialismus und New Age diese in der Menschheitsgeschichte unheilvoll wirkende Macht: die Sünde. Wer daher einen unrealistischen, ja tödlichen Optimismus vermeiden will, muß mit dieser naturgesetzlichen Wechselbeziehung von Schuld und Elend der Menschen rechnen.

Nicht umsonst nennt die Heilige Schrift den Satan „Herrscher dieser Welt" (Joh 16,11) und sagt: „Alles, was in der Welt ist, die Begierde des Fleisches, die Begierde der Augen und das Prahlen mit dem Besitz, ist nicht vom Vater" (1 Joh 2,16).

Mit Recht spricht daher der Papst von einer „Kultur des Todes". Und wenn auch „Satan sich als Engel des Lichts tarnt", d.h. die Sünde als köstlich erscheinen läßt (2 Kor 11,14), so ist er doch „Mörder von Anfang an" (Joh 8,44). Die Sünde ist süßes Gift, das auf Dauer den einzelnen, die Familien und die Gesellschaft zerstört.

Weil in unserer Gesellschaft heute vor allem wirtschaftliche Belange zählen, will ich das an einem diesbezüglichen Beispiel erläutern: Krankenkassen wurden als Solidargemeinschaften gegründet; die Gesunden sollten durch ihre Beiträge den Kranken helfen. Nachdem aber in unserer entchristlichten Gesellschaft der Sinn für Mitmenschlichkeit geschwunden ist, will nun jeder unbedingt das wieder „herausholen", was er eingezahlt hat – und das Solidarsystem funktioniert nicht mehr. Für jede barmherzige Schwester, die um Gottes Lohn Tag und Nacht für die Kranken sorgte, muß nun das Zweieinhalbfache an Personal und das Vierfache an Löhnen für gewerkschaftlich organisierte weltliche Pflegekräfte aufgebracht werden. Und wenn Firmen – sei es aus Gewinnsucht oder wegen der hohen Arbeitslöhne – ihre Produktion ins Ausland verlegen, wächst bei uns die Arbeitslosigkeit. Man könnte die Kosten für Kriminalität, für Krankheiten, die ihre Ursache in Unbeherrschtheit oder anderen Sünden haben, noch anfügen.

Viel verheerender als die wirtschaftlichen Verluste sind jedoch wachsende Unsicherheit für Eigentum und Leben, die Schäden gebrochener und zerbrochener Ehen, Kinderelend und Verwahrlosung von Jugendlichen – man könnte schier unendlich fortfahren mit der Aufzählung tödlicher Schäden einer religiös und sittlich kranken Gesellschaft.

Zu ihrem Schutz umgibt sich diese Kultur des Todes mit einem *Dunstkreis der Lüge*. Selbst korrekt zitierte Aussprüche können durch geschickte Mischung und Kommentierung in ihr Gegenteil verfälscht werden. Auch mit Bild und Ton kann man Gegner in ungünstiges Licht stellen. Auf Titelseiten von Zeitungen lassen sich Vermutungen und Gerüchte in die Welt posaunen – die dann erst nach Wochen im Kleindruck versteckt widerrufen werden. Der Atheist Voltaire hat diese Methode treffend gekennzeichnet: „Calumniare audacter – semper aliquid haeret!“ Verleumnde nur kühn – immer bleibt etwas hängen!

Neben die Desinformation tritt die *Umwertung der Werte*: gut wird böse oder dumm, böse wird gut oder gescheit genannt. Im Fernsehen erscheint der Ehebruch geradezu als Normalverhalten des homo sapiens. Das ungeborene Kind gilt vor dem Gesetz nicht mehr als unbedingt schützenswert, und seine Tötung wird wie eine Krankheit von Krankenkassen oder von der Sozialhilfe finanziert. Sex wird hochgejubelt – und während man früher vom Kindersegen sprach, heißt es heute: Gib acht, daß nichts passiert! Frauen, die sich verantwortungsbewußt der Erziehung ihrer Kinder widmen, werden als „Heimchen am Herd“ diffamiert; wer heute noch seine Ehe nach christlichen Wertvorstellungen gestaltet, gilt als rückständig und dumm. Kein Wunder, wenn viele Ehen in die Brüche gehen.

Selbst eine *Verkehrung der Begriffe* in ihr Gegenteil ist gang und gäbe: die Sünde sei menschlich („Wir sind alle kleine Sünderlein“), Tugend (von taugen) bedeute Rückständigkeit, Demut Kriechertum, Sanftmut Feigheit, Glaube Dummheit und ein Heiliger sei „ein sonderbarer Knabe“, wie einer meiner Schüler das so treffend formulierte.

Häufig entsteht der Eindruck, Worte werden nicht zur Aussage der Wahrheit, sondern zu ihrer Verschleierung gebraucht. Bedauerlich ist, daß viele Kinder bereits von ihren Eltern das Lügen lernen.

Unrecht wird weithin *ignoriert* und geduldet nach dem Verhalten der drei bekannten Affen: „Ich sehe nichts, ich höre nichts, ich sage nichts – damit man nicht sagen kann, ich hätte so oder so gesagt.“ Man redet jedem nach dem Mund. Ein Großteil auch unserer Christen läuft zeitlebens gleichsam mit einer Maske herum und findet nicht den Mut, diese wenigstens in einer ehrlichen Beichte abzulegen.

Zusammenfassend könnte man sagen, daß die Entwicklung der Menschheit sehr einseitig erfolgte: die Sachkultur ist durch Wissenschaft und Technik ungeheuer vorangetrieben worden; bezüglich der Persönlichkeitskultur jedoch scheint der homo sapiens in den Anfängen stecken geblieben zu sein. Diese Unausgewogenheit von technischen Möglichkeiten und sittlicher Verantwortung kann tödlich werden. Daher hat das folgende Gedicht von Erich Kästner neben all den amüsanten Pointen einen doch recht besinnlichen, um nicht zu sagen ein Hintergrund, der betroffen stimmt:

„Einst haben die Kerls auf den Bäumen gehockt,
behaart und mit böser Visage.
Dann hat man sie aus dem Urwald gelockt
und die Welt asphaltiert und aufgestockt,
bis zur dreißigsten Etage.

Da saßen sie nun, den Flöhen entfloh'n,
in zentralgeheizten Räumen.
da sitzen sie nun am Telefon.
Und es herrscht noch genau derselbe Ton
wie seinerzeit auf den Bäumen.

Sie hören weit. Sie sehen fern.
Sie sind mit dem Weltall in Fühlung.
Sie putzen die Zähne. Sie atmen modern.
Die Erde ist ein gebildeter Stern
mit sehr viel Wasserspülung.

Sie schießen die Briefschaften durch ein Rohr.
Sie jagen und züchten Mikroben.
Sie versehen die Natur mit allem Komfort.
Sie fliegen steil in den Himmel empor
und bleiben zwei Wochen oben.

Was ihre Verdauung übrigläßt,
das verarbeiten sie zu Watte.
Sie spalten Atome. Sie heilen Inzest.
Und sie stellen durch Stiluntersuchungen fest,
daß Cäsar Plattfüße hatte.

So haben sie mit dem Kopf und dem Mund
den Fortschritt der Menschheit geschaffen.
Doch davon mal abgesehen und
bei Lichte betrachtet sind sie im Grund
noch immer die alten Affen."

Bezeichnend ist, daß alle Zukunfts- und Friedensforscher zu der einhelligen Überzeugung kommen: ohne ein Mehr an sittlicher Reife, ohne ein Mehr an Verantwortungsbewußtsein geht es einfach nicht. Wernher von Braun machte einmal die Bemerkung, daß ein Autofahrer heute ein ganz anderes Verantwortungsbewußtsein haben müßte, als einst ein Droschkenkutscher. Hat er es?

Richard von Weizsäcker: „Heute ist der Abstand zwischen der geistig-sittlichen Reife und den technischen Fähigkeiten lebensgefährlich geworden: Im Zurückbleiben der Reife hinter den rasend wuchernden Fortschritten sind wir in einem Wettlauf um das Überleben begriffen.“[1]

Max Born mahnt zur Eile: „Heute ist nicht mehr viel Zeit verfügbar; es kommt darauf an, daß diese unsere Generation es fertig bringt, umzudenken. Wenn sie es nicht kann, sind die Tage der zivilisierten Menschheit gezählt.“[2]

Das sind Erkenntnisse einzelner tiefer denkender Menschen, die aber zu wenig Einfluß auf die breite Masse der Gedankenlosen und schon gar nicht auf die Änderung der Verhältnisse besitzen. Die Mehrheit der westlichen Gesellschaft beklagt zwar die offensichtlichen Verfallserscheinungen, will aber deren wahre Ursache nicht zur Kenntnis nehmen. Nach einer Umfrage unter Jugendlichen kam ein Meinungsforschungsinstitut zu folgendem Ergebnis: Die Mehrzahl der Jugendlichen sei zwar sehr aufgeschlossen für Umweltfragen, sei jedoch nicht bereit, vom eigenen aufwendigen Lebensstil auch nur geringfügige Abstriche zu machen.

Wegen dieser Aussichtslosigkeit stellt sich bei vielen Resignation ein, die nicht selten zur Flucht in Rausch von Alkohol oder Drogen führt; andere suchen ihr Heil in sogenannten Jugendsekten oder in radikalen politischen Gruppierungen, die eine Besserung der Verhältnisse mit Gewalt herbeiführen wollen. Viele wenden sich auch an die Kirche mit der Frage: „Wächter, wie lange noch dauert die Nacht?“ (Is 21,11)

Kann die Kirche einen Weg aus der Misere zeigen?

---

1 aus: „Zwang zum Frieden“.

2 in: Karl Friedrich Roth: „Erziehung zur Völkerverständigung und zum Friedensdenken“

II. Bekehrung zur Kultur des Lebens

Die Kirche kann tatsächlich einen Weg aus der Kultur des Todes zur Kultur des Lebens zeigen, denn in ihr lebt und wirkt Christus fort, der gesagt hat: „Ich bin der Weg". Carl F. v. Weizsäcker sagt das so:

> „Was bedeutet Ethik der technischen Welt? – Ihre Grundlage ist nicht neu. Die alte Ethik der Nächstenliebe reicht aus, wenn wir sie auf die Realitäten der neuen technischen Welt anwenden. Das revolutionärste Buch, das wir besitzen, das Neue Testament, ist nicht erschöpft."[1]

Nach dem Evangelium des Markus beginnt Jesus sein öffentliches Wirken mit einem Aufruf zur Bekehrung: „Die Zeit ist erfüllt, das Reich Gottes ist nahe. Kehrt um und glaubt an das Evangelium!" (Mk 1,15)

Die Umkehr ist zunächst eine *Bekehrung der Vernunft zur Wahrheit.* Ist Selbsterkenntnis der erste Schritt zur Besserung, dann ist Bekehrung zur Wahrheit der erste Schritt zur Gesundung der Gesellschaft.

Der zweite und entscheidende Schritt aber ist die *Bekehrung des Willens zur Liebe.* Liebe ist keine egoistische Gefühlsduselei. Christus sagt: „Wer meine Gebote hat und sie hält, der ist es, der mich liebt." (Joh 14,21) Es genügt nicht, die Wahrheit zu erkennen und zu bekennen: man muß sie auch tun. „Wer die Wahrheit tut, kommt zum Licht" (Joh 3,21). Es gibt nichts Gutes, außer man tut es. Die Forderung, den Glauben nicht nur mit Worten, sondern durch die Tat zu bekennen, ist ein Grundanliegen Christi und wird in sämtlichen Schriften des Neuen Testamentes eingeschärft. Der Jakobusbrief warnt vor der bequemen Flucht in schöne Worte – auch Gebetsworte:

> „Wenn ein Bruder oder eine Schwester ohne Kleidung ist und ohne das tägliche Brot und einer von euch zu ihnen sagt: 'Geht in Frieden, wärmt und sättigt euch!', ihr gebt ihnen aber nicht, was sie zum Leben brauchen – was nützt das? ... Denn wie der Körper ohne Geist tot ist, so ist auch der Glaube tot ohne Werke" (Jak 2,14-26).

Natürlich ist das Gebet wichtig – aber nicht als Ersatz für die gute Tat, sondern als Impuls zum Schritt von der Einsicht zur Tat.

---

1 Carl Friedrich von Weizsäcker: „Die Bedingungen des Friedens"

> „Nicht jeder, der zu mir sagt: Herr! Herr!, wird in das Himmelreich kommen, sondern nur, wer den Willen meines Vaters im Himmel erfüllt. Viele werden an jenem Tag zu mir sagen: Herr, Herr, sind wir nicht in deinem Namen als Propheten aufgetreten ... und haben wir nicht in deinem Namen Wunder vollbracht? Dann werde ich ihnen antworten: 'Ich kenne euch nicht. Weg von mir, ihr Übertreter des Gesetzes.' Wer diese meine Worte hört und danach handelt, ist wie ein kluger Mann, der sein Haus auf Fels baute ... Wer aber meine Worte hört und nicht danach handelt, ist wie ein unvernünftiger Mann, der sein Haus auf Sand baute..." (Mt 7,21-27).

Letztlich aber bedeutet diese Bekehrung der Vernunft und des Willens eine *Änderung der Grundhaltung vom Haben-Wollen zum Sein-Wollen.*

Liebe will nicht den anderen besitzen oder vom anderen etwas haben – die Liebe will für den anderen etwas sein. „Der Menschensohn ist nicht gekommen, sich bedienen zu lassen, sondern um zu dienen und sein Leben hinzugeben" (Mk 10,44).

Es ist erschreckend, wie viele Jugendliche alles nur nach dem Kriterium beurteilen: „Was habe ich davon?" Und die Eltern täten gut daran, ihren Kindern nicht nur zu versprechen „Ihr sollt es einmal besser haben als wir", sondern sie zugleich auch zu mahnen „Ihr sollt einmal besser sein .."

P. Lombardi S.J. hat das etwa so ausgedrückt:

> „Ich hörte den Satan, wie er eine Ansprache an die Menschen hielt; er sprach immer nur von ihren Rechten und wie diese verletzt würden und wie sie durchgesetzt werden müßten. Und die Leute gingen unzufrieden und verbittert mit geballten Fäusten hinweg. – In den Bibel finde ich die umgekehrte Pädagogik: den Menschen werden ihre Pflichten eingeschärft; das ist die Voraussetzung zu Bescheidenheit, Leistungswille und Nächstenliebe."

Niemand soll in seinen Rechten beschnitten werden; wer aber nur auf Rechte pocht, wird unzufrieden und macht unzufrieden. Freilich ist es eine undankbare Aufgabe, die Menschen an ihre Pflichten, an die Gebote zu erinnern.

Wer sich mit der Aufforderung zur Bekehrung etwas eingehender befaßt, wird erkennen, daß es sich nicht nur um ein religiöses Problem handelt, sondern um eine Entscheidung für Leben oder Tod aller menschlichen Gemeinschaften von der Familie bis zur Völkergemeinschaft. Diese Mahnung gibt Moses beschwörend gleichsam als Testament in seiner Abschiedsrede an das israelitische Volk:

> „Himmel und Erde rufe ich heute als Zeugen gegen euch an. Leben und Tod lege ich dir vor, Segen und Fluch. Wähle also das Leben, damit du lebst, du und deine Nachkommen. Liebe den Herrn, diene Gott, hör auf seine Stimme und halte dich an ihm fest; denn er ist dein Leben“ (Deut 30,9f).

Schließlich macht Mehr-Sein auch mehr Freude als Mehr-Haben. „Geben ist seliger als Nehmen“, sagt Jesus und preist die glücklich, die „arm sind vor Gott“, die „nach der Gerechtigkeit hungern“, die „ein reines Herz haben“ und sogar „die um der Gerechtigkeit willen verfolgt werden, denn ihrer ist das Himmelreich“ (Mt 5,3-12).

Nichts von all dem, was wir haben, können wir dereinst vor das Gericht Gottes mitnehmen, wohl aber alles, was wir sind. Darum:

> „Sammelt euch nicht Schätze auf der Erde, wo Motte und Wurm sie zerstören und wo Diebe einbrechen und sie stehlen, sondern sammelt euch Schätze im Himmel, wo weder Motte noch Wurm sie zerstören und keine Diebe einbrechen und sie stehlen. Denn wo dein Schatz ist, da ist auch dein Herz“ (Mt 6,19ff).

III. Mutter und Lehrmeisterin

Nun kommt sicher der Einwand: „Alles gut und schön – aber eine Utopie, ein Wunschtraum, der in unsererer Gesellschaft nie verwirklicht werden kann.“ Eine solche Bekehrung würde nicht nur eine unmögliche Selbstüberwindung bedeuten, sondern auch ein verzweifeltes Schwimmen gegen den Strom des egoistischen Zeitgeistes, zumal ja auch Christus lehrt, der Mensch könne aus eigener Kraft das göttliche Leben weder erlangen noch bewahren:

> „Ich bin der Weinstock, ihr seid die Reben. Wer in mir bleibt und in wem ich bleibe, der bringt reiche Frucht; denn getrennt von mir könnt ihr nichts vollbringen“ (Joh 15,5).

Gewiß, aus eigener Kraft kann der Mensch nicht „Frucht bringen“, wohl aber „in Christus“. Und diese lebendige Verbindung mit Christus bewirkt die Kirche. Der Mensch erfährt als Glied des geheimnisvollen Leibes Christi göttliche und menschliche Hilfe.

> „Mutter und Lehrmeisterin der Völker ist die katholische Kirche. Sie ist von Christus Jesus dazu eingesetzt, alle, die sich im Lauf der Geschichte ihrer herzlichen Liebe anvertrauen, zur Fülle höheren Lebens und zum Heile zu führen. Dieser Kirche, der „Säule und Grundfeste der Wahrheit“ (1 Tim 3,15), hat ihr heiliger Gründer einen doppelten Auftrag gegeben. Sie soll ihm Kinder schenken; sie soll sie lehren und leiten. Dabei soll sie sich in mütterlicher Fürsorge der Einzelnen und der Völker annehmen“.[1]

Die Kirche erteilt nicht nur der Jugend Religionsunterricht, sie beobachtet auch die Zeitereignisse und Zeitströmungen und interpretiert sie aus dem Geist des Evangeliums. Das geschieht vor allem in den päpstlichen Rundschreiben, welche durch die Kirchenpresse für das Volk dargelegt werden.[2] Darum darf die religiöse Information nicht mit der Beendigung des schulischen Religionsunterrichts ihr Ende finden, sondern muß sich mit der sonntäglichen Predigt und religiöser Lektüre das ganze Leben hindurch fortsetzen.

---

1 Mater et magistra, 1

2 Für Interessenten sei auf einige empfehlenswerte Publikationen hingewiesen: Außer den wöchentlich erscheinenden Bistumsblättern gibt es eine katholsiche Tageszeitung: „Deutsche Tagespost“, Verlag J.W. Naumann, Postfach 5460, 97004 Würzburg. Monatlich erscheinen: „Kirche heute“, Postfach 25, 93222 Abensberg. Für Anspruchsvolle: „Theologisches, Verlag Franz Schmitt, Postfach 1831, 53708 Siegburg

Von großem Vorteil ist auch das Mitwirken in religiös orientierten Jugendgruppen oder geistlichen Gemeinschaften. In einer Umwelt Andersdenkender bewahrt die Gemeinschaft vor Vereinsamung, gibt Rückhalt und religiöse Impulse. Durch den kameradschaftlichen Kontakt mit einem Priester können viele Fragen geklärt und Schwierigkeiten bereinigt werden.

Die Kirche lehrt jedoch nicht nur die Wahrheit und gibt Rückhalt, sie vermittelt auch die göttliche Gnade. In der Taufe gebiert sie die Menschen zum göttlichen Leben, das sie in der Eucharistie nährt und stärkt. Den gefallenen und durch die Sünde versklavten Menschen schenkt sie im Bußsakrament die Freiheit der Kinder Gottes. Auch in der Krankheit und über den Tod hinaus begleitet sie ihn mit ihren Sakramenten und Gebeten.

Wenn man all das überdenkt, fragt man sich unwillkürlich: Woher kommt dann die Gleichgültigkeit so vieler sogenannter Christen, die bei manchen zu einer antikirchlichen und antipäpstlichen Einstellungführt: „Christus ja – Kirche nein!“? Ursache des sogenannten antiklerikalen Affektes ist die Verpflichtung der Kirche, die Sache Gottes vor den Menschen zu vertreten, und die Einhaltung der Gebote – ob gelegen oder ungelegen – anzumahnen. Das ist eine undankbare und leidvolle Verpflichtung, über die der Apostel Paulus seinem Freund und Bischof Timotheus schreibt:

> „Ich beschwöre dich bei Gott und bei Christus Jesus ... Verkündige das Wort, tritt dafür ein, ob man es hören will oder nicht, weise zurecht, tadle, mahne, in unermüdlicher und geduldiger Belehrung. Denn es wird eine Zeit kommen, in der man die gesunde Lehre nicht erträgt, sondern sich nach eigenen Wünschen immer neue Lehrer sucht, die den Ohren schmeicheln: und man wird der Wahrheit nicht mehr Gehör schenken, sondern sich Fabeleien zuwenden. Du aber sei in allem nüchtern, ertrage das Leiden, verkündige das Evangelium, erfülle treu deinen Dienst!“ (2 Tim 4,1ff)

Daß die Verkünder der Wahrheit bei jenen, „die die Wahrheit durch Ungerechtigkeit niederhalten“ (Röm 1,18), verhaßt sind, besagen alle vier Evangelien: „Und ihr werdet um meines Namens willen von allen gehaßt werden“ (Mt 10,22; Lk 21,17; Mk 13,13). „Wenn die Welt euch haßt, dann wißt, daß sie mich schon vor euch gehaßt hat ... Aber das Wort sollte sich erfüllen ... Ohne Grund haben sie mich gehaßt“ (Joh 15,18ff).

Ganz natürlich gerät das Böse in Erregung, wenn es mit der Wahrheit konfrontiert wird. Diese Erregung über die widerwillig erkannte Wahrheit ist der eigentliche Grund des Kirchenhasses: „Wo Christus schreitet, zittert der Staub."

Alle aber, welche die Wahrheit suchen, sehen in der Kirche die Brücke von der Knechtschaft zur Freiheit, von der Sinnlosigkeit zur Lebensfülle, vom Irdischen zum Ewigen. Sie sehen in der Kirche ihre Mutter, wie sie in der Geheimen Offenbarung erscheint:

> „Dann erschien ein großes Zeichen am Himmel: eine Frau mit der Sonne bekleidet; der Mond war unter ihren Füßen und ein Kranz von zwölf Sternen auf ihrem Haupt. Sie war schwanger und schrie vor Schmerz in ihren Geburtswehen. – Ein anderes Zeichen erschien am Himmel: ein Drache, groß und feuerrot ... Der Drache stand vor der Frau, die gebären sollte; er wollte ihr Kind verschlingen" (Offb 12,1ff).

Zu allen Zeiten wird die Kirche geliebt und gehaßt, verkündet und totgeschwiegen, ersehnt und verfolgt; sie leidet und stirbt in ihren Märtyrern und ersteht wieder in ihren Heiligen; sie befindet sich in ständigem Kampf mit dem Fürsten dieser Welt, dem sie immer wieder unterliegt in den Sünden ihrer Kinder und den sie immer wieder besiegt in der Kraft des Gottesgeistes. In ihren „Hymnen an die Kirche" läßt Gertrud von Le Fort sie sprechen:

> „Ich habe noch Blumen aus der Wildnis im Arme,
> ich habe noch Tau in meinen Haaren aus Tälern der Menschenfrühe,
>
> Ich habe noch Gebete, denen die Flur lauscht,
> ich weiß noch, wie man die Gewitter fromm macht und das Wasser segnet.
>
> Ich trage im Schoß noch die Geheimnisse der Wüste,
> ich trage noch auf meinem Haupt das edle Gespinst grauer Denker,
>
> Denn ich bin Mutter aller Kinder dieser Erde:
> Was schmähest du mich, Welt, daß ich groß sein darf wie mein himmlischer Vater?
>
> Siehe, in mir knien Völker, die lange dahin sind,
> und aus meiner Seele leuchten nach dem Ew'gen vielen Heiden!
>
> Ich war heimlich in den Tempeln ihrer Götter,
> ich war dunkel in den Sprüchen aller ihrer Weisen.
> Ich war auf den Türmen ihrer Sternsucher,

ich war bei den einsamen Frauen, auf die der Geist fiel.
Ich war die Sehnsucht aller Zeiten,
ich war das Licht aller Zeiten,
ich bin die Fülle aller Zeiten.

Ich bin ihr großes Zusammen,
ich bin ihr ewiges
Einig.
Ich bin die Straße aller ihrer Straßen:
auf mir ziehen die Jahrtausende zu Gott!“

IV. Ein zweifaches Priestertum

Durch Taufe und Firmung nehmen alle Gläubigen am Priestertum Christi, an der Erlösung und Heiligung der Weilt, teil. Davon spricht der Petrusbrief:

> „Laßt euch als lebendige Steine zu einem geistigen Haus aufbauen, zu einer heiligen Priesterschaft, um durch Jesus Christus geistige Opfer darzubringen, die Gott gefallen ... Ihr aber seid ein auserwähltes Geschlecht, eine königliche Priesterschaft ... damit ihr die großen Taten dessen verkündet, der euch aus der Finsternis in sein wunderbares Licht gerufen hat.“ (1 Petr 2,5ff)

Alle Gläubigen haben durch die Gotteskindschaft eine „königliche“ Würde. Diese verpflichtet sie „lebendige Steine“ in einem geistigen Bau zu sein, d.h. sich durch persönliche Lebensgestaltung nach dem Vorbild Christi in das Gesamt der Kirche harmonisch einzufügen. Darüber hinaus *sollen* die Gläubigen *eine „heilige Priesterschaft“ bilden*, also mitwirken an der Heimholung der Welt zu Gott. Das geschieht durch „geistige Opfer“, der persönlichen Hingabe an Gott in einem vorbildlichen christlichen Leben, aber auch durch „Verkündigung der Großtaten Gottes“. Dies ist Aufgabe der Eltern gegenüber ihren Kindern und der Religionslehrer, aber auch aller Christen, wenn es um das Bekenntnis oder die Verteidigung des Glaubens geht. Selbst an der Mitteilung der Gnade nehmen auch Laien teil: sie sind bevollmächtigt, das Sakrament der Taufe und der Ehe zu spenden. Diese Teilnahme am Priestertum Christi ist für die Laien vor allem Aufgabe und Verpflichtung, an der Verchristlichung der Welt aktiv mitzuwirken.

Daneben gibt es das *Weihepriestertum*, dessen Vollmachten durch ein eigenes Sakrament, die Priesterweihe, in den drei Stufen Diakonat, Presbyterat und Episkopat erteilt werden. Das Weihepriestertum bedeutet keine höhere Würde gegenüber den Getauften, sondern Auftrag und Bevollmächtigung zum Dienst der Heiligung und Führung des Volkes Gottes. Das Verhältnis von Laien und Priestern könnte man mit einer Gemeinschaft von Piloten und Fluggästen vergleichen:

Piloten haben keine höhere Würde, sondern Auftrag und Befähigung zum Dienst an den Fluggästen.

Die besondere Vollmacht des Priesters besteht darin, als Stellvertreter Christi – in persona Christi – zu handeln, wenn er durch die Wandlungsworte das Opfer Christi vergegenwärtigt oder von Sünden losspricht:

> „Jeder Hohepriester wird aus den Menschen ausgewählt und für die Menschen eingesetzt zum Dienst vor Gott, um Gaben und Opfer für die Sünden darzubringen. Er ist fähig, für die Unwissenden und Irrenden Verständnis aufzubringen, da auch er der Schwachheit unterworfen ist; deshalb muß er für sich selbst ebenso wie für das Volk Sündopfer darbringen. Und keiner nimmt sich eigenmächtig diese Würde, sondern er wird von Gott berufen, so wie Aaron" (Hebr 5,1ff).

Es gibt also kein Recht auf das Priestertum, sondern der Priester „wird von Gott berufen". Diese Berufung besteht einerseits in Eignung und Neigung zum Priestertum und andererseits in der Annahme durch den Bischof. Daß der Priester „erwählt" wird, betont auch Christus: „Nicht ihr habt mich erwählt, sondern ich habe euch erwählt" (Joh 15,16).

Nach dem Zeugnis des Neuen Testamentes ist das Weihepriestertum von Christus gewollt und eingesetzt. Da es keine höhere Würde, wohl aber eine belastende Verpflichtung bedeutet, besteht kein Grund für feministische Ansprüche auf Priesterweihe von Frauen noch für eine protestantisierende Einebnung auf das allgemeine Priestertum. Im Gegenteil, im Corpus Christi mysticum sind die Dienstfunktionen gleichwertig verteilt: das Weihepriestertum hat die Aufgabe der Heiligung des Volkes Gottes und das priesterliche Wirken des Gottesvolkes besteht in der Heiligung der Welt.

Selbstverständlich muß sich die Laieninitiative in das Ganze der Kirche einordnen. Klerus und Laien sind nicht Rivalen oder Gegner, sondern Partner, die dem Geist des Ganzen verpflichtet sind. Das Vaticanum II umschreibt dieses partnerschaftliche Zusammenwirken so:

> „Aufgabe der ganzen Kirche ist es, daran zu arbeiten, daß die Menschen fähig werden, die gesamte zeitliche Ordnung richtig aufzubauen und durch Christus auf Gott hinzuordnen. Den Hirten obliegt es, die Grundsätze über das Ziel der Schöpfung und über den Gebrauch der Welt klar zu verkünden, sittliche und geistige Hilfe zu gewähren. – Die Laien aber müssen den Aufbau der zeitlichen Ordnung als die gerade ihnen zukommende Aufgabe auf sich nehmen und dabei vom Licht des Evangeliums und vom Geist der Kirche geleitet, sowie von christlicher Liebe gedrängt, unmittelbar und entschieden handeln. Sie sol-

> len aus ihrer spezifischen Sachkenntnis heraus und in eigener Verantwortung als Bürger mit ihren Mitbürgern zusammenarbeiten und überall und in allem die Gerechtigkeit des Reiches Gottes suchen".[1]

Als spezielle Aufgabenbereiche der Laien werden genannt: Mitgestaltung der Liturgie, Familie und Schule, Pfarrei und Weltkirche, Einwirkung auf die öffentliche Meinung besonders durch die Kommunikationsmittel, Sozialarbeit, Wirtschaft und Politik:

> „Die Laien ... sind nicht nur gehalten, die Welt mit christlichen Geist zu durchdringen, sondern sie sind auch dazu berufen, überall, und zwar inmitten der menschlichen Schicksalsgemeinschaft, Christi Zeugen zu sein".[2]

Bleibt nur zu hoffen, daß das Volk Gottes seine durch Taufe und Firmung gegebene Verpflichtung besser erkennt und entschiedener wahrnimmt.

---

1 Vaticanum II, Laienapostolat II, 7.

2 Kirche und Welt 4. Kap. 43

V. Die Frau in der Kirche

Vor allem durch feministische Propaganda wurde der Verdacht verbreitet, die Kirche benachteilige Frauen, ja, sie sei frauenfeindlich.

1. Stellung der Frau in der Urkirche

Wie bereits erwähnt, war im Gegensatz zu den heidnischen Völkern im Gottesvolk des Alten Bundes die gesellschaftliche Stellung der Frau erstaunlich gut. Durch Christus wurde schließlich die Frau dem Mann völlig gleichgestellt.

Christus nahm Frauen ernst und schätzte sie. Er hatte auch Jüngerinnen, die ihn begleiteten, ihn mit ihrem Vermögen unterstützten und bei ihm ausharrten bis zu seinem Tod am Kreuze. Nach seiner Auferstehung erschien er zuerst einer Frau (Mk 16,9). Christus ließ sich auch nicht von der damaligen Zeitmeinung beeinflussen – im Gegenteil: gegen jüdische Sitte und zur Verwunderung seiner Jünger unterhält er sich am Jakobsbrunnen mit einer sündigen Samariterin (Joh 4,27). Gegen das mosaische Gesetz nimmt er eine Ehebrecherin in Schutz (Joh 8,1ff) und wiederum gegen das Gesetz des Moses stellt er Frau und Mann in der Ehe gleich.

> „Sie sagten: Mose hat erlaubt, eine Scheidungsurkunde auszustellen und (die Frau) aus der Ehe zu entlassen. Jesus entgegnete ihnen: Nur weil ihr so hartherzig seid, hat er euch dieses Gebot gegeben. Am Anfang der Schöpfung aber hat Gott sie als Mann und Frau geschaffen. Darum wird der Mann Vater und Mutter verlassen, und die zwei werden ein Fleisch sein.... Was aber Gott verbunden hat, das darf der Mensch nicht trennen ... Wer seine Frau aus der Ehe entläßt und eine andere heiratet, begeht ihr gegenüber Ehebruch. Auch eine Frau begeht Ehebruch, wenn sie ihren Mann aus der Ehe entläßt und einen andern heiratet“ (Mt 10,2ff).

Es lag also keineswegs an einer Rücksichtnahme auf die Zeitmeinung, wenn Jesus keine Frauen zu Priestern bestellt hat; er hielt sich lediglich an die Schöpfungsordnung, nach der der Frau aufgrund anderer Begabungen auch andere Aufgaben zukommen als dem Mann. Diese Einstellung findet sich selbstverständlich in der Urkirche. Im Römerbrief läßt Paulus eine Priska, eine Maria, eine Tryphäna, sowie eine „liebe Persis“ grüßen, die „für den Herrn große Mühe auf sich genommen hat“ (Röm 16).

Wenn im Epheserbrief davon die Rede ist, die Frau solle sich dem Mann als dem „Haupt“ unterordnen, so steht das im Zusammenhang mit dem einleitenden Satz: „Einer ordne sich dem anderen unter in der gehorsamen Ehrfurcht vor Christus“ (Eph 5,21). Zudem spielt hier Paulus auf das Verhältnis der Kirche zu Christus, ihrem „Haupt“ an: die Kirche ist in Liebe auf Christus hingeordnet, der seinerseits sich für die Kirche „hingibt“ (Eph 5,20). Es geht also hier um ein Wechselverhältnis des gegenseitigen Aufeinander-Eingehens.

Auch das oft als anstößig empfundene Pauluswort: „Wie es in allen Gemeinden der Heiligen üblich ist, sollen die Frauen in der Versammlung schweigen“ (Kol 14,33ff), besagt nicht, daß Frauen in der Kirche nichts zu sagen hätten, sondern betont, daß die Predigt während der Hl. Messe als wesentlicher Bestandteil der Eucharistiefeier allein dem geweihten Priester zusteht.

2. *Stellung der Frau in der Kirche der Gegenwart*

Es kann und soll nicht in Abrede gestellt werden, daß sich infolge der Erbsünde die Verheißung der Genesis (3,16) erfüllte: „Er wird über dich herrschen“, und daß im Lauf der Geschichte durch Fehlinterpretation der genannten Schriftstellen Diskriminierung und Unterdrückung von Frauen gerechtfertigt wurden.

Das aber ist Vergangenheit. Papst Johannes Paul II. kommt besonders durch seine Enzyklika „Mulieris dignitatem“ („Die Würde der Frau“) und seinen „Brief an die Frauen“ geradezu in den „Verdacht“ eines katholischen Feminismus:

> „Die Stunde kommt, die Stunde ist schon da, in der sich die Berufung der Frau voll entfaltet, die Stunde, in der die Frau in der Gesellschaft einen Einfluß, eine Ausstrahlung, eine bisher noch nie erreichte Stellung erlangt“ (Mulieris dignitatem 1).

> „Ich kann nicht umhin, meine Bewunderung für die Frauen guten Willens zu bekunden, die sich der Verteidigung der Würde des Standes der Frau durch die Erringung gesellschaftlicher, wirtschaftlicher und politischer Grundrechte gewidmet und diese mutige Initiative zu einer Zeit ergriffen haben, in der dieser ihr Einsatz als eine Übertretung, als Zeichen mangelnder Fraulichkeit, als großtuerisches Gehabe, ja als Sünde angesehen wurde!“ (Brief an die Frauen, 6)

Weiterhin spricht der Papst vom „Genius der Frau", von ihrem „Reichtum der Sensibilität", ihrer „enormen Bereitschaft, sich in den menschlichen Beziehungen zu verausgaben, besonders für die Schwächsten und Schutzlosesten"; sie sieht mehr als der Mann den Menschen, „weil sie ihn mit dem Herzen sieht". In der Hingabe der unverheirateten Ordensfrau sieht der Papst eine „besondere Mütterlichkeit im geistigen Sinn. Diese selbstlose Gabe schwesterlicher Weiblichkeit erleuchtet das menschliche Dasein, weckt die edelsten Gefühle, deren der Mensch fähig ist, und hinterläßt immer eine Spur von Erkenntnis für das unentgeltlich dargebotene Gute". Durch ihre Fähigkeit zur Mutterschaft hat die Frau eine besondere „Einstellung zum Menschen als solchem", ein „Bewußtsein, daß Gott ihr in einer besonderen Weise den Menschen anvertraut."

Bei solcher Einschätzung der Frau durch Papst und Kirche muß man sich wundern, daß immer wieder von „erschreckender Unduldsamkeit", von „Diskriminierung", ja „Frauenfeindlichkeit" gesprochen wird, nur weil die Kirche keine Frauen zu Priestern weiht. Diese Argumentation übersieht, wer der Herr der Kirche ist: es handelt sich hier nicht um einen Willkürakt des Papstes oder der Kirche, sondern um eine Bestimmung, die auf Christus selbst zurückgeht, und die deshalb auch ein Papst nicht ändern kann.

Bei unvoreingenommener Betrachtung sind auch die dem Feminismus so anstößig erscheinenden Bestimmungen der Kirche letztlich Schutzgesetze für die Frau. Wie gesagt, ist das Priestertum ein Dienst mit belastenden Verpflichtungen, der ungeteilten Einsatz erfordert und deswegen die Frau – vor allem als Mutter – überfordert. Würde verleiht nicht ein Dienst, sondern die Heiligkeit eines Menschen; und dazu sind Frauen in gleicher Weise berufen wie Männer. Als Königin aller Heiligen schätzt und verehrt die Kirche Maria, die Mutter Jesu, weit mehr als alle Apostel und Päpste.

Übrigens gibt es eine Fülle von Aufgaben in der Kirche, für die Frauen geeigneter sind als Männer und die Geschichte weist eine unübersehbare Zahl von bedeutenden Frauen auf, welche die Kirche in ihrer Zeit entscheidend mitgeprägt haben.

Recht verstanden dient auch die Einstellung der Kirche zu den Mitteln der Empfängnisverhütung und zur Abtreibung dem Schutz der Frau. Bei Anwendung der Naturmethode steht eben die Frau nicht jederzeit „zur Verfügung“ und muß der Mann auf deren jeweilige Situation Rücksicht nehmen. Auch die Lehre der Kirche bezüglich der Abtreibung ist eine moralische Stütze für schwangere Frauen, die ihr Kind behalten wollen, aber von ihren Angehörigen unter Druck gesetzt werden. Sie können entgegnen: „... aber die Kirche“ – „... aber mein Gewissen“ – „... aber die Folgen.“

Wer daher nicht kleinkariert nur an Augenblicksannehmlichkeiten denkt, sondern in größeren Zusammenhängen, der wird erkennen, daß die zunächst als einschränkend empfundenen Bestimmungen der Kirche letztlich dem wahren Wohl der Frauen und der Familien dienen.

3. *Die ewige Frau*

Wie die gesamte Schöpfung ist insbesondere die Frau ein ewiger Gedanke Gottes und durch ihr Einfühlungsvermögen und ihre Hingabefähigkeit besonders berufen zur Hüterin des Lebens. Daher wird sie in der Bibel Eva, „Mutter aller Lebendigen“, genannt (Gen 3,20). Dieser Dienst bedeutet für sie eine besondere Verantwortung für die Kultur des Lebens.

Gerade aber bei dieser besonderen Begabung und Berufung der Frau setzt der Versucher an: „Ihr werdet wie Gott“. Also nicht mehr dem Leben dienen, sondern herrschen. Damit beginnt der Abfall der Frau von ihrer Bestimmung und zugleich der Sturz der Menschheit ins Elend der Sünde. In unseren Tagen versteckt sich diese Versuchung in dem eigentlich positiven Slogan „Selbstverwirklichung der Frau“, der aber in feministischer Übertreibung zur Vermännlichung und in letzter Konsequenz zu einem weiblichen Zerrbild führt, zur Trägerin der Kultur des Todes in einem sterbenden Volk.

Wie der Sturz der Menschheit in das Elend durch die Überheblichkeit einer Frau begann, so geschah auch die Befreiung der Menschheit zum Leben durch den „Dien“-Mut einer Frau: „Ich bin die Magd des Herrn; mir geschehe, wie du gesagt hast" (Lk 1,38). In Maria erscheint das Bild der ewigen Frau in seiner gottgedachten Reinheit: Maria ist die „unbefleckt Empfangene" (von der Erbschuld bewahrte), frei von jeder persönlichen Sünde, „von der Kraft des Höchsten überschattete" (Lk 1,35) Jungfrau und Gottesmutter. Sie ist aber auch die „Mater dolorosa", die Schmerzensmutter unter dem Kreuz ihres Sohnes und schließlich die verklärte, in den Himmel aufgenommene Königin aller Heiligen. In Johannes wurde sie der gesamten Menschheit zur Mutter gegeben (Joh 19,26f) und als Mutter des Erlösers ist sie zugleich „Mutter der Kirche".

„Die ewige Frau" wird Maria von der Dichterin Gertrud von Le Fort genannt, weil alle begnadeten und heiligen Frauen in der Menschheitsgeschichte ihren Glanz widerstrahlen:

> „Überall, wo Hingebung ist, da ist auch ein Strahl vom Geheimnis der ewigen Frau; wo aber die Frau sich selbst will, da erlischt das metaphysische Geheimnis: indem sie ihr eigenes Bild erhebt, vernichtet sie das ewige Bild."

Eva – Maria: sie leben weiter in ihren geistigen Töchtern zum Fluch oder zum Segen der Menschheit bis ans Ende der Tage.

VI. Christ in einer pluralistischen Gesellschaft

Die Zeiten, in denen von christlichen Nationen die Rede sein konnte, sind vorbei. Die westliche Welt ist zum „Missionsland“ geworden. Maßgeblich hierzu beigetragen haben fünfzig Jahre Kommunismus in Osten und materialistisches Wohlstandsdenken im Westen. Nicht nur im Umfeld der Kirche, auch in ihr selbst herrscht eine Vielzahl von Ansichten und Lebenshaltungen. Da gibt es Fundamentalisten und Namenschristen, Progressisten und Konservative, Häretiker und Sektierer.

Bei den bloßen Namenschristen ist der Glaube gleichsam verdunstet. Ihr Leben unterscheidet sich in keiner Weise mehr von dem eines Heiden. Die angeblich „Progressiven“ möchten im Sinne Luthers die kirchliche Hierarchie demokratisierend einebnen und aus der „Drohbotschaft“ Christi eine verharmlosende Frohbotschaft machen. In einer seltsamen Begriffsverwirrung verketzern sie jene, die am überlieferten Glauben und der Treue zum Papst festhalten, als „Fundamentalisten“.

Der Wortbedeutung nach ist Fundamentalist, wer im Gegensatz zum bloßen Taufscheinkatholiken sich mit seinem Glauben fundamental – gründlich – auseinandersetzt, wer nicht nur Christ heißt, sondern als Christ lebt. So gesehen wäre Fundamentalist für einen Christen ein Ehrentitel im Gegensatz zu einem Fundamentalisten des Klassenkampfes oder des Heiligen Krieges. Echtes Christentum ist Fundamentalismus der Liebe. In diesem Sinn war auch Christus Fundamentalist.

Daneben gibt es auch Erzkonservative, welche Bestimmungen des II. Vatikanischen Konzils ablehnen. Ihre Zahl ist aber verschwindend gering gegenüber der Vielzahl derer, die entweder aus religiöser Unwissenheit irrgläubig sind oder ihren Glauben nach Gutdünken auswählen und wesentliche Glaubensinhalte, wie z. B. den Jurisdiktionsprimat des Papstes oder das Weihepriestertum, ablehnen. Einen solchen Auswahlglauben nennt man Häresie. Schließen sich solche Eklektiker (Auswähler) zusammen, um – z.B. als „Kirche von unten“ – gegen die hierarchisch verfaßte Kirche zu opponieren, so kann man eine solche Gruppierung „Sekte“ nennen, obwohl sie als Spaltpilz weiter in der Kirche verbleiben will.

Die Lehre Luthers, welche das Verständnis der Bibel dem einzelnen Leser überantwortet, führte außerhalb der katholischen Kirche zu einer Vielzahl an Sekten, welche sich alle trotz gegensätzlicher Auffassung auf die Bibel berufen. Viele von ihnen nützen das religiöse Bedürfnis vor allem junger Menschen schamlos aus, um entweder ihre Anhänger in psychische Abhängigkeit zu bringen oder zur Bereicherung der Sektenführer zu benutzen.

Ich kann mir gut vorstellen, daß diese Situation des Christen in der pluralistischen Gesellschaft so manchen verwirren oder mutlos machen kann. Daher soll man ein Zweifaches bedenken:

Schon Christus läßt keinen Zweifel daran, daß seine Jünger eine „kleine Herde“ sind (Lk 12,32), daß „viele den breiten Weg ins Verderben gehen“, „aber nur wenige das enge Tor zum Leben finden“ (Mt 7,13ff) und daß beim Erscheinen des Menschensohnes am Ende der Welt „alle Völker der Erde jammern und klagen“ (Mt 24,30), weil sie die göttliche Wirklichkeit nicht ernst genommen haben. Wenn damit auch nicht gesagt ist, daß der Großteil der Menschheit endgültig verloren geht – „Denn für Gott ist alles möglich“, antwortet Christus auf die Frage der Jünger: „Wer kann dann noch gerettet werden?“ (Mt 9,25f) –, so ist damit doch deutlich gesagt, daß man sein eigenes Versagen nicht mit der Vielzahl anderer Versager entschuldigen kann.

Und ein zweites: Viele unterschätzen den Preis für ein christliches Leben. Ausbildung, Sport und Vergnügen läßt man sich etwas kosten; aber in den Himmel möchte man zum „Nulltarif“ gelangen. Auch ein Christentum, das nichts kostet, ist nichts wert und bringt letztlich nur Angst und Enttäuschung.

> "Wenn einer von euch einen Turm bauen will, setzt er sich dann nicht zuerst hin und rechnet, ob seine Mittel für das ganze Vorhaben ausreichen? Sonst könnte es geschehen, daß er das Fundament gelegt hat, dann aber den Bau nicht fertigstellen kann. Und alle, die es sehen, würden ihn verspotten ... Darum kann keiner von euch mein Jünger sein, wenn er nicht auf seinen ganzen Besitz verzichtet“ (Lk 14,28ff).

Das besagt: man muß mit allem, was man ist und hat, Gott zur Verfügung stehen. Wer also in der pluralistischen Gesellschaft ernsthaft Christ sein will, der muß sich seinen Glauben etwas kosten lassen. Freilich ist es schwer, dauernd gegen den Strom der Gleichgültigkeit und Mittelmäßigkeit zu schwimmen. Um deshalb Orientierungshilfe und Rückhalt zu erlangen, schließen sich viele, die den unschätzbaren Wert des Glaubens erkannt haben, christlichen Vereinigungen mit religiöser Zielsetzung an.

VII. Auf dem Weg zur Vollkommenheit

Nur wer das Ideal Christi anstrebt, kann Christ sein. Wer sich nach der Mehrheit richtet oder mit Mittelmäßigkeit zufrieden gibt, „ist nicht tauglich für das Reich Gottes“, weil er „die Hand an den Pflug legt und nochmals zurückblickt“ (Lk 9,62). So wird Frohbotschaft entweder bedeutungslos oder eine Belastung schlechten Gewissens. Zur Gemeinde von Laodizäa spricht Christus in der Offenbarung des Johannes (3,15f):

> „Ich kenne deine Werke. Du bist weder kalt noch heiß. Wärest du doch kalt oder heiß! Weil du aber lau bist ... will ich dich aus meinem Mund ausspeien.“

Um die Seinen vor satter und pharisäischer Selbstgerechtigkeit zu bewahren (vgl. Lk 18,9ff) und zum „Hunger und Durst nach der Gerechtigkeit“ (Mt 5, 6) anzuregen, fordert Christus das Streben nach dem höchsten Ziel: „Ihr sollt vollkommen sein, wie es auch euer himmlischer Vater ist“ (Mt 5,48). Der Apostel Paulus beschreibt dieses „Jagen“ nach dem Ziel (Phil 3,12ff):

> „Nicht daß ich es schon erreicht hätte oder daß ich schon vollendet wäre. Aber ich streben danach, es zu ergreifen, weil auch ich von Christus Jesus ergriffen worden bin ... Ich vergesse, was hinter mir liegt und strecke mich nach dem aus, was vor mir ist. Das Ziel vor Augen, jage ich nach dem Siegespreis der himmlischen Berufung.“

1. Grundlagen christlicher Lebensgestaltung

Zum reichen Jüngling spricht Jesus sowohl von den Grundbedingungen seiner Nachfolge, als auch vom Weg zur Vollkommenheit (Mt 19,16ff). „Wenn du das Leben erlangen willst, halte die Gebote!“ Das Halten der Gebote setzt allerdings voraus, daß man sie kennt; das bedeutet gründliche Kenntnis des Glaubens, welche man nicht nur durch den Religionsunterricht erwirbt, sondern in ständiger Weiterbildung, so daß man auch über die aktuellen Glaubensprobleme informiert ist.

Die zweite Voraussetzung für das Halten der Gebote ist das regelmäßige Gebet, welches den Überschritt vom Glaubenswissen zur Glaubenstat ermöglicht. So gelangt der Christ zum „Wandel in der Gegenwart Gottes“, d.h. er hat bei all seinem Tun und Lassen Gott als den „Geist des Ganzen" vor Augen, er lebt nicht aus einer egoistischen Teilperspektive, sondern in einer Orientierung an der Gesamtwirklichkeit des Irdischen und des Ewigen und wird so „tauglich" für das Reich Gottes. Diese Tauglichkeit oder Tugend bedeutet:

Klugheit: Sie besteht nicht in vielem Wissen, sondern ist die Fähigkeit, im Blick auf das Ganze Wesentliches und Unwesentliches, Bleibendes und Vergängliches, Gutes und Böses zu erkennen und die Geister zu unterscheiden, die sich in Wort, Schrift und Bild den Menschen anbieten oder anbiedern, „denn auch der Satan tarnt sich als Engel des Lichts" und die „Lügenapostel" (2 Kor 11,13f) preisen Ungehorsam gegen die Autorität der Kirche und Abfall vom Glauben als fortschrittliche Frohbotschaft an.

Gerechtigkeit: Sie ist Voraussetzung für den Frieden unter den Menschen; deshalb und in Verantwortung gegenüber einem gerechten Gott und unbestechlichen Richter bemüht sich der Christ in einer Welt voll Lüge und Betrug um Wahrhaftigkeit im Urteil und Redlichkeit im Handeln.

Starkmut oder Tapferkeit im Gegensatz zu Wehleidigkeit und Resignation bewährt sich in unerschrockenem Bekenntnis zur Sache Christi, in unentwegtem Widerstand gegen jegliches Unrecht, im Durchstehen von Enttäuschungen und Leiden und in der beharrlichen Verfolgung gesteckter Ziele allen Mißerfolgen zum Trotz.

Mäßigkeit: In einer Gesellschaft, die besessen ist von Habsucht, Genußsucht und Geltungssucht wird durch die Sicht der Welt und des eigenen Lebens im Lichte Gottes der Blick für die wahren Verhältnisse geschärft, gelangt der Mensch zu einer Ausgewogenheit seiner Bedürfnisse und Wünsche, zu harmonischer Gestaltung seines Lebens.

Die genannten Fähigkeiten, die mehr das persönliche Leben und die zwischenmenschlichen Beziehungen betreffen, heißen Kardinaltugenden[1], weil sie gleichsam die Angelpunkte sind, die dem christlichen Streben Halt und Richtung geben. Glaube, Hoffnung und Liebe, deren Anlagen gnadenhaft durch die Taufe verliehen werden, nennt

---

1 von cardo = Türangel, Weltachse

man göttliche Tugenden, weil sie sich unmittelbar auf Gott beziehen. Sie bilden vergleichsweise eine Dreifaltigkeit, denn sie sind nach Ursprung und Wirkung miteinander verbunden und gehen gewissermaßen ineinander über.

Glaube ist geistige Sehkraft auf das Metaphysische hin, Durchblick durch Dinge, Raum und Zeit auf letzte Zusammenhänge und Urgründe, unerschütterliche Lebensbasis, die Richtung und Halt in allen Wechselfällen des Daseins gibt.

„Das ist der Sieg, der die Welt besiegt hat, unser Glaube. Wer sonst besiegt die Welt außer dem, der glaubt, daß Jesus der Sohn Gottes ist?" (1 Joh 5,4f)

Hoffnung ist notwendige Folgerung aus dem Glauben, Urvertrauen auf Gott, Bewußtsein, daß es auch in der verzweifeltsten Situation von persönlicher Schuld und von Enttäuschungen noch einen Ausweg gibt, Bauen auf den Felsengrund des Ewigen. Christus spricht:

„Fürchte dich nicht! Ich bin der Erste und der Letzte und der Lebendige. Ich war tot, doch nun lebe ich in alle Ewigkeit und ich habe die Schlüssel zum Tod und zur Unterwelt" (Offb 1,17f).

Liebe ist im Gegensatz zu egoistischer Ichbezogenheit das Offensein auf Gott, den Mitmenschen und die gesamte Schöpfung hin, das alles umfassende und vollendende Hauptgebot, die verbindende Kraft jeder Gemeinschaft, der Ausgriff nach dem letzten und eigentlichen Glück. Durch sie erst wird der Glaube wirksam (Gal 5,6).

„Wenn ich in den Sprachen der Menschen und Engel redete, hätte aber die Liebe nicht, wäre ich dröhnendes Erz oder eine lärmende Pauke ...
Die Liebe ist langmütig, die Liebe ist gütig.
Sie ereifert sich nicht, sie bläht sich nicht auf.
Sie handelt nicht ungehörig, sucht nicht ihren Vorteil, läßt sich nicht zum Zorn reizen, trägt das Böse nicht nach.
Sie freut sich nicht über das Unrecht, sondern freut sich an der Wahrheit.
Sie erträgt alles, glaubt alles, hofft alles, hält allem stand.
Die Liebe hört niemals auf ...
Für jetzt bleiben Glaube, Hoffnung, Liebe, diese drei; doch am größten unter ihnen ist die Liebe. – Jagt der Liebe nach!" (1 Kor 13,1ff)

2. *Ratschläge des Evangeliums*

Nachdem der reiche Jüngling beteuert hatte, er halte die Gebote, fährt er fort: „Was fehlt mir noch?" Jesus antwortet: „Wenn du vollkommen sein willst, geh, verkauf deinen Besitz und gib das Geld den Armen: so wirst du einen bleibenden Schatz im Himmel haben; dann komm und folge mir nach."

Das ist kein Gebot, sondern ein Rat. Armut im Sinne von Unabhängigkeit von Besitz und eine getreue Verwaltung der von Gott verliehenen Talente wird von jedem Christen verlangt. Wer aber vollkommen sein will, dem rät Christus zur persönlichen Besitzlosigkeit, um völlig frei zu sein für den Dienst am Reiche Gottes.

Aus dem gleichen Grund rät der Herr zur Ehelosigkeit, die nicht identisch mit der Keuschheit ist. Zur Keuschheit, d.h. zur standesgemäßen Beherrschung des Geschlechtstriebes, ist jeder Christ durch das Gebot Gottes verpflichtet. Über den völligen Verzicht auf Ehe sagt Christus: „Wer das erfassen kann, der erfasse es" (Mt 19,10-12).

Der dritte Ratschlag des Evangeliums ist der Verzicht auf persönliche Selbstbestimmung über seine Lebensverhältnisse. Kennzeichnend dafür ist der Ausspruch eines Ordensoberen: „Der Pater ist mein bestes Roß im Stall; ich kann ihn vor einen Mistwagen und vor eine Staatskarosse spannen." Der Rat zum völligen Gehorsam beruht auf dem Beispiel Christi: „Er erniedrigte sich und war gehorsam bis zum Tod, bis zum Tod am Kreuz" (Phil 2,8).

Die Befolgung dieser evangelischen Ratschläge seitens der Ordensleute ist Ursache der außerordentlichen Leistungen der Kirche auf kulturellem und caritativem Gebiet.

In jedem Menschen, der entschieden nach Vollkommenheit strebt, scheint Christus auf und jeder dieser „Heiligen" – so nennt Paulus jene, „die an Christus glauben" – nimmt teil am Schicksal Christi, der von vielen geachtet und geliebt, von anderen aber gehaßt und für verrückt gehalten wurde: „... seine Angehörigen ... machten sich auf den Weg, um ihn mit Gewalt zu holen, denn sie sagten: Er ist von Sinnen" (Mk 3,21).

„Die Juden fordern Zeichen, die Griechen suchen Weisheit. Wir dagegen verkündigen Christus als den Gekreuzigten: für Juden ein empörendes Ärgernis, für Heiden eine Torheit, für die Berufenen aber, Juden wie Griechen, Christus, Gottes Kraft und Gottes Weisheit" (1 Kor 1,22ff).

VIII. Die neue Menschheit

Die neue Menschheit ist nicht die Menschheit unserer Zeit schlechthin, sondern die in Christus erneuerte Menschheit. Sie lebt über die ganze Erde hin verstreut im Gegensatz zu einer Gesellschaft, die als Folge ihrer Gottesferne immer mehr in kosmische Vereinsamung gerät.

Der antike Mensch lebte in einem geschlossenen Weltganzen, zu dem auch Gott oder Götter als Selbstverständlichkeit gehörten. Gewiß, die heidnischen Götter waren launisch und unberechenbar. Aber zuweilen mischten sie sich auch menschenfreundlich unter die Irdischen und halfen mit ihrer Wundermacht. Und wenn sie unwirsch waren, konnte man sie durch Opfer versöhnen. Das von den Göttern erstellte Weltgebäude nannten die Alten Kosmos, d.h. Schmuck. Man fühlte sich hier doch irgendwie zu Hause und geborgen.

Die Moderne mit ihrer Wissenschaft und Technik hat die Götter aus der Welt vertrieben. Ja, der neuzeitliche Mensch rühmt sich, die Welt entmythologisiert zu haben und ist sich darin sicher, daß durch das unaufhaltsam vordringende Licht der Wissenschaft Gott und Götter aus ihren letzten Schlupfwinkeln verscheucht werden und daß die menschliche Allmacht die Allmacht Gottes mehr und mehr überflüssig erscheinen läßt. Man hat die unendlichen Welten des expandierenden Universums entdeckt; aber diese sind kalt und leer. Das Wort „kosmisch" beinhaltet nun etwas Unheimliches, Eisiges, Erdrückendes. Der Mensch erlebt sich als unbedeutendes, sinnloses und verlorenes Stäubchen in einem herzlosen und unerbittlichen All: er erlebt sich in kosmischer Vereinsamung. – Aber auch die menschlichen Bindungen an Gemeinschaften, ja selbst an die Familie werden als hinderlich empfunden und immer mehr abgestreift. Die menschlichen Beziehungen in Schule, Wirtschaft und Politik sind weithin entpersönlicht, versachlicht und nur nützlichkeitsorientiert. Die Menschen leben zwar immer enger aufeinander; aber jeder lebt mehr oder minder für sich; er braucht den anderen nicht mehr, er gebraucht ihn nur zu seinem Nutzen oder Vergnügen. Letztlich ist jeder allein: einsam im Leben und noch einsamer im Sterben. Hermann Hesse verleiht diesem Zeitgefühl dichterischen Ausdruck:

„Seltsam, im Nebel zu wandern!
Einsam ist jeder Busch und Stein,
kein Baum sieht den andern,
jeder ist allein.
Voll von Freunden war mir die Welt,
als mein Leben noch licht war;
nun, da der Nebel fällt,
ist keiner mehr sichtbar.

Wahrlich keiner ist weise,
der nicht das Dunkel kennt,
das unentrinnbar und leise
von allen ihn trennt.

Seltsam im Nebel zu wandern!
Leben ist Einsamkeit.
Kein Mensch kennt den andern,
jeder ist allein."

Noch etwas erlebt der wissensstolze, technisch so machtvolle Mensch: seine Ohnmacht. Gott und seine Gesetze fürchtet er nicht mehr – beide sind ausgetrieben. Dafür sind die Dämonen eingezogen:

„Glaube, dem die Tür versagt,
kommt als Aberglaub' durchs Fenster,
Wenn die Götter ihr verjagt,
kommen die Gespenster." (Geibel)

Dämonen, die der Mensch wie ein Zauberlehrling selbst herbeigerufen hat und nun nicht mehr zu bändigen vermag, sind in die moderne Welt eingezogen: die Mächte der Technik und Wirtschaft haben sich verselbständigt; der Dämon Rüstung wächst unaufhaltsam; der Dämon des Fortschrittes und des Wirtschaftswachstums macht den Menschen zum Ausbeuter und Vernichter der Natur; der Dämon des egoistischen Machtstrebens entzweit die Völker; die Dämonie der Meinungsmache enthebt die große Masse der Mittelmäßigen der Mühe eigenständigen Denkens und der Dämon der Sinnlosigkeit raubt den Entmündigten und Entmachteten auch noch die Hoffnung.

Und doch erstehen auch gerade in dieser Gesellschaft Ansätze und Kristallisationszentren einer neuen Menschheit. Sie setzt gegen das Gefühl kosmischer Verlorenheit ein neues Selbstwertbewußtsein.

Das Gefühl kosmischer Verlorenheit ist die Folge der Leugnung des Geistes, des Geistes Gottes und des Geistes des Menschen. Der Mensch ist eben nicht ein zufälliges Konglomerat von Atomen, die zufällig wieder auseinanderfallen. Er ist einmaliger, unwiederholbarer und unzerstörbarer, fleischgewordener Gedanke eines geistigen Gottes, der das All durchwaltet; er kann lieben und wird von diesem Gott geliebt; er hat einen nur ihn betreffenden Auftrag im Reich dieses Gottes und die Berufung zu einem ewigen Glück. Er weiß sich in Gott geborgen und steht in geschwisterlicher Gemeinschaft mit der gesamten Schöpfung.

Franziskus von Assisi, der Sohn des reichen Tuchhändlers Pietro Bernadone wird für verrückt erklärt, weil er mit den Armen arm sein wollte. Er wird aber auch „Bruder Immerfroh" genannt und noch in seiner Todeskrankheit – schon fast erblindet – singt er den „Sonnengesang":

> „Gelobt seist du, Herr, mit all deinen Geschöpfen,
> besonders der Frau Schwester Sonne,
> die den Tag erschafft, und du erleuchtest uns durch sie,
> und sie ist schön und strahlend mit großem Glanz,
> von dir, du Höchster, ist sie der Abglanz! ...
>
> Gelobt seist du, Herr, für unsere Schwester,
> die Mutter Erde,
> die uns erhält und uns trägt,
> und allerart Früchte und bunte Blumen und Gras
> hervorbringt...
>
> Gelobt seist du, Herr, für alle,
> die aus Liebe zu dir ihren Feinden vergeben
> und Gebrechlichkeit und Drangsal erdulden;
> selig, die in Frieden bis ans Ende beharren,
> denn du, Allerhöchster, wirst auf ewig sie krönen.
>
> Gelobt seist du, Herr, für unsern Bruder,
> den leiblichen Tod..."

In dieser neuen Menschheit ist ein Sendungsbewußtsein lebendig, das auch dem ärmsten Menschen Lebensinhalt verleiht. Er ist berufen, in einer verlogenen Gesellschaft Zeuge der Wahrheit zu sein, inmitten von Resignation Hoffnung zu wecken und in einer Welt des Egoismus Liebe zu leben:

Eine junge Frau protestiert gegen Ausbeutung, indem sie zwar an den üppigen Mahlzeiten auf der Wartburg teilnimmt, sich aber so oft von Speisen enthält, als sie annehmen muß, daß diese durch Unrecht und Erpressung beschafft worden waren. Ihr stummer Protest geht den Verschwendern so auf die Nerven, daß man sie nach dem Tod ihres Gatten in einer kalten Winternacht von der Wartburg vertreibt. In der Franziskanerkirche zu Eisenach läßt sie daraufhin das „Te deum" anstimmen. Es ist Elisabeth von Thüringen.

In Tansania befindet sich ein Friedhof der ersten Afrikamissionare, welche vor hundert Jahren ins Land kamen. 24 Gräber: Schwestern, Brüder, Patres liegen hier begraben. Niemand war länger als drei Jahre in Afrika, dann war er tot. Bilharziose, Malaria, Typhus, Schwarzwasser rafften die Missionare hinweg. Diese Männer und Frauen konnten sich an den Fingern einer Hand ausrechnen, wie viele Jahre des Lebens ihnen nach ihrer Ausreise noch blieben.

Eine junge Holländerin. Sie leitet ein Mädchenheim in Hongkong, geht jeden Tag mit in die Fabrik, um bessere soziale Bedingungen für die Mädchen zu erkämpfen.

Ein evangelischer Arzt – als geschickter Chirurg könnte er in Deutschland viel Geld verdienen. – versucht, in der Wüste, westlich von Karachi, entstellten Aussätzigen wieder ein menschenwürdiges Aussehen zu geben.

Ein junger Amerikaner. Nach seinem Kriegsdienst in Vietnam kehrt er nicht in die Sicherheit seiner Heimat zurück, sondern tritt ins Priesterseminar in Saigon ein. Er bleibt in Vietnam, um zu helfen.

Schwester Andrea aus Bamberg. Nach ihrem Abitur arbeitet sie, bis sie das Geld für eine Flugkarte nach Kalkutta beisammen hat, tritt in die Gemeinschaft von Mutter Teresa ein, studiert Medizin und macht ihr Staatsexamen. – Auf die Frage, ob sie hoffe, in dieser Not Indiens glücklich zu werden, gibt sie zur Antwort: „Ich glaube, nicht daß der glücklich wird, der hat, der genießt, oder eine gute Partie macht, sondern der, der weiß, daß er gebraucht wird und sich verfügbar macht für andere."

Ein reicher Amerikaner läßt sich von Mutter Theresa das Sterbehaus in Kalkutta zeigen. Beim Anblick der liebevollen Sorge der Schwestern für die Verelendeten sagt er unwillkürlich: „Diese Arbeit würde ich nicht für 100 000 Dollar machen.“ Mutter Theresa: „Ich auch nicht.“

Ich kenne sehr wohl den schon so oft gehörten Einwand: „Was kann schon der einzelne, auch wenn er noch so sehr sich müht, in dieser riesigen und dämonisierten Welt ausrichten?“ – Es ist richtig: die Menschheit als Ganzes kann in diesem Äon nicht bekehrt werden.

Die neue Menschheit ist daher auch nicht die ganze Menschheit. Sie ist „Salz der Erde“ und „Licht der Welt“ (Mt 5,13f). Christus will Strahlungszentren seines Lichtes. Wie weit das Licht des einzelnen leuchtet, ist naturgemäß verschieden. Auf jeden Fall kann er sein eigenes Leben und das seiner unmittelbaren Umgebung erhellen. Und das ist schon sehr viel. Je intensiver aber das Reich Gottes gelebt wird, um so weitreichender ist seine Strahlkraft.

Wir brauchen in diesem Zusammenhang nur an das weltüberwindende Wirken jener Bauern und Fischer zu denken, die Christus zu Aposteln berufen hat, an die Ausstrahlung eines Paulus oder Augustinus, an die Reformbewegungen eines Benedikt, eines Franziskus, eines Ignatius von Loyola oder an das Wirken einer Mutter Teresa. Nicht nur das Reich des Bösen hat Expansionskraft, auch das Reich Gottes, wenn es nur entschieden gelebt wird. In alle Welt ist dieses Reich bereits gedrungen und das Licht Christi erzeugt seinen Widerschein bei allen, die guten Willens sind. Freilich: es blendet und überwältigt nicht die Freiheit des Menschen.

In der neuen Menschheit lebt ein Machtbewußtsein. Selbstverständlich nicht im Sinne irdischer Macht. Johannes sagt: „Er gab ihnen Macht, Kinder Gottes zu werden“ (Joh 1,12). Es ist die Macht eines Menschen, der die Wahrheit gegenüber der Lüge vertritt; es ist das Bewußtsein, daß der „Fürst diese Welt“ bereits überwunden ist; es ist die Gewißheit, daß uns nichts von der Liebe Christi scheiden kann:

> „Was kann uns scheiden von der Liebe Christi? Bedrängnis oder Not oder Verfolgung Hunger oder Kälte, Gefahr oder Schwert? ... all das überwinden wir durch den, der uns

geliebt hat. Denn ich bin gewiß: Weder Tod noch Leben, weder Engel noch Mächte, weder Gegenwärtiges noch Zukünftiges, weder Gewalten der Höhe oder Tiefe noch irgendeine andere Kreatur können uns scheiden von der Liebe Gottes, die in Christus Jesus ist“ (Röm 8,35ff).

Dietrich Bonhoeffer in Erwartung seiner Hinrichtung:

„Von guten Mächten wunderbar geborgen
erwarten wir getrost, was kommen mag.
Du bist bei uns am Abend und am Morgen
und ganz bestimmt an diesem neuen Tag.“

Theresa von Avila:

„Laß nichts dich ängstigen, nichts dich verwirren:
alles geht vorüber – nur Gott bleibt derselbe ...
Gott allein genügt.“

J. H. Newman:

„Die Zeit ist voller Bedrängnis.
Die Sache Christi liegt wie im Todeskampf.
Und doch:
Nie schritt Christus mächtiger durch die Erdenzeit,
nie war sein Kommen deutlicher,
nie seine Nähe spürbarer,
nie sein Dienst köstlicher als jetzt.“

Schließlich lebt die neue Menschheit in einem Zukunftsbewußtsein durch die Zuversicht, daß Gott das letzte Wort spricht im Leben des einzelnen wie in der Weltgeschichte:

„Am 3. Dezember 1964 starb in einer Züricher Klinik der gefeierte Schauspieler und Regisseur Ernst Ginsberg. Ginsberg, Sohn einer jüdischen Arztfamilie in Berlin, konvertierte als 35jähriger zum Katholizismus. Von den Nazis aus seiner Heimat vertreiben, siedelte er mit seiner Familie nach Zürich um und machte am dortigen Schauspielhaus eine glänzende Karriere. 1962 kehrte Ginsberg nach Berlin zurück. Sein Auftreten in der alten Heimat wurde für ihn zu einem persönlichen Triumph, und es war klar, daß Ginsberg in Berlin vor einer zweiten großen Karriere stand. Da überfiel ihn eine heimtückische Krankheit: Lateralsklerose nannten sie die Ärzte – unheilbar! Über das Fortschreiten und den Ausgang seiner Krankheit war Ginsberg sich im klaren. Er wurde nach und nach vollständig gelähmt; zum Schluß verlor der begnadete Schauspieler auch noch sein geliebtestes Gut: Stimme und Sprache. Sein Geist aber blieb unversehrt. In den langen Monaten, als die fortschreitende Krankheit ihn langsam einkerkerte, verfaßte er unter anderem Gebete in Gedichtform. Die letzten Verse entstanden, als sein eingemauerter Geist sich nur noch mit Hilfe von Tabellen und Buchstabentafeln zu äußern vermochte:

„Ich falte die Hände, die lahmen, im Geist
Und bete ins Dunkel, daß es zerreißt.

Oh mein Gott, in der Sturmglut dieser Zerstörung,
In der mir die Sprache röchelnd ertrank,

Laß mir – oh schenk meiner Bitte Erhörung -
Nur dieses einzige Wort noch: Dank.

Nun wird es Zeit zu danken ... Das Wort vermag es nicht!
Doch Du nimm den Verstummten, Herr, wortlos heim ins Licht."[1]

„Die Menschen werden vor Angst vergehen in der Erwartung der Dinge, die über die Erde kommen, denn die Kräfte des Himmels werden erschüttert werden ... Dann wird man den Menschensohn mit großer Macht und Herrlichkeit auf einer Wolke kommen sehen. Wenn all das beginnt, dann richtet euch auf und erhebt eure Häupter; denn eure Erlösung ist nahe" (Lk 21,26ff)

---

1 Johannes Brantschen: Rufen ins Dunkel, daß es zerreißt

IX. Am Ziel des Pilgerweges

Schon Diogenes verkaufte als Weisheit: „Bei allem, was du tust, denk an das Ende!“

1. Das Irdische als Vorspiel des Ewigen

Nach christlicher Auffassung ist der Mensch verwoben in die Existenz Gottes. Er ist ein Gottesgedanke von Ewigkeit her, der für eine kurze Weile irdisch-leibhaft existiert. In dieser kurzen Weile hat er allerdings Entscheidungen von unendlicher Tragweite zu treffen, Entscheidungen, die für ihn Himmel oder Hölle bedeuten. Himmel und Hölle sind nicht Orte, sondern Grundhaltungen der Menschen. Sie sind bereits im irdischen Leben gegenwärtig: der Himmel als Offensein des Menschen auf Gott hin und damit nach dem Willen Gottes auch für den Mitmenschen; die Hölle als äußerster Egoismus, der zur Zerstörung aller Wertbezüge und schließlich zur Vereinsamung des Egoisten selbst führt. Martin Luther nennt den Sünder „homo incurvatus in se ipso“: der in sich verkrampfte Mensch.

Darin besteht das Wesen der Hölle; sie ist nicht eine Schöpfung Gottes, sondern eine gleichsam erstarrte und verewigte egoistische Grundeinstellung des Menschen, die auch Gott nicht beseitigen kann, weil Liebe ihrer Natur nach nicht erzwingbar ist.

So sehr ein Mensch auf Erden auch gottverbunden sein mag und deshalb einen Himmel des Friedens in sich trägt: er bleibt doch den Wechselfällen, Versuchungen und Leiden dieses Daseins, ja selbst der Gefährdung seiner Gottesliebe ausgesetzt. Wirkt sich auch die Sünde zerstörend auf das Leben des einzelnen und der Gesellschaft aus, so hat der sündige Mensch doch, solange er lebt, noch nicht das Bewußtsein der Verdammnis: einerseits lenken ihn Geschäfte, Vergnügungen usw. ab und andererseits hat er noch die Möglichkeit der Bekehrung.

Schwindet das Irdische im Prozeß des Alterns, bis es im Tod völlig zerrinnt, bleibt dem Menschen nur sein letzter Rückhalt: Gott. Das bedeutet entweder Besitz der Fülle allen Seins und aller Liebe, oder aber – falls das Freundschaftsangebot Gottes durch freien Entschluß ein Leben lang zurückgewiesen wurde – Zurückgeworfensein auf sich selbst und hoffnungslose Einsamkeit, die in der Schrift bildhaft als „äußerste Finsternis" (Mt 8,12) beschrieben wird, „wo ihr Wurm nicht stirbt und das Feuer nicht erlischt" (Mk 9,48).

2. *Die entscheidende Metamorphose*[1]

Das gesamte Weltgeschehen besteht in Wandlungen, welche letztlich von göttlicher Urkraft getragen sind, aber auch der menschlichen Gestaltungsfähigkeit Raum geben.

Die erste Metamorphose besteht in der Erschaffung der Welt. Sie ist die Überführung eines göttlichen Gedanken in stoffliche Wirklichkeit, ein Überschritt aus der Ewigkeit in die Zeit, von der Metaphysis zur Physis. Auch mit dem Eintritt des Menschen in die Welt verhält es sich so: er ist ein fleischgewordener Gedanke und Auftrag des Schöpfers. – Von dieser Metamorphose nehmen wir allerdings nur den physischen und zeitlichen Aspekt wahr, der metaphysische und ewige ist in Geheimnis gehüllt; die dahinterstehende göttliche Wirklichkeit können wir nur erahnen und erschließen.

Der Schöpfungsauftrag ist der Befehl zu einer zweiten Metamorphose: Mit seiner Schaffenskraft soll der Mensch in Fortführung der Schöpfungstat Gottes die Welt ihrer irdischen Vollendung entgegenführen. Es war bereits davon die Rede, daß dies nur unvollkommen erfolgt, ja, daß der Mensch in seinem Egoismus die Natur zum Teil sogar vernichtet und bereits in der Lage ist, eine Metamorphose des Schreckens herbeizuführen.

Eine dritte Metamorphose brachte die übernatürliche Offenbarung Gottes, das Hereinbrechen des Gottesreiches in diese Welt, die grundsätzliche Befreiung des Menschen durch die Erlösungstat Christi, die ihren Höhepunkt in Tod und Auferstehung Jesu erreicht. Sie ist wie die Schöpfung ein Geschehen an der Nahtstelle von Diesseits

---

1 Metamorphose bedeutet den Wandel einer Gestalt oder eines Zustandes, den Überschritt von einer Seinsweise oder Dimension in eine andere

und Jenseits und soll über einen Gesinnungswandel der Menschen das irdische und ewige Heil der Menschheit bewirken.

Die für jeden einzelnen von uns entscheidende Metamorphose ereignet sich in unserem Tod. Schon die körperliche Entwicklung des Menschen ist nicht nur auf eine Entfaltung hin programmiert, sondern mit der gleichen Zielstrebigkeit auch auf das Altern und Sterben. Und im geistigen Bereich spielt neben dem Selbstbewußtsein das Todesbewußtsein eine entscheidende Rolle. Nur der Mensch weiß, daß er sterben wird. Dieses Wissen um die Vergänglichkeit macht das Geschenk des Lebens erst kostbar und veranlaßt den denkenden Menschen, die Zeit zu erkaufen, denn „es kommt die Nacht, in der niemand mehr etwas tun kann“ (Joh 9,4). Auf den Augenblick des Todes hin fließt gleichsam unser ganzes Leben und Streben und über diesen Augenblick hinaus greift unsere Hoffnung nach unvergänglicher Erfüllung menschlicher Sehnsucht.

Warum verdrängen dann so viele Menschen den ganz natürlichen – und übrigens sehr heilsamen – Gedanken an das Sterben? Warum sind sie gleichsam auf der Flucht vor dem Tod und erschrecken übermäßig, wenn einer seiner Boten sie einholt: Herzinfarkt, Krebs! – Andere sozialisieren gleichsam den Tod: sie protestieren gegen das Sterben der Wälder, gegen Atomtod und Völkermord – aber an ihr eigenes, ganz persönliches Sterben wollen sie nicht denken.

Viele täuschen auch ihre schwer kranken Angehörigen über den Ernst der Situation oder belügen sie. Wieder andere vereiteln ein bewußtes Sterben durch Euthanasie; sie wollen dem Kranken und Leidenden einen „guten Tod“ verschaffen, indem sie ihn einschläfern. Ist das menschenwürdig? Nur der Mensch kann sterben – das Tier verendet. Selbstverständlich darf und soll man die Leiden eines Kranken mildern; aber man darf nicht aus falsch verstandenem Mitleid seinen Tod absichtlich aktiv herbeiführen. Andererseits hat jeder das Recht auf menschenwürdiges Sterben; und darum soll man einen Todgeweihten auch sterben lassen und seine Leiden nicht künstlich verlängern.

Gewiß, der Mensch hat eine natürliche Angst vor dem Tod. Er bedeutet ja die Auflösung seiner irdischen Existenz, selbst seines Leibes. Auch Christus durchlitt Todesangst; aber er hat sie mit einem Ja zum Willen des Vaters überwunden. Für den Christen ist das Sterben nicht nur ein Ende, sondern auch ein neuer Anfang, nicht ein Ausgelöschtwerden, sondern eine Metamorphose, ein Überschritt von der zeitlichen in die ewige Dimension, ein Hineingenommenwerden in Tod und Auferstehung Christi.

Diesem entscheidenden Ereignis soll der Mensch und erst recht der Gläubige bewußt entgegensehen und entgegengehen. „Weil er lebte wie ein Sterbender, starb er zum Leben", besagt eine christliche Grabinschrift.

Mit ihren Sakramenten begleitet die Kirche den Kranken bis an die Schwelle des Todes:

> „Ist einer von euch krank? Dann rufe er die Presbyter der Gemeinde zu sich; sie sollen Gebete über ihn sprechen und ihn im Namen des Herrn mit Öl salben. Das gläubige Gebet wird den Kranken retten, und der Herr wird ihn aufrichten; wenn er Sünden begangen hat, werden sie ihm vergeben" (Jak 5,14f).

Eine psychisch befreiende Wirkung können die Sakramente allerdings nur vermitteln, wenn der Kranke sie bei vollem Bewußtsein empfängt. Viele geben dann nach Empfang der Krankensalbung ihrer seelischen Gelöstheit Ausdruck: „Jetzt bin ich auf alles gefaßt." Und daß seelische Gefaßtheit und Vertrauen auch eine bessere psychische Voraussetzung für eventuelle Genesung sind als Unsicherheit und Angst, soll nur am Rande erwähnt werden. – Auch für trauernde Angehörige eines Verstorbenen gibt es nur einen wirklichen Trost, den die Totenliturgie zum Ausdruck bringt: „Deinen Gläubigen, Herr, deinen Getreuen wird das Leben gewandelt, nicht genommen."

Das Verdrängen des Gedankens an den Tod beklemmt und verunsichert den Menschen, und das um so mehr, je mehr er sein Ende herannahen fühlt. Flucht vor der Wahrheit ist keine Lösung; der Wahrheit die Stirne bieten, nicht verenden, sondern sterben – das ist menschlich und christlich.

3. *Jenseits des Todes*

Wie bei der Erschaffung und Erlösung ist auch bei der Metamorphose des Todes nur der diesseitige Aspekt für uns wahrnehmbar. Was nachher kommt, können wir nur erahnen, beziehungsweise mit den Bildern der Offenbarung andeuten. – Eines freilich wird bereits im diesseitigen Aspekt des Sterbens deutlich: der Mensch betritt die Szene göttlicher Gerechtigkeit. Der Tod behandelt alle gleich: „Man wird allein sterben", sagt Pascal. Und Paulus: „Wir haben nichts in die Welt mitgebracht und werden auch nichts aus ihr mitnehmen" (1 Tim 6,7). Und doch etwas werden die Menschen nach den Worten der Totenliturgie mitnehmen: „Ihre Werke begleiten sie" vor das Gericht Gottes.

a) Das besondere Gericht

„Es ist dem Menschen bestimmt zu sterben und danach folgt das Gericht" (Hebr 9,27). Das dürfen wir uns allerdings nicht so vorstellen, daß Gott für jeden einzelnen Menschen einen Richterspruch fällt; nicht Gott richtet, sondern der Mensch richtet sich selbst. Mit der Menschwerdung Jesu ist bereits das Gericht in die Welt gekommen, denn „das Licht leuchtet in der Finsternis" und jeder Mensch ist somit vor die Entscheidung gestellt, Christus anzunehmen oder abzulehnen:

> „Denn Gott hat seinen Sohn nicht in die Welt gesandt, damit er die Welt richtet, sondern damit die Welt durch gerettet wird. Wer an ihn glaubt, wird nicht gerichtet; wer nicht glaubt, ist schon gerichtet ..." (Joh 3,17f).

Beim Tod und am Weltende werden dieses „Gericht" und seine Folgen nur offenbar. Im Sterben trennt sich die Seele vom Leib, der Mensch wird nun aller irdischen Ränge und Beziehungen, aller Selbsttäuschungen und Masken entkleidet. Im Licht der göttlichen Wahrheit erkennt er untrüglich den Wert und Unwert all seiner Taten und Unterlassungen im irdischen Leben. Damit befindet er sich aber auch schon im Zustand beglückender Gottesnähe oder hoffnungsloser Gottesferne.

Weil aber im Augenblick des Todes wohl die meisten Menschen weder vollendete Heilige, noch völlig verstockte Gottlose sind, werden viele in einen Zustand der Reinigung, in das Purgatorium, eintreten, in dem sie – wohl durch Leiden – völlige Befreiung von Schuld erreichen. Das Wort „Fegfeuer" – nach 1 Kor 3,13: „Das Feuer wird prüfen, was das Werk eines jeden taugt" – ist selbstverständlich eine bild- oder gleichnishafte Veranschaulichung.

b) *Eine diesseits und jenseits umspannende Gemeinschaft der Gotteskinder*

Wie bereits erwähnt, werden in den Apostelbriefen die Christen auch „Heilige" genannt, weil sie mit Gott und untereinander durch die heiligmachende Gnade verbunden sind. Diese Verbundenheit wird auch durch den Tod nicht getrennt, sondern besteht in einer „Gemeinschaft der Heiligen" fort. Zu dieser Gemeinschaft gehören sowohl die in der Kindschaft Gottes Lebenden auf Erden, als auch die Heiligen des Himmels und die Seelen im Reinigungszustand. Gemeinschaft bedeutet, daß alle in Gott Verbundenen miteinander in Verbindung stehen:

Aus allen Völkern und Ständen werden in der Kirche jene als Heilige verehrt, die in heroischer Weise nach ihrem Glauben gelebt haben. Sie sind Vorbilder für jede Lebenssituation und können durch ihre Fürbitte den Christen auf Erden helfen. Desgleichen glauben wir an eine Gebetshilfe für die Verstorbenen: Judas, der Makkabäer, ließ für die Gefallenen Gebete und Opfer darbringen, „damit sie von der Sünde befreit werden" (2 Mak 12,43ff). Gemeint ist eine Befreiung von läßlichen Sünden und zeitlichen Sündenstrafen.

Der Glaube an eine Wiedergeburt zu einem mehrfachen irdischen Leben sowie an eine letztendliche Allbeseligung, durch welche auch die Verdammten noch das Heil erlangen, steht im Widerspruch zur Offenbarung der einmaligen menschlichen Existenz und der Endgültigkeit des göttlichen Urteils.

4. Das große Finale der Weltgeschichte

Was seit Urzeiten die Menschen in ihren Begräbnisbräuchen zum Ausdruck brachten, was Denker der Vorzeit erahnten, was die Sklaven in ihren Gospels besungen und was die Getretenen und Geschundenen aller Zeiten erhofft und erbetet haben, das verheißt die göttliche Offenbarung: einen Endzustand, in dem die Sehnsucht der Menschheit nach endgültiger Gerechtigkeit und unvergänglichem Glück ihre Erfüllung finden wird. Dies geschieht allerdings nicht durch menschliches Forschen und Wirken, sondern durch eine letzte Metamorphose, welche von Gott bewirkt wird. Es ist ein Geschehen, das den Rahmen des Diesseitigen und Zeitlichen sprengt und hineinführt in eine neue Seinsweise von Welt und Menschen. Wegen der andersartigen Dimension, in der dies geschieht, sind alle diesbezüglichen Schilderungen analog, gleichnishaft zu verstehen. Unserem Sprechen von Gott vergleichbar geben sie die Richtung an, in der dieses Geschehen und der endzeitliche Zustand von Menschheit und Welt zu suchen sind.

Wie die Stunde unseres Todes ungewiß ist, so ist auch der Zeitpunkt des Weltendes unbekannt. Gegen alle diesbezüglichen Spekulationen und Berechnungen sagt der zweite Petrusbrief, „daß beim Herrn ein Tag wie tausend Jahre und tausend Jahre wie ein Tag sind" (2 Petr 3,8). Und Christus betont:

> „Doch jenen Tag und jene Stunde kennt niemand, auch nicht die Engel im Himmel, nicht einmal der Sohn, sondern nur der Vater" (Mt 24,36).

Es kommt nicht darauf an, wann unser und der Welt Ende erfolgt; es kommt aber alles darauf an, daß wir jederzeit bereit sind. Um diese Bereitschaft einzuschärfen, reiht Jesus in seiner Rede vom Ende Mahnung an Mahnung: „Es werden alle Völker der Erde wehklagen", weil sie nicht mit dem Ende gerechnet haben; der Menschensohn kommt unvermutet wie ein Dieb in der Nacht, zu einer Stunde, die der ungetreue Knecht nicht kennt, welche die leichtsinnigen Mädchen verpassen und mit der der faule Diener nicht gerechnet hat (vgl. Mt 24 und 25).

So wenig man aus den Schöpfungserzählungen naturkundliche Erkenntnisse ableiten kann, so wenig sind die Schilderungen der Endkatastrophen als Vorhersagen kommender Naturereignisse zu verstehen; es sind die in der Bibel üblichen Begleiterscheinungen göttlicher Parusie[1]. Diese Erscheinung Christi zum Weltgericht wird eingeleitet durch die Auferstehung der Toten, oder – wie das Glaubensbekenntnis sagt – die Auferstehung des Fleisches:

> „Die Stunde kommt, in der alle, die in den Gräbern sind, seine Stimme hören und herauskommen werden: Die das Gute getan haben, werden zum Leben auferstehen, die das Böse getan haben, zum Gericht" (Joh 5,28).

Wie die Seele den Leib von der Empfängnis an durchdringt und formt, so wird wohl auch die Geistseele ihren Auferstehungsleib neu formen. Da aber der Auferstehungsleib „verklärt", d.h. für die Seele durchscheinender als der irdische Leib ist, wird die Herrlichkeit oder Häßlichkeit der Geistesverfassung auch das Aussehen des Auferstehungsleibes bestimmen. Über den verklärten Leib schreibt der Apostel Paulus:

> „Nun könnte einer fragen: Wie werden die Toten auferweckt, was für einen Leib werden sie haben? ... Das, was du säst, wird nicht lebendig, wenn es nicht stirbt. Und was du säst, hat noch nicht die Gestalt, die entstehen wird; es ist nur ein nacktes Samenkorn, zum Beispiel ein Weizenkorn oder ein anderes ... So ist es mit der Auferstehung der Toten. Was gesät wird, ist verweslich, was auferweckt wird, unverweslich. Was gesät wird, ist armselig, was auferweckt wird, herrlich. Was gesät wird, ist schwach, was auferweckt wird, ist stark. Gesät wird ein irdischer Leib, auferweckt ein überirdischer Leib ... Wenn sich aber dieses Vergängliche mit Unvergänglichkeit bekleidet und dieses Sterbliche mit Unsterblichkeit, dann erfüllt sich das Wort der Schrift: Verschlungen ist der Tod im Sieg. Tod, wo ist dein Sieg? Tod, wo ist dein Stachel?" (1 Kor 15,35ff)

Den Abschluß der Parusie Christi bildet das Weltgericht als das Offenbarwerden endgültiger göttlicher Gerechtigkeit. Zwar bedeutet schon der Tod jedes einzelnen seine persönliche Stunde der Wahrheit, die sein Endschicksal bestimmt. Die himmelschreienden Ungerechtigkeiten der Weltgeschichte fordern jedoch eine Generalbereinigung, eine Stunde der Wahrheit für die gesamte Menschheit:

---

1 Parusie (gr.: Anwesenheit): Gotteserscheinung, insbesondere die Wiederkunft Christi beim Jüngsten Gericht

„Sie werden den Menschensohn mit großer Macht und Herrlichkeit auf den Wolken des Himmels kommen sehen. Er wird seine Engel mit lautem Posaunenschall aussenden, und sie werden die von ihm Auserwählten aus allen vier Windrichtungen zusammenführen, von einem Ende des Himmels bis zum andern“ (Mt 24,30f).

“Dann wird der Gerechte voll Zuversicht dastehen vor denen, die ihn bedrängt und seine Mühen verachtet haben. Jetzt denken sie anders; seufzend und voll Angst sagen sie zueinander: Dieser war es, den wir einst verlachten, verspotteten und verhöhnten, wir Toren! Sein Leben hielten wir für Wahnsinn und sein Ende für ehrlos. Jetzt zählt er zu den Söhnen Gottes, bei den Heiligen hat er sein Erbteil. – Also sind wir vom Weg der Wahrheit abgeirrt; das Licht der Gerechtigkeit strahlte uns nicht, und die Sonne ging nicht für uns auf“ (Weish 5,1ff).

„Der König wird denen auf der rechten Seite sagen: ‘Kommt her, die ihr von meinem Vater gesegnet seid, nehmt das Reich in Besitz, das seit Erschaffung der Welt für euch bestimmt ist’ ... Dann wird er sich auch an die auf der linken Seite wenden und zu ihnen sagen: ‘Weg von mir, ihr Verfluchten, in das ewige Feuer, das für den Teufel und seine Engel bestimmt ist ...’ Und sie werden weggehen und die ewige Strafe erhalten, die Gerechten aber das ewige Leben“ (Mt 25,31-46).

Für diejenigen, die über Leichen gehen, ist dies allerdings eine „Drohbotschaft“, eine Frohbotschaft letztendlicher Gerechtigkeit aber für alle Betrogenen, Geschundenen und Getretenen.

Was wäre die Weltgeschichte ohne diesen entscheidenden Schlußakt? – Ein hoffnungsloses Chaos von Redlichkeit und Ungerechtigkeit, von Liebe und Brutalität. Was wäre das Leben des einzelnen ohne diesen Ausblick auf eine göttliche Vollendung? – Ein sinnloses Aufflackern und nutzloses Erlöschen. Dieser Schlußakt des Weltendramas offenbart noch einmal die Würde und Größe des Menschen vor dem Hintergrund der gesamten Schöpfung: die Seinstiefe seiner Gottesebenbildlichkeit, die Tragweite seiner Freiheit, die Reichweite seiner Sehnsucht.

Diese Sehnsucht findet ihre Erfüllung im ewigen Leben: Es wird keine Rassenschranken und Religionsgrenzen mehr geben. Die allumfassende Kirche als Gemeinschaft der Liebenden und mit Christus als ihrem Haupte Verbundenen wird offenbar:

„Danach sah ich eine große Schar aus allen Nationen und Stämmen, Völkern und Sprachen; niemand konnte sie zählen. Sie standen in weißen Gewändern vor dem Thron und vor dem Lamm und trugen Palmzweige in den Händen. Sie riefen mit lauter Stimme: Die Rettung kommt von unserem Gott, der auf dem Throne sitzt und von dem Lamm“ (Offb 7,9ff).

Und nach all den Verkennungen und Verleumdungen wird sich auch das wahre Wesen der Kirche enthüllen:

„Und deine Stimme spricht:
Aber wenn einst anhebt das große Ende aller Geheimnisse,
Wenn der Verborgene heraufblitzt in den schrecklichen
Gewittern der entfesselten Liebe,
Wenn sein Heimriß wie Sturm durch das All
tönt und aufjauchzen wird die verschüttete
Sehnsucht seiner Schöpfung,
Wenn die Bälle der Gestirne in Flammen ausbrechen und auffahren wird aus ihrer Asche
das befreite Leuchten,
Wenn die dichten Dämme der Stoffe zerreißen
und loslassen werden alle Schleusen des Unsichtbaren,
Wenn die Jahrtausende wir Adler zurückbrausen
und heimkehren werden zur Ewigkeit die
Geschwader der Aeonen,
Wenn die Gefäße der Sprache zerbersten und
hervorstürzen wird das reißende Gewässer
des Niegesagten,
Wenn die einsamsten Seelen ans Licht kommen
und heraufgespült wird, was keine von sich
selbst wußte:
Dann wird der Enthüllte mein Haupt aufrichten,
und vor seinem Blicke werden meine Schleier
emporfahren in Feuer,
Und ich werde daliegen wie ein nackender Spiegel im Angesicht der Welten.
Und die Gestirne werden ihr Loblicht in mir erbrennen, und die Zeiten werden ihr Ewiges
in mir erkennen, und die Seelen werden ihr
Göttliches in mir erkennen,
Und Gott wird seine Liebe in mir erkennen.
Und es wird kein Schleier mehr über mein Haupt
fallen wie das Blenden meines Richters.
Darin wird die Welt versinken.
Und der Schleier wird Gnade heißen, und die
Gnade wird Unendlichkeit heißen.
Und die Unendlichkeit wird Seligkeit heißen."
(Gertrud von Le Fort, Hymnen)

Mit der Vollendung des Menschen in der visio beatifica, der beglückenden Schau Gottes, gelangt auch die menschliche Freiheit zu ihrer Vollendung. Die Neigung zum Bösen wird nicht mehr sein und wie bei Tag die Sonne alle Gestirne überstrahlt, so wird auch die Faszination Gottes alle Werte, welche von Gott ablenken, unbedeutend erscheinen lassen, so daß der Mensch kraft seiner vollendeten Freiheit nicht mehr sündigen wird.

Beglückend ist zudem das Bewußtsein der Seligen, daß ihre Vollendung nicht nur das Werk der Gnade, sondern auch Frucht eigener Entscheidung und eigener Verdienste ist.

Alles, was der Mensch auf Erden schätzt und liebt, alles, was ihn erfreut und beglückt, ist als Geschöpf nur ein schwacher Abglanz des Schöpfers, der das vollendete und nie endende Glück der Seligen ist.

Die gesamte Schöpfung wird in diese Metamorphose zur Vollendung miteinbezogen:

> „Auch die Schöpfung soll von der Sklaverei und Verlorenheit befreit werden zur Freiheit und Herrlichkeit der Kinder Gottes. Denn wir wissen, daß die gesamte Schöpfung bis zum heutigen Tag seufzt und in Geburtswehen liegt" (Röm 8,21f).

> „Dann sah ich einen neuen Himmel und eine neue Erde, denn der erste Himmel und die erste Erde sind vergangen, auch das Meer ist nicht mehr. Ich sah die heilige Stadt, das neue Jerusalem, von Gott her aus dem Himmel herabkommen: sie war bereit wie eine Braut, die sich für ihren Mann geschmückt hat. Da hörte ich eine laute Stimme vom Thron her rufen: Seht die Wohnung Gottes unter den Menschen! Er wird in ihrer Mitte wohnen, und sie werden sein Volk sein; und er, Gott, wird bei ihnen sein. Er wird alle Tränen von ihren Augen abwischen: Der Tod wird nicht mehr sein, keine Trauer, keine Klage, keine Mühsal. Denn was früher war, ist vergangen. Er, der auf dem Throne saß, sprach: Seht, ich mache alles neu" (Offb 21,1ff).

Kirchliche Verlautbarungen:

Personenregister

Sachregister

Der Autor

Franz Merz,

Studiendirektor i. R., wurde 1915 in Kronach/Oberfranken geboren. Nach dem Abitur studierte er in Regensburg Philosophie und Theologie. Nach seiner Priesterweihe 1939 arbeitete er als Kaplan in Erbendorf/Opf. Wegen „illegaler Jugendarbeit“ bei der Gestapo angezeigt, wurde er 1942 nach Regensburg versetzt. Dort sammelte er als Dompfarrvikar – wieder „illegal“ – Gruppen der Katholischen Studierenden Jugend und gab Religionsunterricht an der Berufsschule. Von 1949 bis 1979 unterrichtete er am Gregor-Mendel-Gymnasium in Amberg/Opf. das Fach katholische Religionslehre. Sein besonderes Engagement gilt weiterhin der Jugendseelsorge.